「陽謀」先生 曹操

李金海 著

大度又狹隘，既誠實又狡詐，
既仁義又狠毒，既多情又寡義……
曹操如何在亂世中立足稱雄？

他不僅是英雄，更是野心的化身！
曹操在權力頂峰如何撼動天下？

本書嚴謹尊重史料，透過層層剖析，試圖還原血肉豐滿的曹操。
剝離歷史歲月中塗在曹操面孔上的脂粉，讓曹操回歸本來面目。

目 錄

序言		005
第一章	身世迷霧	007
第二章	鋒芒乍露	025
第三章	亂世求存	045
第四章	風雲突變	065
第五章	首倡義師	083
第六章	順勢而為	101
第七章	紛亂又起	121
第八章	迎帝東歸	141
第九章	總攬朝綱	159
第十章	南征張繡	169
第十一章	東討袁術	185
第十二章	誰是英雄	205
第十三章	官渡賭局	227
第十四章	稱雄江北	243

第十五章	決戰赤壁	261
第十六章	一步之遙	277
第十七章	賞罰分明	295
第十八章	唯才是舉	311
第十九章	喜怒無常	335
第二十章	毀譽由人	343

序言

　　東漢末年，由於皇帝昏聵，無暇留意朝政，於是便出現外戚專權和宦官干政，政治腐敗，朝廷賣官鬻爵，官場汙濁不堪，貪官汙吏橫行，魚肉百姓，致使民不聊生。走投無路的民眾，只好揭竿而起，爆發了轟轟烈烈的黃巾大起義。

　　此時的東漢王朝，已是搖搖欲墜，在政權生死危亡之時，只好將中央權力下放給各地地方政府，授權自主募兵和籌集錢糧，用來鎮壓農民起義。

　　黃巾起義雖然被鎮壓下去，但也導致了各地軍閥的崛起，朝廷自此再也無力約束地方，從此，天下諸侯割據，東漢政府名存實亡，曹操正是在這場政治鉅變中應時而生。

　　可以說是歷史的大潮，將曹操推到了歷史舞臺的中央，同時，他也深刻改變了東漢後期及三國時期中國歷史的走向。正所謂時勢造英雄，亦是英雄創時勢。

　　在曹操去世之後的一千八百年來，關於他的爭議，從來就沒有停止過。縱觀歷史，曹操性格之複雜無人能出其右。他慷慨激昂，又陰險狡詐；他雍容大度，又睚眥必報；他招賢納士，又殺戮名士；他一諾千金，又反覆無常。總之很難以一句話形容曹操的性格。

　　一個人的性格形成，與成長環境有莫大關係，曹操出身宦官家庭，使他少了傳統士大夫子弟的循規蹈矩，做事處事「任俠放蕩」，不被傳統主流社會的觀念所約束。

序言

　　曹操博覽群書，詩詞文章無論是當時，還是放眼整個中國古代文學史，皆是一流大家，與其子曹丕、曹植，世稱「建安三曹」，詩風蒼涼悲壯，冠絕一時。然而，終其一生，曹操最主要的身分還是政治家和軍事家，在長達三十年的軍政生涯中，無論是在政治權力鬥爭中，還是軍事戰場上，他幾乎戰勝了所有的對手。

　　曹操的權力博弈手段非常高明，善謀多斷，對敵我雙方力量分析拿捏十分到位，一步步從弱小到強大，直到剪除群雄，雄踞北方，為其子曹丕代漢奠定了有力的基礎。

　　曹操富有謀略，並善於用勢，能巧妙地借力，聯合和利用對自己有用的力量，精準打擊敵人，做到以弱搏強。董卓、袁紹、袁術與呂布等人，或兵力強盛，或地盤廣大，或人脈盤根錯節，或作戰勇猛無比，但最終都被曹操一一消滅。

　　本書寫作初衷，無意顛覆歷史，在嚴謹尊重史料的基礎上，透過層層剖析，試圖還原一個血肉豐滿的曹操，剝離歷史歲月中塗在曹操面孔上的脂粉，從中解析他的人格魅力、政治和軍事鬥爭藝術，讓曹操回歸本來面目。

　　曹操，其實從來就未曾遠離我們，關於他的故事，圍繞他的爭執和褒貶，一如既往地會持續下去。

李金海

第一章　身世迷霧

■ 熟悉的陌生人

很多三國故事可謂家喻戶曉，婦孺皆知，關於三國的戲劇、繪畫、文學與影視等各種文藝形式的作品數不勝數。

每一個人都可以在三國中找到自己的偶像，比如聰慧多智、鞠躬盡瘁的諸葛亮，比如英姿威武、武藝超群的趙雲，比如忠厚老實、顧全大局的魯肅……但是在所有三國人物中，唯有一個人，人們對他的感情很複雜，可謂愛恨交加，關於對他的爭論，至今仍然沒有停止。

當你酒至半酣，壯志躊躇時，會吟出一句「何以解憂，唯有杜康」；當你處在兩難境界，很難抉擇時，會有一種感悟「味如雞肋，食之無肉，棄之可惜」；當你和朋友正在議論某人時，他冷不丁竄出來，大家立刻會意地大笑道：「說曹操，曹操到」。

對，我們要說的人物正是曹操。

關於曹操，我們很熟悉，卻又很陌生。

說熟悉，是因為我們從小就從戲劇舞臺、電視螢幕等開始接觸到他。提起他，我們就能想到舞臺上那個畫著白色臉譜的奸詐形象，還會想到語文課本中他的那些詩句，「老驥伏櫪，志在千里」、「東臨碣石，以觀滄海」等等。

奸臣與良將、陰謀家和政治家、屠夫和詩人，這些看似矛盾的關鍵

第一章　身世迷霧

詞，同時匯聚到一個人身上，會讓我們感到困惑，關於他，我們究竟了解多少呢？

由西晉文豪陸機所著、有關於曹操的檔案文書，尚有許多留存於世。陸機任著作郎，在整理曹操的遺令時，就覺得曹操此人性格比較矛盾，一方面英雄蓋世，建立了不朽功業；另一方面，臨死前長吁短嘆，交代後事與凡夫俗子無二致。

又過了數百年，在北宋文豪蘇軾筆下，曹操卻是一個功敗垂成的人物，縱然橫槊賦詩、釃酒臨江，英雄一世，但最終也是黯然收場。

到羅貫中的《三國演義》中，曹操已經淪為一個「寧教我負天下人，不教天下人負我」之人，為了達到自己的目的，就算與整個天下作對，也在所不惜。

哪一個才是真正的曹操？

我們以往所知的曹操，真的是他本來的面目嗎？

■ 曹操的多張面孔

古今中外，多重性格的人很多，但曹操的性格之複雜，絕對超出了我們的想像，他既大度又狹隘，既誠實又狡詐，既仁義又狠毒，既多情又寡義，多種性格集於一身，而又毫不違和。

那麼，讓我們不妨從幾件事，來看看曹操的多面人生。

一、忠臣與逆賊

三國時期，東吳大將周瑜對曹操有一句評語：託名漢相，其實漢賊。就是說曹操此人表面是做漢朝的臣子，其實野心勃勃，想取而代之。

周瑜作為曹操的政治對手，肯定要抹黑敵人，其話的真實性要打個折扣，那麼曹操究竟是救世忠臣，還是腹黑逆賊？

A面：熱血青年。

董卓之亂，洛陽變成人間地獄，殺人墳場，曹操第一個站出來反對，為此不惜散盡家財，招募義師，討伐董卓。戰鬥中他衝在第一線，差點丟了性命，一心想扭轉乾坤，重整山河，但是後來發現，東漢王朝早已病入膏肓，無可救藥，心灰意冷後，只好另找出路。

B面：跋扈權臣。

曹操晚年，隨著權力的穩固，加上感到統一全國已無望，開始飛揚跋扈，公然不把朝廷放在眼裡，剷除政治對手，毫不手軟。董承衣帶詔事件後，牽連到漢獻帝、董貴人，當時董貴人已有身孕，曹操全然不顧漢獻帝的苦苦哀告，將其絞殺。獻帝皇后伏壽，在另外一次政變中，被從夾壁中拽出，披頭散髮，最終被幽禁至死，皇帝嚇得都不敢求情。其手段之殘暴，與董卓如出一轍。

二、寬容與狹隘

曹操曾在詩中以「周公吐哺，天下歸心」自詡，實事求是地講，從某種程度來講，他也做到了。許多人才源源不斷投奔到他帳下，其中還有些人是敵對陣營的，這展現了他海納百川的胸襟。但同時，曹操是個報復心理極強的人。

A面：既往不咎，寬容待人。

古人交戰，講究個名正言順，為了壯大聲勢，瓦解敵方士氣，兩軍對壘時，往往要釋出一份檄文。曹操和袁紹開戰前，陳琳替袁紹寫了一

第一章　身世迷霧

篇檄文。陳琳是文章聖手，一篇文章寫得義正詞嚴，氣勢磅礡。檄文傳到許都時，曹操正在生病，看了一下檄文，但見文中將自己貶得一文不值，還把他祖宗八代問候了一遍，又氣又急之下，曹操出了一身冷汗，病也很快好了。

雖然陳琳的檄文寫得好，但戰場上還是要靠刀槍真功夫。官渡之戰，袁紹戰敗，陳琳也成了俘虜，曹操覺得陳琳是個人才，不但沒有殺他，還讓他做自己的幕僚。

B面：睚眥必報，陰狠毒辣。

如果認為曹操有顆菩薩心腸，對所有人都寬容以對，那只能說明你看錯了人。得罪了曹操的人，往往沒有好下場，可以說，曹操是個心腸歹毒、手腕狠毒之人。哪怕就是一點小問題，惹惱了他，都會被他毫不客氣地除掉。比如，有個叫桓邵的人，背後發牢騷，說了幾句壞話，傳到曹操耳中，就被曹操下令逮捕。

桓邵是典型的知識分子性格，別看一副嘴硬的樣子，一旦下獄，立刻嚇得魂飛魄散，他苦苦哀求，希望能給條活路。曹操一聽，更加來氣！現在才後悔了？害怕了？告訴你，晚了！拉出去，斬了！

三、自律和任性。

A面：嚴於律己，以身作則。

漢朝以來，奉行禮不下庶人，刑不上大夫。曹操則不然，他推崇法家，無論理政還是治軍，均嚴格依法辦事，而且帶頭從自身做起。

東漢末年戰亂不休，嚴重破壞民生，故而，曹操對軍紀要求很嚴。有一次，曹操帶領大軍出征，路過一片莊稼地，曹操下令讓將士們都下馬，牽著馬小心穿過莊稼地，若有人膽敢踐踏莊稼，定斬不饒。

然而，誰也沒料到發生了意外事件，曹操自己的馬受驚了，踐踏了莊稼。毫無疑問，曹操給自己出了個難題。曹操當下叫來軍法官，要求執行軍法。曹操是帶軍統帥，誰敢執法。但要是不執行，等於曹操自己給自己搧嘴巴。最後，還是採取了一個變通的方式，曹操以髮代首，當場割了一絡頭髮，以示受到懲戒。

B 面：濫殺無辜，肆意妄為。

與嚴於律己相對應的是，曹操在其征戰一生中，有過多次屠城行動。屠城指的是在戰爭中，對沒有任何戰鬥能力的平民進行大規模殺戮。初平四年（西元 193 年），曹操攻下徐州，為了洩憤，對城中老百姓展開屠殺，數十萬無辜生命成了枉死之鬼。屠城行動過後，徐州城內已是雞犬不留，堆積如山的屍體，堵塞了泗水，昔日繁華的徐州，成了荒無人煙之地。

每個人來到這個人間，都是一張白紙，是後天造就了形形色色、不同性格的人。

一個人的性格形成，與其家庭和所處的時代有直接關係，曹操如此複雜的性格，又是如何形成的？是否與他的成長環境有關？

■ 霧裡觀花的族譜 ■

曹操的家庭出身很不好，甚至可以說很不光彩，為當時的主流社會所瞧不起，他出生在一個宦官家庭，他的養祖父是當時顯赫一時的大宦官曹騰。

宦官是什麼人？

皇宮內院，打掃環境、服侍起居等，需要大量人手，但是後宮是皇

第一章　身世迷霧

帝眷屬所在地，嬪妃無數，男女共處，難免有瓜田李下之嫌，於是為了避嫌，就人為製造了一群閹人送到宮中，秦漢時稱作宦官，後世稱作太監。

理論上來說，宦官是沒有生育能力的，那麼，曹操是從哪裡來的？

這還要從曹操所處的時代說起。

如果用一個詞來形容曹操所處的時代，就是亂世。

亂世的特徵，具體表現是社會秩序崩潰，原有的道德、法律根本約束不了人心。為什麼會出現這種現象？

起因是國家高層帶頭破壞秩序，具體表現在兩個方面：宦官干政，外戚專權。

這是皇權社會的畸形狀態，破壞了朝廷的權力架構。

按照主流意識形態，朝廷權力應當是皇族和士大夫分享，但隨著宦官和外戚輪流把持朝政，士大夫階層的權力不斷受到壓縮，這勢必引起他們的不滿和反撲，國家動盪在所難免。

問題來了，宦官本來就是一群生理殘缺的宮廷僕役而已，怎麼一下子就掌握了朝廷的核心權力？

這要從東漢王朝本身說起，封建王朝理論上來說，最高權力屬於皇帝，但是除了開國初期的光武帝、明帝、章帝外，其餘皇帝都不長命。

東漢後期的幾個皇帝即位時，都不過是數歲的孩童，有的甚至還在襁褓之中，就被抱上了皇帝寶座。他們當然沒有處理朝政的能力，均由太后代為處理政務。

太后掌權後，自然要提拔和倚重娘家人。如此一來，外戚把持朝政，一朝太后換一門外戚，他們把持著朝廷要職，左右國家大事，賣官

鬻爵，飛揚跋扈，無惡不作。

但是，小皇帝終究有一天會長大，他們自然不甘心大權旁落，勢必與娘舅家奪權。

權力這東西，會使人上癮，外戚們自然不甘心將到手的權力乖乖交出去。

如此一來，權力鬥爭就不可避免地出現了。

宦官由於長期照顧年幼皇帝的起居，很容易和小皇帝建立親密關係，博得皇帝信任。他們在皇帝的支持下，發動政變，幫助皇帝從外戚手中奪權，事後自然被大肆封賞。

宦官多數出身低微，身體殘疾造成心理扭曲，一旦大權在握，做事異常狠毒，朝堂上的大臣只有做他們的幫凶和走狗，才能保住位子；一旦與他們作對，輕則被罷官，重則下獄被迫害致死，很少有人能夠「獨善其身」。

宦官和外戚的鬥爭都集中在皇帝身上，都無不想著將皇帝掌握在自己手中。

外戚們甚至為了防止皇帝勢力壯大，不惜害死皇帝。

漢質帝年方九歲，但非常聰慧，他當著群臣的面指著外戚梁冀說：此乃跋扈將軍。童言無忌，卻招來梁冀的嫉恨。

小小年紀，就敢如此，長大還了得！

很快，小皇帝被梁冀毒殺。

皇位空虛，梁冀便迎立十五歲的蠡吾侯劉志為帝，是為漢桓帝。不過，梁冀最終沒有好下場。延熹二年（西元159年），漢桓帝聯合宦官單超、徐璜、具瑗、左悺與唐衡等人發起政變，梁冀自殺，家人全部被處死。

第一章　身世迷霧

事後，單超等五人因擁立之功，被封為縣侯，號稱五侯，一時間，權傾天下。

在單超發起的這次政變中，曹操的養祖父曹騰並沒有參與。

曹騰此人手段很柔，長袖善舞，遊刃於各方勢力之間，雖然他身為宦官，卻喜歡結交士大夫，為朝廷推薦了不少人才。虞放、邊韶、延固、張溫、張奐等名士，都得到曹騰提攜，位至公卿。

曹騰後來被封費亭侯，升為大長秋（宦官最高職位），先後侍奉四朝皇帝，歷經數次政治事件，無論外戚和宦官鬥爭如何風雲變幻，他卻一直屹立不倒。

曹騰有一名養子，取名曹嵩，曹嵩的兒子就是曹操。

曹操字孟德，小字阿瞞，沛國譙（今安徽亳州）人，漢桓帝永壽元年（西元155年）出生。

曹家家門顯赫，門前常常華蓋雲集，來往者都是朝廷顯貴。在這種家庭長大的曹操，沒有生活窘迫的壓力，自然與販席賣履的劉備不一樣。

就曹操來說，首先他衣食無憂，不需為一日三餐發愁。

其次，曹操的人生起點站得很高。

他的養祖父曹騰就不用說了，他的父親曹嵩雖然資質平庸，沒啥過人的政績，但背靠曹騰這棵大樹，在官場也混得風生水起，歷任司隸校尉、大司農及大鴻臚等要職，後來還花錢買了個太尉高位。

凡事都有兩面性，曹操的家庭條件給他帶來種種優勢，但也是他此後一生的政治包袱，成為對手打擊他的藉口。

可以說，宦官家庭出身既為曹操提供了職場登天梯，也是他的隱形枷鎖。

那麼，曹操是如何來應對的呢？

東漢時，世人很看重門第，像曹操這種宦官子弟是被世人瞧不起的。曹操後來位極人臣，為魏朝的實際奠基人，但對自己的家世諱莫如深，家譜一直雲遮霧罩，世人無法看清。

《三國志》稱曹操為西漢相國曹參之後，一看就是為了抬高門第編的鬼話，就算曹騰是曹參後裔，但跟養子曹嵩八竿子打不著，因為兩人之間根本沒有血緣關係。

猜想《三國志》的作者陳壽都覺得，這種說法在邏輯上行不通，便隨後加了一句，「莫能審其生出本末」。說白了，曹操祖上究竟是誰，誰也搞不清。

漢朝時，綿延數百年的顯赫家族很多，這些家族根系龐大，枝繁葉茂，相互之間的關係盤根錯節，如果曹操真的屬於顯赫世家，自然會大肆吹噓，絕不會語焉不詳。

那麼，曹操的族源究竟來自何方？

陳琳在聲討曹操的檄文中，稱曹操父親曹嵩是「乞丐攜養」。

敵對雙方的政治宣言難免會誇大其實，醜化對方，但也不會太離譜，畢竟天下人都在看。曹嵩究竟是不是乞丐養大的，不得而知，但出身低微，恐怕是當時世人的共識。

面對政敵的汙衊之詞，曹操自然要反駁，他特意寫了一篇〈家傳〉，稱祖先是周文王兒子曹叔振鐸，因封地在曹，取地名為姓氏。但這種說法，拿不出完整的傳承族譜來證明，所以世人並不買帳。

也有人因為曹氏和夏侯氏關係很密切，互為姻親，便認為曹操族源出自夏侯氏，但一切都是推測罷了。

第一章　身世迷霧

■ 惡搞少年

　　曹操出生在顯赫的宦官世家，自小過著衣食無憂的少爺生活，作為家中長子，備受寵愛，父親曹嵩平日政務繁忙，加上對兒子溺愛，自然就對他疏於管教了。

　　少年時期，曹操的日子過得可謂非常舒坦自在，想做什麼就做什麼，整日遊手好閒，到處瞎逛。

　　看著曹操整日一副吊兒郎當的樣子，作為家裡長輩，他叔叔實在看不下去了，便對曹嵩勸告道：「你該好好管教一下阿瞞（曹操小字）了，再這樣下去，這孩子就廢了。」

　　曹嵩一聽，便把曹操叫來，數落了一頓。

　　一來二去，曹操捱了老爹不少訓，心中很鬱悶，覺得這個老叔怎麼就那麼愛管閒事，總得想個法子整治一下他才行。

　　有一天，曹操遠遠看到叔叔走了過來，便假裝倒地，眼睛翻白，口吐白沫，叔叔一看，大吃一驚，急忙問：「孩子，你這是怎麼了？」

　　曹操一副氣若游絲的樣子說：「快通知我爹，我中風了！」

　　叔叔情急之下，趕忙跑去通知曹嵩，曹嵩得知，大驚失色，三步並作兩步，急忙趕來，卻看見曹操若無其事地在那裡玩耍。

　　曹嵩頓時一頭霧水，一時轉不過彎來，便問他：「你叔叔說你中風了，到底怎麼回事？」

　　曹操一臉無辜，「哪有的事，我知道我不討叔叔喜歡，但他怎麼能這樣說呀！」

　　叔叔一時語塞，百口莫辯。

　　此後，無論他叔叔說什麼，曹嵩根本就不聽。

人小鬼大的曹操僅憑三言兩語，就破壞了叔叔在他父親心中的信任。

這件事，表面上看，不過是一個小孩子的惡作劇，但其實並不簡單。

我們都知道，童年生活對一個人的性格塑造等方面至關重要，在成年人看來一個不起眼的舉止，對孩子的成長影響深遠。

就好比樹木，在還是小樹苗的時期，若發現長勢有傾歪，及時糾正，尚有可能扭轉過來，待定型後才想要扶端正是再無可能。

童年時期，正是一個人人生觀和價值觀的形成期，此時，一定要讓他樹立正確的善惡是非觀念，如果孩子犯錯，不立刻糾正，那麼就很容易讓他混淆對世界的認知。

其實，被曹操捉弄的何止他叔叔一個，生活中，不少人都受到他的戲弄。

曹操十歲時，常到譙水嬉水，有一次他遇到了蛟（猜想是鱷魚之類的水生動物）。他奮力拚搏，將蛟擊退（一個小孩子能夠做到這一點，實在很難想像，姑妄信之），然後，從容洗浴完畢上岸，一副若無其事的樣子。

毫不知情的同伴們紛紛脫衣下水，不料發現水中有蛟，嚇得大呼小叫，驚慌失措地爬上岸。驚魂未定，大家都紛紛責問曹操：「你早就知道水中有蛟，卻為何故意隱瞞，不告訴大家，究竟是何居心？」

看著小夥伴們的狼狽模樣，曹操笑得前俯後仰，說：「我剛才還以為不過就是一條大蛇呢，將牠趕走後，也沒當回事。」

一個人的成長中，朝夕相處的朋友圈很重要，朋友圈從側面可以反映一個人的地位，以曹操的家世，平民子弟肯定混不進他的朋友圈。和曹操一起廝混的不是高官子弟，就是貴族闊少，其中就有後來的死對頭袁紹。

第一章　身世迷霧

曹操和袁紹後來勢不兩立，不過在少年時期，兩人還是臭味相投的玩伴。

在古代社會，娛樂項目有限，時間久了，也玩不出啥新花樣，日子過得實在很乏味。有一天，正當曹操和袁紹百無聊賴之時，遇到一戶人家正在舉行婚禮，曹操眉頭一皺，計上心頭，覺得在這種喜氣洋洋的氛圍中惡搞一下，實在太有趣了。便和袁紹商量，一起去偷新娘子，捉弄一下這家人。

兩人一拍即合，說做就做。

漢代婚俗，新人結婚時，要搭建新房，稱作青廬。舉辦婚禮時，這戶人家的親朋好友都聚在青廬，熱熱鬧鬧地為新人祝福，到處一片喜氣洋洋。

婚禮現場，曹操站在院中，突然大吼了一嗓子：「有人偷孩子哪！」

聽到外面有動靜，人們全都湧了出來，到處張望，看究竟是怎麼回事，將新娘子一人留在青廬內。

在混亂之中，曹操趁機溜進去，拔出刀將新娘子劫持出來，和袁紹一起，撒開腳丫子就跑。走在半道上，袁紹落在後面，不小心掉到荊棘叢中，衣服被扯住，動不了。

眼看天色將亮，再不走來不及了。

曹操急中生智，便又喊了一聲：「大家快來看哪，偷孩子的賊就在這裡！」

袁紹一聽，嚇得驚慌失措，全力掙扎，掙脫開來，兩人總算安然逃脫。

看到了嗎？曹操的思考方式從小就與常人不一樣。一般人在逃竄中，如果同伴被困，不外乎兩種選擇，要麼趕緊幫助同伴擺脫困境，要

麼丟下他，只顧自己逃命。但曹操卻不按常理出牌，反其道而行之，透過將同伴置於絕境，激發他的潛能，然後成功擺脫險境。

■ 刺殺未遂事件 ■

小說《三國演義》中，有一段曹操刺殺董卓未遂的故事，非常精采，然而歷史上並沒有這回事。不過，曹操早年時，的確有過一次獨自行刺行動，但刺殺對象並非董卓，而是當朝炙手可熱的大宦官張讓。

永康元年（西元 167 年），桓帝駕崩，無子嗣，皇后竇妙與父親大將軍竇武商議後，迎立解瀆亭侯劉宏為帝，是為漢靈帝。

竇武出身名門，精通經學，在士人中頗有威望，掌握大權後，便下令釋放在押的名士，起用被罷官在家的陳蕃為太傅，共掌朝局。

竇武、陳蕃痛恨宦官倒行逆施，暗中商議，打算一舉將宦官剷除乾淨，永絕後患。但沒想到，還沒來得及行動，密謀遭到洩漏，傳到了宦官們耳中。

先下手為強，後出手遭殃，宦官們自然不會坐以待斃，決定搶先一步下手，中常侍曹節、王甫等矯詔，將竇武、陳蕃處死，幽禁竇太后，並隨即殺害李膺、杜密等名士一百餘人，將其家眷妻兒流徙邊關，李杜門生遭到禁錮永遠不得出仕。

經此事件後，宦官們權力急遽膨脹，他們直接從後宮走上朝堂，曹節擔任起尚書令，這是前所未有的。

靈帝身邊圍繞著張讓、趙忠等十名大宦官，被稱作「十常侍」，他們將靈帝哄得團團轉，靈帝甚至說：「張讓是我父，趙忠是我母。」皇帝認宦官做爹娘，真是滑天下之大稽！

第一章　身世迷霧

張讓等人有了皇帝撐腰，權勢熏天，根本不把朝中大臣放在眼裡，但是他們萬萬沒想到，有人竟敢太歲頭上動土，上門來行刺。

一天夜裡，張讓府上闖入一名不速之客，逕自進入內室，幸虧張讓警覺，發現得早，逃過一劫。

張讓府上，自然少不了一大幫子看家護院的鷹犬，他們將來人團團圍住。饒是如此，也奈何不了他，但見此人將手中一桿戟舞得如風車一般，其他人根本近不了身，最後，他們只好眼睜睜地看著不速之客翻牆逃走了。

此次密謀行刺張讓之人，正是曹操。

曹操雖然出自宦官世家，但眼看著朝廷被這些宦官弄得暗無天日，心中氣憤不已，遂毅然孤身一人前往刺殺張讓。

青年曹操是一個胸懷正義、身手了得、敢作敢為、有膽有識的熱血青年。

■ 人才鑑定書

東漢之時，想要出人頭地，步入仕途，必須要靠朝廷擔任要職的官員推薦。但怎樣才能引起這些手握人事舉薦權的大人物的注意呢？當時，考試制度還沒建立，社會上一些有聲望之人的評語，是推薦官員的重要參照。

曹操想要步入仕途，單靠家世肯定不行，因為當時，雖說朝政掌握在宦官手中，但輿論領袖人物都是名士，縱然宦官有權有勢，也管控不了。

起先，曹操去拜訪宗承（此人生平不詳），宗承家裡前來拜訪的人擠

滿了院子，他根本靠近不了。曹操先後跑了好幾次，但是連個影子都沒見到。終於有一次，趁著宗承上廁所的間隙，好不容易將其逮住了，曹操急忙去拉他的手，表示親近，誰知宗承一聽他是宦官家庭出身，一甩手，根本理都不理他。

曹操碰了一鼻子灰，悻悻地溜了出來。

但並非所有人都像宗承這樣看人，也有不少人看好曹操，比如橋玄。

橋玄，字公祖，梁國睢陽人，先後擔任河南尹、大鴻臚、司空、司徒，最後位至太尉，因生病多年，退休在家。橋玄一生為官清廉，在士林中很有威望，曹操遂去拜訪他，想聽聽他的建議。

橋玄久歷宦海，閱人無數，當見到曹操時，眼前一亮，發現眼前這位年輕人，將目前朝政局勢看得很透澈，並有自己獨特的見識，覺得此人將來前途無量。

面對朝廷昏暗局面，橋玄深感無奈，自己已是風燭殘年，來日無多，長期以來，胸中的悲憤、憂鬱、淒涼，聚結在心頭，難以釋懷。曹操的出現，讓他有了些許希望，大漢未來國運，就只能寄託在這些年輕人身上了。

為了激勵曹操，也為了安慰自己，橋玄感慨道：「天下即將大亂，安撫拯救黎民百姓這些大事，就看你了。我死後，我的妻兒就多多拜託你來照顧了。」

橋玄的一番話使得曹操備受感動，要知道，長期以來，雖然家門顯赫，但由於是宦官之後，曹操備受歧視，橋玄是第一個和他推心置腹之人。

很多年以後，曹操已身居高位，帶兵征戰，路過橋玄故居，此時斯

第一章　身世迷霧

人已逝，墳頭草木離離，他還親自到墓前致祭。

雖然時隔多年，當年兩人會面的情景依然歷歷在目，曹操動情地說：「橋公當初和我開玩笑說，他去世以後，我要是路過他的墳頭，不帶上雞酒去祭奠一番，車馬往前走三步，就要害我肚子疼。雖然是一席戲謔之詞，但若不拿我當自己人看，能說這番話嗎？」

言語未盡，悲從中來，他淚流滿面。

不過，曹操當時不過是一名毛頭小子，橋玄為何就看好他，篤信他將來一定能擔起拯救亂世的重任呢？

原因有以下幾個方面：

首先，有能力。曹操雖然早年時期飛鷹走狗、遊蕩不羈，但年紀稍長後，便開始刻苦讀書。愛讀書是曹操終生的習慣，他尤其愛讀兵書，曾註釋《孫子兵法》，流傳至今。

其次，有魄力。曹操敢做敢當，敢做別人不敢做的事，就連皇帝身邊紅得發紫的大宦官張讓都敢下手，這絕不是一般被衝昏了頭的熱血青年做得出來的。

最後，有資本。曹操家庭背景顯赫，能夠遊刃於宦官與士人兩大集團之間。在亂世來臨之際，想要有所作為，單憑個人的能力和魄力遠遠不夠，如果沒有足夠的財力和勢力，別說想開天闢地，就連站穩腳跟都很難。

跟曹操一比，劉備一直顛沛流離，自始至終處於很被動的狀態。原因很簡單，他除了有個皇室貴冑的虛名外，要錢沒錢，要人沒人，沒有「根據地」，只能寄人籬下。單憑理想和英雄豪情，想要脫穎而出，談何容易。

曹操之所以對橋玄念念不忘，還有一個重要緣由，就是當初橋玄推薦他去見許劭。

許劭乃當時的一代人物評論家，著名的人才鑑定師，他創辦了一個論壇，名曰「月旦評」，每月初一，對當時人物進行點評。如果世人能獲得他的一番肯定，必然會身價倍增，名聲大噪。因此，天下士人無不希望能夠獲得許劭的評語。

曹操經橋玄指點後，帶著厚禮，前往拜見許劭。

不過，許劭對曹操擺出一副愛理不理的樣子，他內心很鄙視曹操這種出身宦官家庭的闊少。但曹操不死心，開始死纏爛打。許劭經不住軟磨硬泡，便給了他一句評語：「君清平之奸賊，亂世之英雄。」曹操聽完後，哈哈大笑，揚長而去。

許劭這句話後來被演化為「治事之能臣，亂世之奸雄」，成了對曹操最著名的評語，對後世影響極其深遠。

許劭風評天下英傑，眼光自然毒辣，他看出曹操性格的多重性，且能力出眾。如此人物，一旦社會格局發生變化，定然會掀起驚濤駭浪，至於成為能臣英雄，還是亂世奸雄，就看歷史發展大勢了。

看好曹操之人，遠不止橋玄和許劭。當時，還有不少人看好曹操，預言他將來定能成就一番大業。

袁紹和袁術哥倆家中母親去世，扶靈歸葬汝南老家。袁家顯赫，前來觀禮致祭的多達三萬多人，曹操也在人群當中，他看出了袁家龐大的勢力，遂對旁邊的名士王俊說：「如今天下即將大亂，作亂的肯定是他們二人。為了百姓，若不先除掉他們，恐怕現在就要大亂了。」

王俊在旁邊若無其事地說：「如果照你這樣說，能夠安定天下的，除了你，找不出第二個了吧？」

第一章　身世迷霧

說完，兩人相視哈哈大笑。

有了名士的點評加持，曹操開始漸有名氣，已具備入仕條件。熹平三年（西元174年），他被選拔為孝廉（漢代選拔官員科目），任為郎（皇帝的近衛、侍從一類的官），沒多久，便被提拔為洛陽北部尉，負責京城北部的治安工作。

這一年，曹操剛滿二十歲。

第二章　鋒芒乍露

■ 首份工作：洛陽北部尉

人活一輩子，總有那麼幾個關鍵轉捩點，毫無疑問，初次邁入職場門檻，是個很重要的考驗。

從青年學生到職場新人的轉變，要經歷許多挑戰。在職場，有許多明的暗的規則，如何盡快熟悉工作環境，如何處理和領導者的關係，無時無刻不在考驗著一個人的應變能力。

二十歲的曹操，第一份工作是擔任洛陽北部尉。洛陽是東周故都，漢高祖劉邦建立大漢之初，曾一度想定都洛陽，後來出於種種考慮，才放棄洛陽，建都長安。但長安經歷數次戰亂，早已破敗不堪，因此，光武帝劉秀統一天下後，決定定都洛陽。

作為天下首善之縣，洛陽薈萃天下風物，是大漢王朝的中樞所在地，天子腳下，華蓋雲集，豪門比鄰而居。

然而，洛陽地界的官不好當，基層官吏的日子，更是不好過。

曹操擔任的北部尉，就是一份棘手的工作。

東漢時期，縣一級的政府一般設定縣令（小縣稱縣長）一人，下屬縣丞一人，縣尉二人（小縣一人）。縣丞負責民政、稅收和文書等；縣尉負責緝盜、刑獄與治安等。

洛陽是首都所在地，管轄面積大，人口眾多，各項事務繁雜，兩人肯定忙不過來，故而設定東西南北四位縣尉（據《漢舊儀》和《唐六典》

第二章　鋒芒乍露

記載），曹操擔任的北部尉，主要負責洛陽北部地區的社會治安。

曹操的這份工作，是由尚書右丞兼京兆尹（相當於現洛陽市市長）司馬防（大名鼎鼎的司馬懿就是他的兒子）推薦的。

但是，曹操很不滿意，他心中屬意的是洛陽令，而不是洛陽北部尉。

漢朝官員任命制度大概是這樣，先是地方上提名推薦一些品德高尚（比如孝敬父母、團結兄弟和鄰人）和才學優異的人，授予孝廉、秀才等稱號，經考察後，推薦到宮中出任郎官（皇帝的侍從官）。試用一段時間後，量才使用，安排到相應職位上。

這套制度的設計初衷是盡可能發現人才，為朝廷所用，但是再好的制度，時間一長，就變質了。等到東漢末年，舉孝廉制度淪為朝廷官員相互安插親信的工具，人才的提拔完全被豪門大族壟斷，至於寒門子弟，根本就沒了上升通道。

故而，大多被推薦的人根本沒有真才實學，當時有一首在市井之間流傳很廣的童謠說明了真相：

舉秀才，不知書。
舉孝廉，父別居。
寒素清白濁如泥，
高第良將怯如雞。

正因如此，曹操內心很不快，知道自己被推薦為官，基本上是他爹曹嵩官居太尉的緣故。既然是「靠爹」，自己老爹位列三公，就不能拿一個區區洛陽北部尉來敷衍，更何況，他自認為自個兒有真才實學，完全可以擔任洛陽令。因此，他內心很鬱悶，這件事令他久久難以釋懷。

很多年後，曹操已位極人臣，貴為魏王，但對當初被安插在洛陽北部尉一事依然耿耿於懷。有一天，君臣聚會，司馬防在座，曹操用揶揄

的語氣笑著問司馬防:「司馬公,你看孤今日還可以做個縣尉嗎?」

聽話聽音,司馬防是何等聰明的人,當下明白過來是怎麼回事了,他沒想到,這麼多年過去了,曹操還耿耿於懷哪!

司馬防當下打哈哈道:「想當年,臣推薦大王出任洛陽北部尉,那時候,可是正合適啊!」

曹操以勝利者的姿態居高臨下一番諷刺後,虛榮心得到了滿足。

不過,司馬防說的並非完全是奉承話,其實當時推薦曹操出任洛陽北部尉,確實是經過多方面考慮後,做出的穩妥安排。

曹操上任洛陽北部尉之時,首都地區治安很差,主要原因是,那些皇親國戚、高官子弟根本沒把大漢的法律當回事。尤其倚仗皇帝撐腰的宦官們,根本不把地方上小小的縣尉放在眼裡,整日橫行霸道,為非作歹,地方官吏對他們絲毫沒有辦法,只能躲得遠遠的,這可就苦了地方百姓。

司馬防推薦曹操出任洛陽北部尉,一方面是看中他身上有一股敢闖肯做的狠勁,另一方面也是看中他的背景,他爹曹嵩是當朝太尉,養祖父曹騰又是位高權重的大宦官,有了這層背景,就算他闖下天大的亂子,也不會有什麼事兒。

司馬防果然沒看走眼,曹操一上任,就狠狠打擊了洛陽地方的那些地頭蛇。但誰也沒想到,他率先開刀的竟然是宦官勢力。

■ 新官上任三把火

二十歲的年齡,在現代還是大學未畢業,但曹操已經擔負起一方的社會治安了。

曹操的前任們多數沒做幾天,要麼提前自動去職,要麼就是混日

第二章 鋒芒乍露

子。曹操上任後，發現衙署裡沒有一點生氣，破敗不堪，門前荒草叢生，辦事人員個個吊兒郎當，一副無精打采的樣子。

對於曹操的到來，許多人都不看好，覺得他的結局不會比以前那些縣尉好到哪裡去，所以都在敷衍，該幹麼就幹麼。

曹操很生氣，就這種工作氛圍，怎麼能穩定治安？他當即下令修葺官署，將門面修繕一新，他要求手下都打起精神努力工作。

大家一看，這位新來的縣尉與以往的截然不同，都不敢怠慢，立刻改正工作態度，全身心投入工作中。

一個部門、一個單位的工作成效，相當程度上取決於領導人的工作態度。

為了表明決心，曹操下令，在衙門口豎起十數根五色大棒，同時放出話來，誰要是膽敢以身試法，就拿五色大棒伺候。

雖然曹操已擺出整頓社會治安的態度，但洛陽地界的權宦們根本沒當回事。在他們看來，曹操也不過是做個姿態罷了，難不成還真拿自己人開刀？

按照當時的法令，晚上實行宵禁，也就是天黑之後，除非特殊情況，否則都必須待在家中，嚴禁在街上走動。這些禁令以往只是針對平民老百姓，至於作威作福的權宦們根本就不理睬，宵禁的禁令根本禁不住他們對夜生活的嚮往，夜晚的洛陽街頭，時常看見他們的身影到處遊蕩。

曹操上任沒多久，就有人因為犯宵禁被捉，被押解到洛陽北部尉衙門。

曹操決定親自會會他，看看究竟是什麼人，如此膽大妄為，敢頂風作案。

一問才知道，此人是蹇碩的叔叔蹇圖，蹇碩是靈帝御前紅得發紫的宦官，所以，蹇圖狗仗人勢，平常欺男霸女，無惡不作。

如今雖然被緝拿，但蹇圖根本沒將曹操放在眼中，以為只要他說出姪子的名頭，眼前這位年輕人肯定會嚇破膽，忙不迭地給他道歉，將他禮送出門，他暗自盤算如何好好給他個下馬威，教訓一下曹操，好讓他長點記性。

但蹇圖萬萬沒想到，曹操得知他的身分後，非但沒有露出驚慌失措的神情，反而一臉從容，只從牙縫裡擠出一個字：「打！」

北部尉衙門的辦案人員起初還以為聽錯了，在那裡發怔，但再看看長官臉色，馬上明白了，這位新來的爺是位勇於拔老虎鬍鬚之人。

大夥兒早就對蹇圖這些人恨得牙癢癢，聽到長官一聲令下，頓時高舉五色大棒，鋪天蓋地的棒子落到蹇圖身上，不一會兒，蹇圖就一命嗚呼了。

曹操棒殺蹇圖的消息像長了翅膀一樣，很快就在洛陽大街小巷傳開了，聞者無不拍手稱快。

曹操為何勇於棒打蹇圖，難道就不怕被蹇碩攻擊報復？

表面上看，曹操當時不過是個二十出頭的愣頭青，在這個年齡階段，由於缺乏人生經驗，容易被一時熱血沖昏頭，做事不考慮後果。但種種跡象表明，曹操棒殺蹇圖絕非圖一時之快，更不是被熱血沖昏了頭，恰恰相反，他是經過了仔細盤算的。

首先，曹操依法行事，合情合理，不會給對方留下把柄，至少從法律角度看，蹇碩不能拿他怎麼樣。

其次，蹇碩想以權壓人，曹操也不擔心，因為他知道自己後臺足夠硬，如果蹇碩想整他，也得掂量一下。

第二章　鋒芒乍露

那麼，曹操還有沒有其他想法？應該有。

因為曹操知道自己出身不好，宦官家庭出身，說出去總覺得不光彩。他就是想藉此事向世人表明，他曹操雖然出生在宦官家庭，但絕不是靠不正當手段上位的，而是完全憑自己本事在做官。同時堅決與宦官階層劃清界限，表明自己不會與蹇碩這類貨色同流合汙。

另外，曹操也想藉此事提升自己的知名度。漢朝是一個很看重名譽的時代，一個士人想要在官場站穩腳跟，除了本事外，知名度也是必要的條件之一。

可以說，曹操棒打蹇圖一舉多得，既淨化了社會風氣，同時又揚名立萬，打出了威風。洛陽地界那些平日為非作歹的權貴，囂張氣焰收斂了許多。

蹇圖死於曹操棒下，消息自然很快傳到蹇碩耳中，不出曹操所料，他一時半會兒拿曹操沒辦法，雖然恨得咬牙切齒，但也只能暫時打掉牙往肚裡吞。

蹇碩心中很清楚，曹操處置合法，從法律上根本找不到反駁的理由。同時，曹操身後高聳著曹嵩和曹騰兩座大山，尤其是曹騰，歷侍四朝皇帝，是宦官界的老字輩兒，雖說他此時已不在人世，但作為宦官圈內的後起之秀，蹇碩也不得不有所顧忌。

自己的親叔叔就這樣死在曹操棒下，蹇碩還要強裝笑顏，對皇帝稱讚曹操年輕有為，是個不可多得的人才。

蹇碩等宦官明白，現在整個洛陽都在稱讚曹操，加上他身後強大的背景，根本扳不倒他，但如果讓他繼續在洛陽地頭當官，恐怕往後他還會動不動給人添亂，這樣的人，絕不能讓他繼續在眼皮底下徘徊。

宦官們合計一番後，跑到靈帝面前說：曹操此人難得，讓他擔任洛

陽北部尉，實在是大材小用，埋沒人才。朝廷理應提拔，將他安排到更重要的職位上去，以便為朝廷效力，充分發揮其才能。靈帝聽後連連點頭。

沒過多久，曹操接到調令，出任頓丘縣縣令。

表面上看，曹操升遷了，但明眼人都看出來了，這是明升實降，就是當地權貴們想著法子將他趕出洛陽。

其中原委，曹操自然一清二楚。

曹操走馬上任，出任頓丘令後，依然不改初心，努力工作，使得這個偏遠小縣面貌煥然一新。

許多年後，曹操和兒子曹植談話時，提到他在頓丘縣令任職的事，依然表示無怨無悔。

可惜的是，曹操縱然有滿腔抱負，但他在任不過短短一年，便因受到牽連，被罷免了。

勃海王劉悝的王后與靈帝宋皇后是姑姪，中常侍王甫誣陷劉悝夫婦，使其冤死，他很害怕遭到宋皇后的報復，便向皇帝打小報告，稱宋皇后用巫蠱之術詛咒皇帝。

宋皇后本就不大受皇帝寵愛，宮中覬覦她后位的嬪妃不少，趁機落井下石，聯合向靈帝誣告她。

靈帝本就是個沒主張的糊塗蛋，聽信讒言後，下令收回宋皇后的印綬，將她打入冷宮。沒多久，她便憂鬱而終。宋皇后被廢後，家人受到牽連，父親宋酆和兄弟宋奇都被株連，死於獄中。

從這件事可以看出靈帝是何等昏聵，宦官的權勢何等了得。就算平常民間夫妻，也不能因為旁人三言兩語就輕易離婚，何況是堂堂皇家，但就這樣看似不可思議的荒唐事，卻又實實在在地上演了。皇帝就因為

第二章　鋒芒乍露

家奴的一席讒言，便把皇后給廢了。

宋皇后的弟弟宋奇是曹操的從妹夫，因此，他也受到波及，不過好歹逃過了一劫，僅僅被罷官。

曹操風華正茂，抱著一腔熱血，步入官場，一心想有所作為，扭轉黑暗官場，然而，迎接他的不是掌聲和鮮花，而是一次次的冷水。

最後，他只好帶著懊喪和失落，回到了家鄉。

數年的官場生涯讓曹操明白了許多，他不再是一名青澀的職場新人，開始逐漸成熟起來。

■ 仗義執言

儘管屢受挫折，但曹操並沒有就此一蹶不振。在家休養的日子，曹操沒有放縱懈怠，而是選擇閉門苦讀，給自己充電。很快，他的學業突飛猛進，與此同時，他娶妻丁氏，納妾卞氏，可謂學業和成家兩不誤。

都說一個成功男人背後，離不開一個偉大的女人，此話用在曹操身上也很貼切。曹操一生女人無數，但對他影響深遠的唯有丁夫人和卞夫人。

很遺憾的是，丁夫人沒有生育能力。曹操有一位劉夫人，為曹操生下長子曹昂，不過不幸的是，劉夫人早死，曹昂由丁夫人一手拉拔長大，雖然非親生骨肉，但母子二人感情非常深厚。宛城之戰時，曹昂死於亂軍之中，丁夫人悲痛萬分，夫妻二人感情也由此破裂。曹操同意她再嫁，但丁夫人終生未再嫁。

丁夫人性格異常決絕，曹操封王後，卞夫人還從中周旋，勸曹操將她接回來，但丁夫人堅決不同意，最後只好作罷。丁夫人去世後，卞夫

人為她張羅後事，勸曹操迎接靈柩到鄴城安葬。

與丁夫人不同，歌妓出身的卞夫人為人顧大局，善於周旋，她先後生下曹丕、曹彰、曹植、曹熊四個兒子，曹操後來常年在外征戰，卞夫人持家有方，使得曹操無後顧之憂。

曹操對丁夫人和卞夫人一直念念不忘，猜想是與當初罷官在家，她們相扶相持，幫他走出人生谷底有關。

一個人無論事業做得有多大，家庭永遠是出發點和落腳點，一個溫馨的家庭，對於人生征途所起的作用，超過其他因素。

透過在家數年勤奮讀書，曹操已成為一個博古通今之人。機遇都是留給有準備的人，光和三年（西元180年），曹操再次以「能明古學」被朝廷徵辟，拜為議郎。

議郎是個閒差，沒有具體負責的工作內容，就是作為皇帝顧問，受其諮詢而已，說白了就是個名譽顧問。

對於大多數人來說，到了這樣的職位肯定滿腹牢騷，覺得被屈才了，索性就此得過且過。

但對於一個真正想有所作為，想做事的人來說，無論處在什麼樣的職位上，都會發揮自己的才能，來報效國家，做出一番事業來，曹操正是這樣一個人。

在曹操看來，議郎雖然是個無權無勢的職位，但它不是可有可無的，恰恰相反，在這個職位上，他可以接近皇帝，在朝堂上發出正義的聲音來。

在昏暗的東漢朝廷上，正義已經缺位太久了。長期以來，宦官、奸人當道，正直之士遭到迫害和打壓，黑白顛倒，是非不分！

比如大將軍竇武和太傅陳蕃因為反對宦官專權，慘遭殺害，許多名

第二章　鋒芒乍露

士受到牽連，或被關在牢中，或被禁錮，終身不得為官。

竇武和太傅陳蕃是蒙冤的，朝野上下，人人皆知，但迫於宦官的權勢，誰都不敢站出來。得罪宦官是什麼下場，大家都心裡有數。

這件事本來與曹操無關，在許多人眼中，像曹操這樣出自宦官家庭之人，本身就是宦官集團的一分子，沒人指望他站出來伸張正義。

誰也沒想到，第一個站出來幫竇武和陳蕃喊冤的，竟然是曹操。曹操上書靈帝，言辭懇切，直指當今之世奸佞當道，言路堵塞，真正的忠貞之士反而被打壓，正義無法得到伸張。

面對黑白顛倒、豺狼橫行的朝堂，勇於發出吶喊，對這個不公正的世界提出質疑，需要極大的勇氣。要知道，這樣很有可能會遭到攻擊報復，付出沉重的代價。

洛陽北部尉的遭遇，歷歷在目，其中的利害關係，曹操豈能不知？但他毅然決然地站出來，到底是什麼力量驅使他這樣做？

曹操出自宦官家庭，以他的出身，應該和宦官們站在同一條戰線上，但他卻對自己的陣營反戈一擊。

在宦官們看來，曹操處處跟他們過不去。在洛陽北部尉任上，對自己人下手；現在剛剛好不容易混了個議郎的閒差，識相點，就該夾著尾巴做人，遠離朝廷政治鬥爭漩渦，才是明智之舉。

要知道，這些宦官做事，從來不按照遊戲規則出牌，他們是一群貪婪、凶殘、無恥和沒有道德底線的權力野獸。他們就像毒蛇一樣靜靜地潛伏，趁對方不防之時，便會突然一躍而起，噴出毒液，將其置於死地。

桓靈以來，無數人被害得身首異處，家破身亡，難道曹操對這些心中沒有數？

就算有父親曹嵩庇護，但總不能一輩子都活在父輩羽翼之下！

曹操上書皇帝是經過深思熟慮的，是正義和良知促使他毅然站出來，為正義吶喊。

然而，皇帝早已被宦官們團團包圍，曹操的聲音根本傳不到皇帝耳中。上書後，信件猶如石沉大海，杳無音信。

儘管如此，曹操對大漢王朝依然沒有死心，他抱著救世之心，希望透過努力，可以讓它起死回生。

只是大漢王朝的各個機構，上至朝廷中央各部門，下到地方州郡，皆已糜爛透頂，所有職位差不多都把持在宦官和豪門世族手中，正直官吏處處受到排擠打壓，根本沒辦法做事。

不過，就算宦官和豪門大族能隻手遮天，但沒辦法堵住天下人的嘴，各種諷刺官場的段子滿天飛，甚至還被編成了兒歌，在洛陽大街小巷傳唱。

事情鬧到這種地步，皇帝也不能再裝聾作啞，至少要做個樣子。光和五年（西元182年），靈帝下詔，地方州縣官員，凡是工作不稱職、遭到輿論非議纏身的官員，都要被罷免。

表面上看，這是一件好事，使得官員們聞者足戒，消除怠政現象，能淨化官場生態。但實際執行過程中，根本不是這麼回事。

組織這次官員考核活動的，是以三公為首的朝廷高層官員，他們趁機利用手中的考察權力，大肆斂財，排除異己。

只要交錢，哪怕你是個白痴混蛋，惡名昭彰，照樣給你評高分；如果拿不出錢來「孝敬」，他們就大筆一揮，立刻讓你收拾包袱滾蛋。

至於那些貪贓枉法的宦官子弟，他們根本不敢碰，這就苦了一些真正做事的清廉官吏。他們有些人不服氣，跑到皇宮外要求朝廷主持公道。

第二章 鋒芒乍露

曹操得知後，便和司徒陳耽聯合上書，稱此次人事考核活動，公卿們無不黨同伐異，種種做法，好比放走鴟梟，卻把鸞鳳困在籠中。

大概連皇帝都覺得實在鬧得不像話了，於是將主持本次考核的太尉許馘和張濟召來，訓斥了一頓，同時，安撫那些上訪的官吏，讓他們都擔任議郎。

許馘和張濟雖然位列三公，但早就淪為宦官的鷹犬。陳耽和曹操的意外攪局，讓他們惱羞成怒，沒多久，便胡亂編造了個罪名，將陳耽打入大牢，不久其便死在牢中。

至於曹操，僥倖逃過一劫。

一場本來可以整頓官場的考核監察活動就這樣結束了，考核的結果是，劣幣驅逐良幣，官場更加汙濁。

經過此事，曹操總算明白了，這個黑暗的世界，修修補補，已無濟於事。於是，自此以後，他選擇了沉默，再也不對時局發表任何看法。因為他知道，無論如何爭取，都無濟於事。

無邊的黑暗吞噬著一切，唯有一場暴風雨，才能洗刷帝國上空的陰霾。

沒過多久，一場暴風驟雨來臨了。

■ 蒼天已死，黃天當立

東漢末年，朝廷上下唯知斂財，大小官員一門心思敲骨榨髓、搜刮民財，百姓被逼得走投無路。與此同時，綿延不斷的漢羌戰爭，掏空了東漢政府。

地方豪強日趨壯大，不斷蠶食、兼併百姓的土地。與此同時，各種

天災接踵而至，讓黎民百姓在死亡線上掙扎，被迫賣兒賣女，不少地方出現人相食的慘劇。

一場吹垮大漢王朝的暴風雨將要來臨，民間的零星暴動，不過是暴風雨的前兆罷了。

當人們對殘酷的現實感到絕望時，往往會從宗教中尋求慰藉。東漢王朝的腐朽統治為宗教傳播提供了溫床。道教就在這種情況下悄然登場，在社會上流行開來，它分為兩派，一派為沛國豐邑（今江蘇豐縣）人張陵創立的五斗米道（因入教信眾需要交納五斗米而得名），主要在巴蜀一帶流傳。另一派為鉅鹿（今河北平鄉）人張角創立的太平道。

漢朝時期，黃老思想備受推崇，琅邪道士于吉根據黃老思想創作《太平經》（又稱作《太平清領書》，關於它的作者是否為于吉，史學界有爭議），後傳授給張角。

張角略懂醫術，他利用給百姓治病的機會祕密傳教，號稱「大良賢師」，號召民眾起來推翻東漢王朝的統治。

許多窮苦人家因張角的救治得以活命，對他無比信任，追隨的弟子越來越多。張角派人到青、徐、冀、幽、兗、豫、揚、荊等州傳道。經過十幾年的發展，太平道信眾已達三十多萬。

後來，太平道甚至傳入皇宮中，有不少宦官都成了太平道信徒。

張角將信徒分成三十六方，每方從六、七千人到一萬人不等。每方設方帥一名，張角自任教主。

中平元年（西元184年），張角覺得時機已成熟，決定於當年三月五日發動起義，規定義軍一律頭裹黃巾，故稱為「黃巾軍」。

黃巾軍到處散布「蒼天已死，黃天當立，歲在甲子，天下大吉」的預言，中平元年為甲子年，蒼天指東漢朝廷，黃天指黃巾軍，暗示黃巾軍

第二章　鋒芒乍露

這年將要取代漢朝。

為了達到出奇制勝的目的，張角決定在敵人心臟地帶——洛陽發動起義，給朝廷致命一擊，一舉推翻東漢王朝。

為了方便鎖定攻打目標，起義軍暗中在洛陽大小衙門的大門上都寫上甲子二字，作為進攻目標標誌。

為了配合洛陽起義，張角命令馬元義等人指揮荊、揚兩州數萬教徒，北上轉移到鄴地（今河北臨漳）。馬元義成功使中常侍封諝、徐奉等幾名高層宦官成為教徒，讓他們在皇宮做內應，配合黃巾軍起義，裡應外合，快速占領皇宮。

起義活動按照規劃有序進行，漢廷上下還渾然不知，如果不出意外，黃巾軍一夜之間就會控制洛陽，將朝廷君臣一次消滅。

然而，百密一疏，誰也沒料到，就在起義前夕的節骨眼上，義軍內部出了叛徒，張角弟子唐周叛變，向朝廷告發。

漢廷上下聞之大驚失色，緊急出動官兵搜捕潛伏在洛陽境內的義軍人士。倉皇之間，馬元義來不及逃脫，被捕後，被處以車裂，太平教徒一千餘人被捕處死。

一場本來計畫周詳的起義就此被鎮壓，最終以失敗而告終。

張角得知洛陽起義失敗後，只得下令各地太平道信眾提前舉事。

張角自稱「天公將軍」，其弟張寶稱「地公將軍」，張梁稱「人公將軍」。消息傳開，各地黃巾軍紛紛揭竿而起，有數十萬之眾拿起武器，攻入官府，殺死官吏，開庫放糧，救濟窮人。沒多久，義軍起義之勢席捲全國。

鎮壓黃巾

黃巾軍在毫無徵兆下，突然在洛陽發動起義，雖然最終失敗，但將漢廷君臣殺了個措手不及，靈帝驚慌失措。

黃巾軍從冀州、潁川、南陽三面進逼洛陽，朝廷上下一片慌亂。由於前後兩次黨錮，朝廷中有能力的大臣，要麼被誅殺，要麼被奪取官職，剝奪了出仕的資格，因此就剩下一群禍國殃民的宦官和只知拍馬溜鬚的跳梁小丑，他們平常撈錢，欺壓百姓在行，但指望他們平定黃巾軍，無疑是白日做夢。

靈帝一面下令各地州郡加強武器裝備，操練軍隊，在關隘做好防守，阻止黃巾軍向洛陽靠近，一面命大將軍何進率領左右羽林五營士修整武備，鎮守京城，以防萬一。

北地太守皇甫嵩上書，對當前國家形勢進行了剖析，指出想要解決目前的危機，唯有趕緊解除黨禁，起用因黨錮之禍受到牽連的官員和士人。靈帝總算明白過來，就目前的局面，除了接納皇甫嵩的意見別無他法，便下令解除黨禁，拿出府庫錢財做軍資，調發西園廄馬武裝軍隊。

漢廷下詔，任命尚書盧植為北中郎將，持節（代表朝廷，可以權宜行事）率軍征討張角；任命皇甫嵩為左中郎將、朱儁為右中郎將，率領北軍五校士、三河騎士及募精勇四萬多人，前往潁川鎮壓黃巾軍。

中平元年四月，朱儁率官兵趕赴潁川。

朱儁猜想太小瞧對手了，料想黃巾軍不過是一群沒有經過任何軍事訓練的泥腿子，必然會一觸即潰，誰料卻被黃巾軍擊敗。

皇甫嵩覺得目前的局面對己不利，便下令暫且屯兵長社（今河南長葛東北），再做打算。不料，被洶湧而來的黃巾軍團團包圍，形勢非常危急。

第二章　鋒芒乍露

敵我雙方人數一對比，官軍明顯處於劣勢，望著一望無邊的黃巾軍，漢軍開始心中發怵。好在皇甫嵩久經沙場，作戰經驗豐富，鎮定自若，軍心才稍稍安穩下來。

皇甫嵩登上城樓觀察敵情，黃巾軍畢竟大多數是農軍，打仗時，完全憑藉一股血氣，亂哄哄地一擁而上，依仗著人多的優勢，再加上漢軍不少將領是無能之輩，故而取得了一系列勝利。但他們根本不懂行軍布陣，安營紮寨談不上有何章法，竟然將營寨安紮在草木茂盛之處，這種做法，犯了兵家大忌，讓皇甫嵩一眼就看出了破綻。

夜幕降臨之際，天色突變，大風驟起，皇甫嵩趁機派人潛伏出城，悄然繞到黃巾軍營地後方，點燃了枯草。很快，火勢藉著風力，蔓延開來，燒向黃巾軍營地。

漢軍在城頭看到自己人得手，便舉著火把吶喊助威，一時間，漫天大火，鋪天蓋地的喊殺聲從四面八方傳來，黃巾軍頓時被傻了，他們不知道漢軍究竟來了多少人，再也無心戀戰，紛紛狼狽逃竄。皇甫嵩趁機殺入軍營，一舉解除了長社之圍。

是年五月，朝廷拜曹操為騎都尉，率兵趕赴戰場，與皇甫嵩、朱儁合兵一處，殲滅黃巾軍數萬人。

騎都尉官秩兩千石，屬於中層軍官，這是曹操首次被授予軍職，亮相疆場，他手握軍權，自然與以往在行政衙門工作有了很大不同。自此，曹操的人生迎來了轉機。

皇甫嵩、朱儁乘勝轉戰汝南郡（今河南平輿北六十公里）和陳國（都城在今河南淮陽），先後擊敗黃巾軍波才於陽翟（今河南禹州），敗彭脫於西華（今河南周口西），後攻東郡（今河南濮陽南）黃巾軍，敗卜已於蒼亭（今山東陽谷北），共斬殺七千餘人。

至此，潁川黃巾軍徹底覆滅。

此時，冀州有黃巾軍共二十萬之眾，由張角親自統領。中平元年六月，北中郎將盧植、東中郎將董卓受命前往鎮壓。

兩軍交鋒初期，黃巾軍受挫，被盧植打敗，斬首萬餘人。張角被迫轉移至廣宗，戰局對漢軍有利。誰料就在這個節骨眼上，朝廷卻臨陣換將，換下盧植，由董卓取代他的位置，統領作戰事宜。結果，董卓被黃巾軍在下曲陽（今河北晉州西）打敗，狼狽逃回。

董卓損兵折將，朝廷震怒，將其下獄，命皇甫嵩率軍北上，攻打冀州黃巾軍，朱儁帶兵南下，圍剿南陽黃巾軍。

皇甫嵩率軍至冀州鉅鹿郡，與黃巾軍人公將軍張梁交戰於廣宗，未能取勝。皇甫嵩覺得，漢軍兵力少於黃巾軍，正面交鋒，未必有多少勝算，只有出奇制勝，遂下令閉營不出。

黃巾軍見狀，以為漢軍怯戰，便放鬆了警惕。

深夜時分，黃巾軍皆已入睡，皇甫嵩趁其不備，率軍殺出，黃巾軍根本來不及組織抵抗，被漢軍殺了個七零八落，三萬餘人被殲滅，張梁也死於混戰之中。

潰敗後，逃離戰場的黃巾軍爭搶渡河，慌亂之中，不少人跌入水中，溺斃者五萬餘人。

此前，張角已病逝，然而漢廷對他這位黃巾起義的首倡者和太平道的教主，並沒有因人死就放過。皇甫嵩下令將張角的棺槨挖出來，拽出屍體，割下頭顱，傳首洛陽。

十一月，皇甫嵩與鉅鹿太守郭典聯合率軍攻擊在下曲陽的地公將軍張寶，黃巾軍兵敗，張寶戰死，十萬義軍皆被斬首。皇甫嵩下令，在下曲陽城東高高壘起十萬人的頭顱，其場面慘不忍睹。

第二章　鋒芒乍露

張角兄弟從中平元年二月起兵，到十一月被剿滅，歷時九個月，終以失敗告終，但各地餘部仍然在堅持戰鬥。

就在皇甫嵩剿滅冀州張角兄弟三人時，朱儁正在宛城與黃巾軍對峙。

南陽黃巾軍於中平元年三月占領南陽郡治宛城（今河南南陽），太守褚貢被斬，漢廷命秦頡接任南陽太守，秦頡擊殺義軍領袖張曼成。

張曼成雖死，但義軍在趙弘的帶領下，愈加壯大，達十多萬人。

朱儁和秦頡合兵一處，麾下兵力達一萬八千人。漢軍圍困南陽三月有餘，久攻不下，城池依舊掌握在黃巾軍手中。

漢軍人少，不利於長期僵持，況且此時，朝廷對朱儁已有不耐煩，要不是司空張溫攔著，朱儁早就被罷職了。

恰好此時，趙弘戰死，韓忠繼任為黃巾軍主將。趁敵軍換帥，軍心未穩之際，朱儁決定改變作戰策略，下令在宛城城外西南堆起一座土山，讓士兵們站在土山上搖旗擊鼓，擺出一副俯衝入城的架勢，黃巾軍果然上當，集中力量全力防禦西南，導致東北防守薄弱。

朱儁趁機率精兵五千，潛至城東北，趁其不備，殺入城中。等韓忠反應過來，為時已晚，他只好放棄外城，退守小城，眼看無法長久對峙下去，便提出向漢軍投降。

眾人都認為，現在官軍皆已人困馬乏，應該接受投降，唯有朱儁堅決不同意。為了防止黃巾軍被逼急了拚個魚死網破，朱儁決定用誘敵之計，佯裝撤走包圍小城的軍隊，暗中潛伏下來。

城內黃巾軍發現城外的漢軍一夜之間不見了，便大膽衝了出來。

困在城中時間太久了，大家都只顧自己逃命，三三兩兩，不成隊形。朱儁趁機率漢軍突然從後面殺出，黃巾軍慌亂中且退且戰，被斬殺

一萬多人,韓忠也被秦頡斬首,餘軍皆瓦解星散。

黃巾軍暫時被鎮壓下去了,但自此東漢王朝也徹底走上了不歸路。為了剿滅黃巾軍,朝廷下詔,同意將財政、募兵等權力下放給地方,有些地方撤銷刺史,設立州牧,地方州郡權力大大增強。

權力下放容易,但再也收不回來了,各地刺史、太守、州牧等地方大員,將財政軍大權集於一身後,逐漸不將中央朝廷放在眼裡,形成諸侯割據。自此,大一統的中央王朝一去不復返,朝廷被逐漸架空。

因鎮壓潁川黃巾軍有功,曹操被朝廷任命為濟南相。

時勢造就英雄,天下大亂之時,英雄輩出,曹操也開始一步步走上歷史的大舞臺。

第二章　鋒芒乍露

第三章　亂世求存

■ 將反腐敗推行到底 ■

　　漢朝時期，地方上實行郡國制度，郡縣太守、縣令等官員由朝廷直接任命；此外，還有一部分封國，封給同姓宗親。

　　漢景帝時，發生七國之亂。叛亂平息後，朝廷吸取教訓，為了防止封國勢力過大，對朝廷構成威脅，規定藩王除了享受地方賦稅外，不得插手一切軍民事務。此後，藩王權力被剝奪殆盡，封國的實際權力掌握在由朝廷任命的國相手中，所以，曹操出任的濟南相，其權力基本上與太守相差無幾。

　　濟南國治所在東平陵縣（今山東章丘西），國境臨海，下轄今山東濟南、章丘、濟陽及鄒平等地。

　　曹操上任濟南相後，發現濟南國一片混亂，官場腐敗不堪，大小官吏與當地豪強勾結，貪贓枉法，禍害百姓。

　　國相由朝廷委派，而地方官吏多是本地人，他們之間關係盤根錯節，形成進退與共的利益同盟。他們不但在地方上具有強大的背景，在朝廷也有後臺撐腰，因此，從不把國相放在眼裡，歷任國相由於層層掣肘，根本無法有所作為。

　　得知曹操出任濟南相時，當地官吏和豪強們根本沒把他當回事，料定他的結局會和前任們差不多，那就是不得不灰溜溜地離開。

第三章　亂世求存

但是，曹操就不信邪，到任後，決定要抵制這股歪風，拿這些不法官吏開刀，以整治官場秩序。

經過一段時間的摸底，曹操對濟南國境內的情況有了初步掌握，為了捍衛帝國法律的尊嚴，決定先要摘掉一些人的官帽，讓他們知道做官的底線。

經過充分調查，掌握實證之後，曹操向朝廷揭發，一舉將八名官員撤職。在毫無前兆之下，曹操以雷霆之勢，快速出手，精準打擊腐敗，在濟南國官場上引發了一場政壇地震，聞者無不心驚膽顫。

朝廷那些幕後大人物對曹操這種做法，非常嫉恨，只是面對鐵證，找不到曹操的把柄，短期內只好隱忍。

濟南國境內的豪強們被曹操強勢執法所震懾，唯恐有一天被曹操盯上，招惹上麻煩。

有些劣跡斑斑的豪強聽到曹操來了，嚇得紛紛搬到鄰近郡縣避風頭。

為何濟南國累積多年的官場頑疾，曹操能在短時間內就清除了？

孔子云：「其身正，不令而行；其身不正，雖令不從。」

曹操之所以敢拿濟南國貪官汙吏們開刀，就是因為他跟這些人沒有任何利益糾葛。

另外，曹操做事向來果斷，有魄力，該出手時就出手，絕不拖泥帶水。碰上曹操這樣的人，濟南國那些貪官汙吏只有自認倒楣的份兒。

鎮住官場歪風之後，曹操決定從移風易俗著手，改變濟南國民生疲弱的狀況。

以退為進,稱病還鄉

當時濟南國境內有個現象,就是民間重祭祀,祠廟非常多。

想當年,漢高祖平定天下後,封長子劉肥為齊王。呂后死後,她娘家一幫子姪作亂,劉肥次子朱虛侯劉章在平定諸呂之亂中立下大功,被封為城陽王,始立濟南國。後來,濟南國參與七國之亂,平叛後,被廢除。光武帝重建大漢後,於建武十五年(西元39年)重新設立濟南國。

城陽景王劉章在漢室危急關頭撥亂反正,在朝野上下頗有威望。他死後,濟南國就開始出現祭祀他的祠廟。數百年下來,歷代不斷擴建,建立了越來越多的城陽景王祠。

隨著時間的推移,城陽景王祠祭祀變了味,已從最初單純懷念他為國建功,轉變為祈福之地。許多商賈從中看到了商機,開始參與修建城陽景王祠,將其修建得非常奢華。他們勾結當地官吏、豪強,以祠廟作為斂財的工具,宣揚供奉豐厚者必將得到神明庇佑;若不遵從,必然會遭到懲罰。

濟南國境內的城陽景王祠達六百餘座,它們成了官商榨取老百姓錢財的場所,辦一次祭祀,往往殺豬宰羊,鑼鼓喧天,大肆鋪張,鬧騰好多天,這些開支無一例外被分攤到老百姓頭上,成為一筆沉重的負擔,官吏、豪強與商人們藉機大發橫財。

普通老百姓深受迷信思想的毒害,無不爭著向城陽景王祠進獻,不少人被害得傾家蕩產,家破人亡。

城陽景王祠牽扯太多人的利益,歷任濟南相都怕得罪人,不敢反對。曹操覺得這種淫祀如果縱容下去,遲早會逼得老百姓沒辦法活下去,這種不良社會風氣必須得到遏制,不能再任其蔓延。

第三章　亂世求存

相對而言，整頓吏治、打擊豪強，面對的畢竟還是少數人，但改變一種習俗，尤其是一項長達數百年的社會陋習，談何容易？這需要很大的勇氣，如果處理不好，有可能引起負作用。

面對阻力，曹操沒有退縮，而是沉著應對。

曹操定然知道，那些受到他打壓的官吏和豪強，此刻巴不得他出錯，猜想他們正在暗中煽動不明真相的百姓出來鬧事，一旦風向有變，他們就會立刻跳出來，將曹操攆出濟南國。

困難重重，步步陷阱，進還是退，都是兩難選擇。

不過，接下來發生的事，讓那些企圖看曹操笑話的人失望了。

他毅然下令拆除濟南國境內祠廟，嚴禁官民再辦這種勞民傷財的迷信活動。

在當時，拆除祠廟這種事不單單是得罪人這麼簡單，還要承受巨大的心理壓力，因為在古代社會，人們普遍敬畏鬼神。我們無法得知曹操的鬼神觀和信仰情況，但他這種勇於破除迷信的魄力，令人肅然起敬。

曹操明白，當一座座祠廟被夷為平地，化為烏有時，必然會引起軒然大波，不但會招來官商層面的反撲，也會讓許多不明真相的信眾覺得情感受到傷害。

然而，曹操認定的事，縱然千難萬險，也會毅然去做。

轟轟烈烈的拆廟行動在濟南國全面展開，在這個過程中，發生了什麼事，史書沒有任何記載，所以我們不得而知，但這件事帶來的震撼可想而知。

禁止淫祀之後，濟南國境內這項傳承了數百年、勞民傷財的習俗畫上了句號。

禁止淫祀，固然是為了打擊地方豪強，但猜想曹操還有更深層次的考慮。曹操參加了平定黃巾起義的戰爭，深知張角兄弟之所以能夠將數十萬民眾組織起來，全靠宗教思想。如果濟南國境內的這種淫祀活動不及時制止，萬一被人煽動利用，必然會造成很大的社會動盪。

整治貪官、禁止淫祀這兩件事，無論哪一件，都很得罪人，曹操算是把濟南國境內上上下下得罪了個遍，他已明顯感覺到來自各方的壓力。如果長期發展下去，勢必會遭到報復。

曹操不畏強權，勇於破除陋習，並不等於沒有顧慮。他覺得自己在濟南相位置上沒辦法再待下去了，於是，向朝廷提出辭職，希望把他調回京城洛陽，留在皇帝身邊擔任宿衛職務。

這些年來，曹操在官場上得罪了許多人，尤其是皇帝身邊的那些宦官，更對曹操恨得咬牙切齒。對此，曹操自然心知肚明，他擔心這些人終有一天會發起反擊，傷害到自己家人，所以他想回到洛陽，留在皇帝身邊。在天子腳下，宦官們多少會有所顧忌，不敢輕易對他下手。

官場如戰場，知彼知己，方能百戰不殆。曹操的心思，宦官們自然一清二楚，他們豈能讓對手如願！

曹操很快接到朝廷對他的新任命，出任東郡太守。曹操明白了，有人不願意讓他返回京城。

其實，曹操出任東郡太守也不算太差，就級別來說，和他擔任的濟南相屬於同一級別。但是，曹操接到任命書後，並沒有急著去上任，而是陷入了沉思。

在濟南國任國相的這些日子，曹操對地方上的現狀已經有了很深的了解，他知道，到了東郡太守任上，面臨的情況猜想會和現在差不多，想要有所作為，大概很難。

第三章　亂世求存

那麼，接下來的路怎麼走，難道又到東郡將濟南國的事重新上演一遍，然後又灰溜溜逃離，再換一個？

大漢的天下如此之大，州郡如此之眾，單憑曹操一人，又能改變多大地方？

如今整個帝國已病入膏肓，現在該考慮的是如何改變整個國家的面貌，而不是一州一郡之治！

思前想後，曹操終於決定先暫時告別官場，好好思考一下未來的發展方向。於是，曹操向朝廷提出：自己生病了，沒辦法前去履職。

此時，朝廷方面或許覺得直接讓曹操滾蛋，有點不近人情，便採取了個折中方案。你不是想回洛陽嗎？那麼就回來吧，繼續擔任議郎好了。

經過這麼一來二去，曹操想回京城的想法倒不那麼強烈了。

曹操覺得議郎這種閒差，就是混吃等死，純粹浪費生命。人生不滿百，何不秉燭遊？人生有多少年華值得去肆意揮霍？還不如賦閒在家。遂索性一併婉辭了。他收拾行囊，回了老家。

曹操出來打拚，彈指間，十年時間一晃而過，在這期間，除了短暫在家隱居讀書外，曹操先後擔任洛陽北部尉、議郎、騎都尉、濟南相。就工作範圍來說，管理過治安、進過中央諮詢機關、帶兵打過仗，也擔任過高級行政首腦，已有了豐富的行政管理經驗和相當的軍事素養，這是一張非常漂亮的從政履歷。

然而，遺憾的是，這些年來，曹操每次都是滿懷希望奔赴新的工作職位，但最終無不黯然離場。

曹操在出仕和隱退之間自由切換，看上去很瀟灑，但內心的苦澀，恐怕唯有他自知。

十年對於一個人來說何其寶貴，曹操已經從一個熱血青年變成一名成熟的中年人。他不再毛躁，開始理性看待現實，不再憤世嫉俗，開始認真思考自己的未來。

十年的官場生涯，他見過了太多醜陋嘴臉，對官場的黑暗看得太透澈。曹操明白，單靠一腔熱血，滿懷正義，憑一己之力，根本無法改變這個世界。想要匡扶正義，必須要有資本，先要強大自己，然後才會有話語權。

許多人在職場摸爬滾打半生，屢屢碰壁，但始終不明白其中原因，就是由於不善於總結自己，不懂得冷靜分析所處的環境，不懂得自己究竟適合做什麼、怎樣才能做好。

或許，在匆匆一生中，我們所缺的不是學歷、資歷或者機遇，而是認真地認識自我。

同樣，曹操也面臨人生的抉擇時刻。

幸運的是，曹操選擇了退讓。老子云：「夫唯不爭，故天下莫能與之爭。」並不是所有的退讓，都是逃避和怯懦，恰恰相反，有時候退一步海闊天空，退讓也是一種進取。

曹操選擇暫時退出官場，回到家中閉門讀書，讓自己避開了官場的爾虞我詐，靜靜等待時機，等待天下風雲格局變化之時，東山再起。

這一年，曹操次子曹丕出生。

■ 拒絕陰謀

曹操在老家期間，日子過得閒適自在。在譙水邊建造了幾間樸素而又雅緻的房舍，整日閉門謝客，沉浸在書卷之中，一副不問世事，超然物外的姿態。

第三章　亂世求存

　　冬春之際，天降大雪，曹操騎馬外出，彎弓狩獵，徜徉於山林之間，流連忘返。

　　難道曹操就此意志消沉，對仕途絕望，甘願歸隱林泉了嗎？

　　當然不是，曹操是有抱負之人，一心想做大事，他的歸隱姿態，只不過是做給外人看的。

　　雖然還年輕，但經歷數年宦海沉浮，曹操對世事的看法早已發生了很大的變化，他不甘心就這樣渾渾噩噩，一輩子做一個官場庸吏，他想要做的是扭轉乾坤。

　　漢朝之時，隱居也是一種累積人望的策略，可以提升知名度。當一個人很有能耐，又閒居田園，擺出一副淡泊名利的姿態，其實就是一種自我炒作的手段。

　　這種欲揚先抑、欲仕先隱的把戲，最終目的就是抬高身價，待價而沽。

　　朝廷方面，對於這種人自然也要做出回應，擺出禮賢下士、不容野有遺賢的姿態。

　　說白了，對於這種雙簧戲，雙方都心知肚明，所以戲碼要做足，但又要拿捏好火候，免得翻船。

　　曹操對外放話，要做二十年隱士，其實，沒幾年光景便被徵辟了。朝廷設立西園八校尉，以小黃門蹇碩為上軍校尉，虎賁中郎將袁紹為中軍校尉，屯騎校尉鮑鴻為下軍校尉，曹操為典軍校尉。

　　靈帝之所以成立西園軍，直接誘因是，當時涼州韓遂、馬騰起兵叛亂，京師洛陽受到威脅。為了加強首都防守，保護朝廷安寧，很有必要成立一支由皇帝直接掌控的禁衛軍。

實際上，成立西園軍還有另外一個目的，就是從大將軍何進手中分散軍權。

宋皇后被廢除後，靈帝立何貴妃為后，何皇后異母兄何進自然也受到重用，官拜侍中、將作大匠、河南尹。

中平元年，以馬元義為首的黃巾軍企圖在京師洛陽發動起義，不料被何進提前覺察，朝廷迅速出兵鎮壓，東漢王朝才僥倖躲過一劫。此外，張角兄弟在冀州起義時，何進帶左右羽林軍五營士駐紮於都亭，扼守要塞，修理器械，全力備戰，以拱衛京師。

何進因功官拜大將軍，封慎侯。

大將軍一職在漢朝為武職之首，秩萬石，至漢末，其位在三公之上，手握重兵，地位顯赫。東漢時，大將軍一職多次由外戚出任，他們權傾朝野，甚至威脅到皇帝，比如被稱作跋扈將軍的梁冀，竟然敢鴆殺皇帝。因此，靈帝不能不對何進有所忌憚。

既要倚重外戚勢力，又要防止它過於龐大，必須要有一支力量掌握在自己手中，對它有所牽制。出於此緣故，靈帝設立了一支禁軍，稱作西園軍。

從西園軍校尉的人事安排可以看出靈帝煞費苦心，首先這支隊伍必須牢牢掌握在自己信得過的人手中。皇帝最信任誰？自然是宦官，所以任命蹇碩為上軍校尉，擔負著統領職責，同時為了安撫世家大族，任命袁紹為中軍校尉，又安插宦官家庭出身的曹操為典軍校尉。這樣一來，各方面都照顧到了，又能夠相互制衡，不至於一家獨大，威脅到皇權。

掌握了西園軍，就意味著取得了皇帝的信任，可以接近皇帝本人，向權力核心更靠近了一步，自然會受到萬人矚目。

第三章　亂世求存

如果說因為曹操可以接近皇帝，因此少不了有人設法跟他套近乎，希望他能在皇帝跟前替自己美言幾句，好給皇帝留個好印象，最好能夠被提拔重用，這還能理解。

這類人雖然招人厭煩，但也在意料之中，對於在官場摸爬滾打多年的曹操，應付自然不是難事。

然而，令曹操萬萬沒想到的是，有人送來一封信，竟然上門拉他入夥，一起參與政變，廢掉靈帝，改立合肥侯。

寫信者是冀州刺史王芬。

對於王芬，相信絕大多數人很陌生，說白了，在東漢末年的歷史上，他就是屬於「打醬油」級別的。至於合肥侯是誰，史書記載不詳，連個名字都沒留下來，可見屬於不起眼的小角色。

就這樣一個貨色，王芬竟然想發起一次政變，一舉直接廢掉漢靈帝，改立合肥侯。

參與王芬陰謀的還有南陽許攸、沛國周旌等人。他們計劃趁著靈帝出巡之際，劫持皇帝，誅殺宦官，另立新帝。

王芬之所以動了廢立的念頭，原因說起來很可笑。陳蕃的兒子陳逸和一名叫襄楷的術士到王芬府上做客。閒談之時，不知出於什麼目的，襄楷對王芬稱，透過觀察天象，顯示宦官們很快會遭到滅罪大禍。王芬一聽，頓時精神來了，既然如此，還等什麼，抓緊時間動手，向宦官們開刀。

宦官們為什麼這麼囂張？還不是由於背後有皇帝撐腰，所以想要徹底解決宦官問題，必須從根源上解決，要是直接把皇帝廢了，剷除宦官，還不是輕而易舉？

靈帝是從河間國入繼大統的，王芬探聽到，靈帝想要返回河間省

親，要去河間需要路過冀州，王芬想趁其不備，一舉廢掉皇帝，改立合肥侯。

當然，做這等事沒有內應是不行的，於是王芬便想到了曹操，個中原因也很簡單，西園軍對皇帝的行動比較了解，只要曹操點頭，這事就相當於成功了。

王芬是如何想起拉攏曹操入夥的，史書中沒有記載。按理說，廢立皇帝這等絕對機密的事，要是沒有過硬的交情，是不可能透露的，但曹操和王芬似乎也沒有任何交往的記錄，因此，唯有一種可能，就是許攸在其中發揮了某種牽線作用，因為許攸和曹操在年輕時曾經為同學。

曹操接到王芬的書信後嚇了一跳。客觀地說，這些年來，面對烏煙瘴氣的朝廷，曹操同樣一肚子怨氣，很不滿意，但怨歸怨，廢掉皇帝這樣的念頭，他從來沒想過。

其中原因很簡單，廢立皇帝，在任何時代都不是鬧著玩的，成功機率不太高，一旦失敗，所有參與者必身死族滅。況且，無論皇帝本人如何平庸昏瞶，但他是國家統一和穩定的基石，不到萬不得已，不能輕易觸動。

歷史上，廢立皇帝的，即使成功了，也難逃身後非議，即便如伊尹、霍光，依然褒貶不一，更何況一般人。

靈帝寵信宦官，將朝政搞得亂七八糟，世人皆知，但這並不意味著王芬等人就穩操勝券。

此時，漢朝已經延續近四百年，數百年累積的各種弊端，豈是換個皇帝就能解決的！

況且王芬等人不過是一群烏合之眾，成功的可能性基本為零。退一步來說，就算成功換掉了皇帝，讓合肥侯上臺，難道就會完全剷除宦官

第三章　亂世求存

集團？不過是殺掉一批宦官，另行扶持一撥人而已。

而且王芬等人動機不純，他們絕不是為了解決當前國家危機，而是想透過改朝換代，實現個人野心。以他們目前的實力，根本做不到廢立皇帝。一句話，實力撐不起野心。

最後，很關鍵的一點，雖然大漢王朝內外交困，但無論外戚還是宦官，都無法一強獨大，達成這種默契的平衡支撐點的，恰恰就是靈帝。所以，無論外戚還是宦官，都不願意廢立皇帝。後來董卓進京，廢掉少帝，改立獻帝，自此東漢王朝陷入無序狀態，天下大亂，恰恰證明了這一點。

因此，曹操面對王芬等人的拉攏，絲毫沒有猶豫，一口回絕了，並寫了封信，勸王芬提早收手：

> 夫廢立之事，天下之至不祥也。古人有權成敗、計輕重而成之者，伊尹、霍光是也。伊尹懷至忠之誠，據宰臣之勢，處官司之上，故進退廢置，計從事立。及至霍光，受託國之任，藉宗臣之位，內因太后秉政之重，外有群卿同欲之勢，昌邑即位日淺，未有貴寵，朝乏讜人，議出密近，故計行如轉圜，事成如摧朽。今諸君徒見曩昔之易，未睹當今之難。諸君自度，結眾連黨，何若七國？合肥之貴，孰若吳、楚？而造作非常，欲望必克，不亦危乎！

你們只看到了伊尹、霍光等人輕鬆換掉了皇帝，卻沒看到其背後的風險。

王芬已經鬼迷心竅，自然不會因為曹操規勸而罷手，結果東窗事發，被迫自殺，一場政治陰謀行動就這樣無聲無息地流產了。

據司馬彪《九州春秋》記載，靈帝之所以覺察王芬的陰謀，是由於有太史建議說「當有陰謀，不宜北行」，所以便臨時取消了北巡的計畫。

不過，其中不排除還有一個原因，就是曹操揭發了王芬的陰謀。因為，當時曹操的父親曹嵩已經退休，告老還鄉了。如此一來，曹操在朝中就失去了一棵可以為他遮風擋雨的大樹，所以，他迫切需要表現自己對朝廷的忠心，王芬恰好給他送來了這樣一個天大的好機會。

實事求是地說，當時的曹操對漢室還是忠心耿耿，一心想為朝廷效力，最大志向是能夠做個征西將軍，期待身後在自己墓碑上寫上「漢故征西將軍曹侯之墓」。

然而，樹欲靜而風不止，風雲激盪的政局，使得曹操注定無法在平穩中走完一生，面對變幻莫測的政治鬥爭，他也很難置身其外，獨善其身。

■ 宦官專政，屠夫為將

靈帝後期，以蹇碩為首的宦官集團與以大將軍何進為代表的外戚之間，為了爭權奪利，明爭暗鬥，都想除掉對方。

蹇碩此人，雖然是宦官，但外貌非常健壯，倒也有幾分偉丈夫的氣概，很受靈帝寵信，所以被任命為西園八校尉之首，執掌兵權。

儘管握有兵權，但何進是大將軍，理論上還是蹇碩的上級，故蹇碩對他一直很嫉恨。

何進也有他的軟肋，他出身低微，屠夫出身，本身才能平平，沒有過人本領，之所以能夠爬到大將軍位置上，主要是妹妹受到靈帝寵愛，靠著裙帶關係雞犬升天。再加上運氣好，趕上有人告密，平定了黃巾軍洛陽起義，弟弟河南尹何苗擊退了滎陽起義軍，自以為一家人對朝廷有功，不把蹇碩等宦官放在眼裡。

第三章　亂世求存

中平五年（西元 188 年），何進精心策劃了一場閱兵活動，請皇帝親自來閱兵。

何進下令築一高壇，在壇上建十二層五彩華蓋，足有十丈高。在高壇東北建一小壇，壇上建九層華蓋，高九丈。

何進請靈帝立於高壇之上，自己站在小壇之上主持閱兵。

從全國各地徵召來的將士們，包括步兵和騎兵，列成方陣，從高壇下走過。檢閱完畢後，猜想靈帝也被眼前漢家將士的雄壯威儀所觸動，脫下冠冕袞服，換上鎧甲，自稱「無上將軍」，騎馬繞著軍隊方陣走了三圈，才心滿意足地離去。

經過此次閱兵，何進達到了樹立個人威望的目的。

宦官們愈加嫉恨何進，他們知道，如今靠皇帝撐腰，還能夠安然無事，一旦靈帝駕崩，執掌軍權的何進想除掉他們，就易如反掌，所以，趁著皇帝健在，必須設法弄死何進這一心腹大患。

恰好此時，西北邊章、韓遂作亂，蹇碩和眾常侍串通一氣，勸靈帝派何進帶兵去鎮壓，妄圖借刀殺人，借叛軍之手除掉何進。

靈帝對宦官們向來言聽計從，心想平定地方叛亂本來就是大將軍的職責，遂撥給何進兵車百輛，讓他去西北和邊章、韓遂硬碰硬。

何進雖然沒有多大能耐，但人不傻，一眼就看出了宦官們的鬼把戲，便找各種理由拖延時間，就是不出兵。

中平六年（西元 189 年）四月，靈帝病危，他膝下有兩子，何皇后所生劉辯和王美人所生劉協。劉辯為皇后所生，又年長，按照宗法制度理應由他來繼承帝位，但是靈帝對他很不滿意，認為他不具備帝王氣度，心中屬意劉協。

說起來，劉協來到這個世界上實屬不易。何皇后為了讓自己的兒子

能繼承皇位，一旦別的妃嬪懷孕，便多方暗害。王美人發現有了身孕後，一度猶豫要不要打掉孩子，但她屢次夢到自己背負太陽，覺得此兒定非尋常，最終還是冒險生了下來。

何皇后得知後，立刻感到自己兒子多了一個競爭者，祕密讓人毒殺了王美人，幸虧劉協被董太后收養，才免遭毒手，撿了一條命。

靈帝得知此事後，勃然大怒，一度想廢掉何皇后，多虧了一幫宦官幫襯，苦苦求情，何皇后才勉強保住了皇后的寶座。

臨死前，靈帝給蹇碩留下遺詔，要求立劉協為帝。

如此一來，朝廷中形成了兩股勢力，一派是以蹇碩為首的擁立劉協幫，其背後是宦官集團；另一派是以何進為首的擁立劉辯派，其背後是外戚集團。

要說這兩派勢力各有優劣，先說劉辯派，其優勢很明顯，首先按照傳統嫡長子繼承制，劉辯有先天的合法性，容易贏得士大夫階層的支持；其次後宮有何太后撐腰，外廷有何進統攬軍政大權。

看上去劉辯派強大無比，完全可以碾壓劉協幫，但實際上並非如此。

儘管何太后和何進是兄妹，但兩者之間的消息並不通暢，何太后與宮外的一切消息傳遞都要透過宦官。如果何進和宦官利益一致，這自然不會是什麼大問題，但如今兩者之間強烈對立，這就成了何進的最大軟肋。

道理很簡單，何進雖然貴為大將軍，但在法理上，他必須得到太后旨意方能行事。如此，何進的一舉一動，宦官瞭如指掌，但何進對宦官們的計畫卻一無所知，這完全是一場不對稱的資訊戰。誰掌握了資訊控制權，誰就在鬥爭中贏得了先機，這是古往今來永恆不變的真理。

第三章　亂世求存

再看劉辯幫，若論硬實力，以蹇碩為首的宦官自然無法和何進相提並論，但他們最大的籌碼就是何太后。表面上看，宦官們不過是一群家奴，而何進和何太后可是親兄妹，兩者之間的感情不可同日而語，但是在政治鬥爭和權力博弈中，親情永遠要讓位於權力。

對於這一點，宦官們遠比何進看得清楚。

■ 袁紹的餿主意

何太后在後宮和嬪妃爭鬥還行，但要說治理國家，根本沒啥主見，完全將朝政交給兄長何進，唯有一件事，兄妹二人意見不合，那就是如何處理宦官。

按照何進的建議，這些宦官禍亂朝政不是一天兩天了，就應該乾淨俐落地除掉他們。

但是何太后不這麼看，當初靈帝要廢掉她，關鍵時刻，要不是宦官們苦苦哀求，哪有今天的自己，所以她從內心念著宦官們的好。再說，宦官們整日待在深宮之中，兄長又大權在握，他們幾個刑餘之人，又能掀起多大風浪？

其實在何太后心中還有另外一層顧慮，那就是前朝梁冀等外戚欺凌幼主的鮮活例子擺在那裡。兄長再親也比不上兒子，所以留著宦官們多少可以對何進有所掣肘，達到權力的平衡。這樣一來，她這太后可以坐得穩穩當當，她兒子的皇位也可以穩坐無憂。

但後來的事實，證明何太后的小算盤打錯了。

何太后太小看身邊這幫宦官了，正因為她的一念之仁，不但害得自己身死族滅，而且將大漢王朝徹底送上了不歸之路。

因為何太后不明白，何進雖然跋扈，但必須要顧忌太后的意見，而宦官們完全是一群沒有底線的權力怪獸，他們危急關頭，什麼事都敢做！

蹇碩知道，立劉協，就必須要阻止劉辯上位，其背後最大的對手就是何進，只要剷除何進，一切事都好辦了。於是和中常侍趙忠密謀，商議如何對付何進。

當然，蹇碩這麼死心塌地地保劉協上位，要說是忠心執行先帝遺詔，鬼才信。說到底，還是為了自己的權力。因為誰都知道，劉辯上臺，蹇碩等宦官肯定要「沒戲」了。

蹇碩刺殺何進的計畫還沒來得及進行，就由於保密工作不確實，被何進察覺。他提前下手，粉碎了蹇碩的宮廷政變計畫，蹇碩被殺。

至此，劉辯上位的最大障礙被剷除，成功被擁上皇位，是為漢少帝。少帝封劉協為陳留王，朝政大權掌握在何太后和何進兄妹二人手中。

宮中的宦官們忙不迭地指著蹇碩的屍首說，這都是蹇碩一夥做的，我們毫不知情，我們是忠心擁護皇上和太后的，衷心支持大將軍的。

這種鬼話說出來，雙方都不信，大家都知道彼此不信，但戲碼還是要演足，好為自己一方爭取時間差。

宦官們整日心驚膽顫，因為他們的力量也僅限於宮廷之內，一旦到了宮牆之外，根本奈何不了何進。

何進雖然掌握著天下兵馬，但總不能帶兵衝進宮去抓人。宦官們能做的就是設法讓何進入宮，然後來個甕中捉鱉。

洛陽，正處在暴風雨來臨前的寧靜中，雙方都在暗中摩拳擦掌，鬥智鬥勇，企圖一舉殲滅對方。

第三章　亂世求存

雙方就這麼僵持著。

何進召集屬下眾將領，就如何對付宦官商議對策。中軍校尉袁紹建議，管他三七二十一，直接衝進宮，將全部宦官殺光。何進知道這樣做，太后不會同意，故猶豫不決，拿不定主意。

袁紹又提議，既然大將軍不便出手，可以召地方上將領入京威逼太后，誅殺宦官。

何進遂贊同袁紹的建議，打算召并州刺史董卓進京。

袁紹這個主意真的很爛，誰都知道董卓手下西涼兵驕悍，軍紀敗壞，讓他們進京，萬一無法約束怎麼辦？到時候請神容易送神難，京師洛陽恐怕在劫難逃。

主簿陳琳立刻站出來表示反對，稱大將軍總攬朝政，手中握有軍權，收拾一幫宦官，就如同在火爐燎毛，輕而易舉。何必召來地方將領做外援，一旦他們不受控制，將禍患無窮。

曹操當時也在場，聽完何進和袁紹的一席話後，不由得冷笑，當場反對道：「宦官古今都有，只要君王不過於驕縱，他們其實什麼都不是。既然懲治罪犯，誅殺首惡，派出一名監獄官就可以了，何必大動干戈，召地方部隊？如果要誅殺全部宦官，造成這麼大動靜，肯定會走漏風聲，如此行動，必然會失敗！」

曹操的意思很明白，何進首先沒有理清思路，本末倒置，然後不能將打擊面擴展太寬，只要做到懲治首惡，從者不罰，成功從宦官內部分化敵人，就可以輕而易舉化解目前的政治危機。

可惜的是，何進卻不這麼看，他雖然身居高位，但是目光卻非常短淺，根本沒有大格局。

在何進看來，曹操分明是和自己唱反調，在長宦官威風，滅自家志氣，再仔細一想，曹操本就出自宦官家庭，難道他是別有用心，想趁機包庇宦官？於是怒氣沖沖地對曹操說：「孟德（曹操字）這是懷有私心吧？！」

曹操一看，何進根本聽不進去，知道此時再說什麼都是廢話，便退了出來，對人說：「擾亂天下者，必定是何進！」

曹操已經看了出來，按照何進、袁紹之流的做法，天下大亂是無法避免了，是時候考慮下一步該怎麼辦了。

第三章　亂世求存

第四章　風雲突變

禍起蕭牆

何進召董卓進京，為何招來一致反對，這還要從董卓此人說起。

董卓，字仲穎，隴西臨洮（今甘肅岷縣）人。董卓父親董君雅曾擔任穎川郡綸氏縣尉，故幼年在穎川一帶度過，稍長，隨父親返回故里。

董卓從小就膽大妄為，不是個省油的燈，什麼事都敢做，從一件事就可以看出來。

董卓老家隴西一帶，處於漢人、羌人大量雜居狀態，羌漢兩族長期生活在一片天空下，友好互助，相互結下了深厚的友誼。

董卓為人大剌剌，整天有事沒事到處閒晃，好與當地羌人交遊，一來二去，就與羌人們打成一片。董卓在羌人地盤閒逛之際，羌人們沒少拿好酒好肉款待他。

日子久了，羌人也少不了回訪他。

有一次，有一幫羌人部族領袖前來拜訪董卓。董卓一時間也拿不出啥好東西來招待客人，索性殺了耕牛來招待。

要知道，在兩漢時期，耕牛是最重要的農業生產工具，因此朝廷嚴禁私自屠殺耕牛。但董卓我行我素，管不了這麼多。羌人被董卓的豪爽不羈所感動，回去後，給他饋贈了許多牲畜。

從這件事可以看出，董卓此人一方面豪爽大氣，但同時也是個無視規矩之人，視法律如兒戲。這樣的人，如果是個常人也就罷了，一旦得

第四章　風雲突變

勢,注定會給天下帶來禍端。

後來,董卓從軍,開始了他的軍旅生涯,先後與匈奴、鮮卑、羌人打過仗。由於作戰勇猛,職位不斷提升,一直坐到并州刺史、河東郡太守的位置上。

中平元年(西元184年),黃巾起義爆發後,董卓受命前往鎮壓,長期與周邊少數民族作戰的經驗在農民起義軍面前卻不靈了,結果一敗塗地。損兵折將的董卓被下獄,交付廷尉審訊。

不過董卓運氣很不錯,恰逢朝廷大赦天下,撿回一條性命。

董卓出獄後沒多久,迎來人生逆轉。

當年冬天,涼州邊章、韓遂等人以反對宦官干政為由發動叛亂,進攻三輔地區,逼近關中西漢諸帝陵寢,震動朝廷。

次年三月,董卓被朝廷任命為中郎將,作為左車騎將軍皇甫嵩的副手,出征平叛。

然而,韓遂戰鬥力非常強悍,皇甫嵩和董卓不是對手,接連吃了敗仗,朝廷遂下詔將皇甫嵩撤職,由司空張溫接替出征,以袁滂為副手,董卓為破虜將軍,繼續與叛軍戰鬥。

董卓本來相當於軍中二把手,如此一來,等同於被降職了,他對朝廷的做法很不滿,相當惱火。

張溫上任後,並沒有扭轉戰局,反而與叛軍一交手就被擊潰,董卓看在眼裡,越發不將張溫放在眼裡。

戰事緊張,張溫召集諸將議事,商討下一步決戰事宜,眾人都按時到齊,唯獨不見董卓影子。半晌後,才見他慢吞吞趕來,一副傲慢無禮目中無人的樣子。

董卓的做派讓張溫氣不打一處來。堂堂主將，當著眾人面受到輕視，讓他很沒面子。張溫覺得，大敵當前，對董卓這種無組織無紀律的行為，絕不能助長，便斥責了他幾句。

如果是一般人被主將點名批評，該趕緊賠禮道歉、虛心接受才對，但董卓非但沒有絲毫收斂，反而當著眾人的面頂撞張溫。

現場氣氛頓時緊張起來。如果不對董卓這種目無軍紀之人予以嚴懲，還怎麼號令三軍？

在一旁的參軍孫堅看不下去了，認為董卓這是公然挑釁主將權威，如此囂張的氣焰若不及時打壓，往後還怎麼統領軍隊？遂勸張溫殺掉董卓，殺一儆百，以立軍威。

然而，張溫優柔寡斷，一時拿不定主意，終究狠不下心來，此事最終不了了之。董卓愈加肆無忌憚。

此後數年，董卓透過不斷累積，逐漸有了自己的私家團隊。他的隊伍中摻雜著大量羌人與匈奴人等，雖然作戰勇猛，但軍紀很差，經常燒殺搶劫，姦淫擄掠，影響極其惡劣。

董卓的所作所為，朝廷一清二楚。但眼看董卓逐漸坐大，要是強行剝奪兵權，恐怕會引起譁變，一時之間，朝廷也是陷入兩難。靈帝病危之際，想出了一招釜底抽薪之計，下詔將董卓調任并州牧，看似給董卓升官，其實是想將他調離大西北，剝奪他手中的西涼兵。

董卓為人狡猾詭詐，對朝廷的用意自然心知肚明，當然不願交出軍權，他用各種理由和朝廷糾纏，最終依然帶領五千人馬去上任。不過，董卓走到河東郡便停了下來，盤桓於此，止步不前。

董卓看上去很魯莽，其實政治嗅覺很靈敏，他明顯覺察到朝廷即將發生鉅變。河東距離洛陽不太遠，董卓滯留於此，其目的就是想暗中窺

第四章　風雲突變

伺洛陽的一舉一動，趁機撈取更大的好處。

沒多久，董卓便接到何進的詔令，讓他帶兵趕赴洛陽，威逼太后誅殺宦官。接到命令，董卓喜出望外。如今，他可以名正言順地進入京城了。他立刻帶領軍隊動身，星夜兼程向洛陽出發。

進軍途中，董卓上書朝廷，彈劾宦官中常侍張讓等人。儘管他包藏禍心，但表面上也要把自己打扮成義正詞嚴、為國匡扶正義的樣子。

何進在發出征召董卓大軍進京命令沒多久後，便開始有點後悔了，於是派諫議大夫种劭前去阻止。

种劭與董卓相遇時，董卓已經率軍抵達澠池。

种劭勸董卓，匈奴人有可能趁他不在，後方空虛之時，發起突襲，為防萬一，讓他趕緊帶兵回去駐防。

如今形勢，猶如箭在弦上，不得不發，董卓哪裡肯聽。他擺出一副忠心為國的姿態，表示一定要進京，剷除宦官。

种劭看出來了，董卓是鐵了心要進京，任何說辭都無法打動他，只得返回洛陽。

得知董卓率軍前來，何太后也開始意識到事態的嚴重性，態度開始有所鬆動，表示可以考慮罷免宦官。

宦官們覺得大勢已去，有些人開始著手收拾行囊，準備返回故里。

就在此時，袁紹再次成為攪局者，他向何進建議，除惡務盡，要將宦官們老家家人全部一網打盡，何進也深以為然。

面對空前危機，宦官們成群結隊前往何進府上，完全沒了昔日作威作福的架子，裝出一副可憐兮兮的樣子，苦苦哀求何進，希望給自己留條活路。

何進被宦官們的假象矇蔽了，指著他們罵道：「天下洶洶，就是你們這些人引起的。現在董卓率領大軍前來，必會進行大肆屠殺，你們如果想要活命，還是趁早離開京城！」

張讓等宦官得到此消息後，頓時覺得何進這是要趕盡殺絕。與其坐以待斃，還不如先下手為強，遂決定搶先對何進下手。

何進是大將軍，權傾朝野，張讓等人不傻，知道衝出去跟何進拚命無疑是自尋死路，目前唯一辦法就是設法騙何進入宮，然後伺機下手。

如何騙何進入宮，只有從何太后身上尋求突破口了。何太后的妹妹嫁給了張讓的養子，所以張讓透過養媳買通何太后的母親舞陽君，讓老太太出面替他向何太后求情。

何太后左右為難，便表示，張讓他們當面向大將軍何進哀告，或許事情還有轉機。

張讓一聽，心想直接去找何進，那豈不是自找死路？所以便假意對何太后說，現在袁紹一幫人在一旁慫恿大將軍，直接上門恐怕凶多吉少，還希望太后當個和事佬，約大將軍進宮，我等當著太后的面向大將軍請罪，如果大將軍還不肯原諒，那我們就任憑大將軍處置，只要保持宮廷安寧，就算被處死，也心甘情願。

張讓的表演很真誠，何太后被打動了。

何太后哪裡知道，其實，張讓已經動了殺機。

何進的弟弟何苗拿了張讓的好處，昏了頭，也在一旁不停附和，便派人宣何進入宮。

雙方已是劍拔弩張，何進卻自信滿滿，不顧眾人勸阻，孤身一人進宮去拜見何太后。中平六年（西元189年）八月二十五日，宦官張讓、段珪等人趁著何進進宮之際，將他騙到嘉德殿殺死。

第四章　風雲突變

何進在世的時候與曹操交集並不多，但是何進死後，曹操與何家卻依然維持著關係，曹操還娶了何進寡居的兒媳婦尹氏，後來尹氏還為曹操生下一子，取名曹矩。

需要說明的是，尹氏過門時還帶著一個孩子，曹操對他視若己出，將其撫養成人，此人便是魏晉時期赫赫有名的玄學家何晏。

再說何進遇刺的消息傳到宮外，袁紹、袁術等人覺得此時不動手更待何時，立刻與何進部下吳匡、張璋等人率軍殺入宮中，將宮中宦官，無論少長賢愚，悉數誅殺，先後共有兩千餘名宦官被殺。

張讓、段珪等平日作威作福，但如今面對殺紅了眼的將士們，哪裡有什麼辦法？如今之際，唯有將皇帝攬在手心才能活命。於是，二人挾持少帝劉辯和陳留王劉協出宮，從洛陽北門出逃，向北邙方向逃竄。

尚書盧植等人發現後，一路緊追，張讓走投無路之下投水自殺，段珪死於亂軍之中。

洛陽宮中發生流血政變之時，董卓軍隊已抵達洛陽西郊駐紮。入夜時分，董卓看到宮中火光沖天，便知道宮內有了變故，便急忙起兵，在北邙阪遇到了流落在外的皇帝兄弟二人，便帶著他們返回京城。

■ 引狼入室

董卓入京之時，帶來的兵馬只有區區三千，他知道單靠這點兵力想鎮住人心很難。於是，他想出一個鬼點子，夜裡將士兵分散偷偷出城，待到次日，又大張旗鼓入城，如此反反覆覆，搞得洛陽官民都弄不清董卓到底帶來了多少兵馬，只覺得西涼兵源源不斷開進京城來，開始有點懼怕了。

可以說，董卓的疑兵之計非常成功，不但很快在洛陽站穩腳跟，而且掌控了大局。

西涼兵戰鬥力生猛，但軍紀實在太差，進洛陽之後，便開始到處搶掠財物，淫辱婦女，與禽獸無異，哪裡還有半點官兵的樣子。

作為主帥，董卓非但不加以約束，反而放任部下，任由他們為非作歹，洛陽城一時間變成了人間地獄，闔城官民無不膽顫心驚，生恐哪天災禍降臨到自己頭上。

有一天，董卓帶兵出城，至陽城一帶，當地正在舉行廟會，熱鬧非凡。董卓獸性大發，下令把廟會現場的人通通捉拿，將男人斬首，砍下腦袋掛在戰車兩旁；女人淪為奴婢，帶回城去。

董卓得意揚揚地返回洛陽，宣稱是大破敵軍，勝利回朝。

緊接著，董卓在皇宮內院自由出入，留宿宮中，穢亂宮廷，醜行惡名遠播海內。

此前，何進和其弟何苗皆已被殺，董卓趁機收編了他們的軍隊。當時受何進徵召趕到洛陽的軍隊，除了董卓部屬以外，還有并州刺史丁原、兗州刺史橋瑁等人。尤其是丁原手下有悍將呂布，令董卓頗為顧忌。如何擺平丁原，一時間，董卓也拿不定主意。

此時，董卓手下李肅站出來說：「對付丁原，重點在於呂布，對於呂布此人，我非常了解，他字奉先，五原人，算起來，跟我還是同鄉。他這個人有勇無謀，見利忘義，只要多送些財物，足以收買。」

董卓聽後，非常高興，當下吩咐李肅趕緊去辦，只要呂布肯歸順，金銀財帛隨便花，一切都不成問題。

果不其然，呂布面對李肅帶來的厚禮，高興得眉開眼笑，當下同意歸順董卓。

第四章　風雲突變

幾天後，呂布提著丁原的人頭來投奔董卓。董卓喜出望外，立刻設酒宴款待呂布，拜他為騎都尉。呂布投靠後，董卓如虎添翼，兵力壯大了許多，更不把朝堂上的公卿大臣們放在眼中。

董卓表面上看似一介武夫，其實頗有心計。他知道自己看似鎮住了局面，其實大家不過是懾於他的兵力而已，遠遠沒有收服人心，日子一長，肯定攏不住朝局，出亂子是早晚的事。那麼，下一步棋該怎麼走呢？

董卓想到的是廢立太子，威懾天下。這有兩種說法。

一種說法是，當初，董卓遇到少帝劉辯和陳留王劉協兄弟二人時，發現少帝神情慌亂，答非所問，一副懦弱的樣子。反觀劉協，雖然年幼，但鎮定自若，談吐得體，頗有王者風範，便起了廢立之心，一心想廢掉少帝，改立劉協。

另外一種說法是，董卓得知劉協是被董太后養大的，號稱董侯，一筆難寫兩個董字，不由得對劉協起了親近之心。

或許這兩種說法都有一定道理，但絕非根本原因，因為在邏輯上說不通。

因為，董卓廢立天子，其目的就是更好地控制皇帝，以便實現個人野心，那麼，懦弱的少帝劉辯坐在皇位上，豈不是更好控制？若換上聰慧賢明的劉協，萬一他不聽話，跳出手掌心，豈不要壞事？

其實，皇帝的賢愚根本不是董卓關心的重點，他的目的就是透過廢立天子震懾百官，立威天下。

懾於董卓淫威，漢廷罷免司空劉弘，拜董卓為司空。

董卓自然不滿足於司空這一位高權輕的榮譽頭銜，他野心勃勃，最終目的是把持朝廷，獨斷專行，遂在顯陽苑召集群臣，商議廢立皇帝之事。

文武百官各個都噤若寒蟬，無人敢出聲。朝中官員屬太傅袁隗威望最高，他也是中軍校尉袁紹的叔叔，董卓讓袁紹勸袁隗贊同廢立之事。

召董卓進京是袁紹出的餿主意，但現在，他看到董卓的所作所為，痛恨不已，自恃名門之後，不甘屈從阿附董卓，當下表示不同意。

袁紹的態度惹怒了董卓，他暴怒不已，衝袁紹喝道：「臭小子，如今天下事，不就是我說了算嗎？我今天就要做，看誰敢反對！你覺得咱董卓刀不夠鋒利嗎？」

袁紹當場跳起來，拔出刀橫於胸前，說：「天下有能耐者，難道就剩下董公你一人嗎？」

說完，袁紹揚長而去。

袁家畢竟四世三公，根基雄厚，董卓也有所忌憚，一時也不敢拿袁紹怎麼樣，唯有眼睜睜地看著他揚長而去。

袁紹自掛兵符，逃亡冀州去了。

董卓本想通緝袁紹，不過，身邊的人勸他，袁紹一門深耕政壇已過百年，門生故吏遍布天下，不宜逼迫太甚，萬一把他逼急了，糾集一幫人作亂，就不好對付了，不如給他個郡守，一來可以顯示董公的大度，二來他由此心生感念，斷不至於犯上作亂。

董卓此刻一心想廢立天子，不想在這個時刻有人給他添亂，所以便任命袁紹為勃海太守，賞賜爵邟鄉侯。

何進執政時期，袁紹是主要核心決策人物，何進的許多主意幾乎都是他出的。董卓大權在握後，他失去了往日呼風喚雨的權力，自然不甘心。放走袁紹，無疑是董卓的一大失誤，而給他加官晉爵，更是錯上加錯，袁紹這等人，豈是官爵所能收買感化的？

第四章　風雲突變

不過，跑得了和尚跑不了廟，袁紹雖然跑了，但他的叔父袁隗尚在洛陽。

袁隗為司徒，位列三公，廢立天子，如此大事，他豈能不表態？面對董卓明晃晃的鋼刀，還是保命要緊，袁隗最後被迫無奈，也只得同意廢立之事。

逃亡

中平六年（西元189年）九月，董卓脅迫何太后，下詔廢掉漢少帝劉辯，將其貶為弘農王，立陳留王劉協為帝，是為漢獻帝。隨後沒多久，董卓派人毒死了何太后與劉辯。

透過廢立天子，董卓將朝政大權牢牢掌握在手中，自拜相國，封郿侯，特許入朝不趨，劍履上殿，一時權傾朝野。

毫無疑問，廢立皇帝是董卓人生中犯的最大錯誤。一般人印象中，董卓就是一介武夫，其實不然，仔細觀察，其執政期間，一方面打擊異己，一方面拉攏一些世家大族，政治手腕還是有可圈可點之處，絕非一味蠻幹。

廢立皇帝固然是一步昏著，但在當時也唯有如此，董卓才能鎮住朝堂，在廟堂上站穩腳跟。

董卓倒行逆施，引來不少大臣反對。董卓便在朝堂上大開殺戒，不少人被處死。

董卓貪得無厭，不但搜刮官員、百姓錢財，連死人都不放過，趁著何太后下葬之際，他下令掘開靈帝陵寢，盜取陪葬寶物。

在打壓一部分人的同時，董卓也懂得籠絡人心，比如他為被宦官迫

害致死的陳蕃、竇武等人平反昭雪，為他們建立祠堂祭祀。另外，對蔡邕這樣的大儒威逼利誘，逼迫他們出來為自己裝點門面。

同時，董卓任命韓馥、孔融、劉岱、張邈等人出任各地太守。可以說這又是董卓的另一大昏著，正是這些人，後來聯合起來，成了他的敵人，將他徹底送上了不歸路。

自董卓進京後，曹操一直冷眼觀察。長期以來，東漢朝堂上一直是宦官、外戚、士人三股勢力在較量，董卓無疑是一個另類，他不屬於以上三股傳統勢力，像他這樣以地方軍閥勢力入駐中央的，兩漢四百年來，從沒有過。

曹操盡量保持低調，不與董卓主動接觸。

但曹操很快還是被董卓盯上了，不過曹操暫時還沒有被董卓列入敵對分子名單，而是作為重點拉攏對象，其中緣由也不難明白，曹操有家庭背景，還有軍職。沒多久，曹操接到了董卓的任命書，要他出任驍騎校尉，負責掌管洛陽的禁衛軍。

朝堂上的變化，曹操看在眼中，他對董卓的驕橫跋扈憤恨不已，恥於與董卓這等披著人皮的豺狼為伍，他料定董卓倒行逆施，已惹得天怒人怨，根本長久不了，若跟著此等逆臣賊子，必定沒有好下場，但若公開反對董卓，肯定難逃毒手，以自己目前的勢力，根本沒辦法與董卓抗衡。

曹操將何去何從呢？

此時，朝堂上的官員大概分為以下幾類：

一、旗幟鮮明地公開反對董卓，誓不與他同立於朝堂之上，這種人基本上都被董卓殺光了。

二、死心塌地地跟著董卓，為虎作倀，禍亂朝廷，殘害百姓，毫無疑問，這類人吃得開，但注定將來沒有好下場。

第四章　風雲突變

三、對董卓不滿，但又不敢反對，只好忍氣吞聲，虛與委蛇，一面與董卓周旋，一面觀望，屬於典型的騎牆派，這類人占比較大。

四、既不願以卵擊石，招惹董卓，自取滅亡，也不願在董卓眼皮底下仰人鼻息，索性一走了之的人，比如盧植、袁紹與袁術等。

此前的曹操一直想做一名能臣，夢想為中興大漢盡心盡力，貢獻自己的才華。然而，董卓進京後，猶如一頭闖入瓷器店的公牛，橫衝直撞，舊有的權力格局被打破，曹操的能臣夢就此破碎。

人的一生，總有幾個關鍵節點，如何選擇取捨，將決定你的未來。面對董卓的倒行逆施，朝中大臣們都給出了各自的選擇，他們也為自己的選擇承擔了責任和結果，許多人因此以生命付出了代價。

人生除生死無大事，然而，許多時候，活著其實比死還難。

對於那些勇於反抗董卓，慷慨赴死的人，曹操是敬佩的，但他不願意做無辜的犧牲品，他知道，如今大漢王朝處於風雨飄搖之中，需要有人為了捍衛大義而死，但更需要有人勇於擔當，挽狂瀾於既倒，扶大廈之將傾。

曹操思前想後，為今之計，只有選擇逃離洛陽，再做打算，遂改名換姓，帶領幾個親信，偷偷溜出了京城。

董卓聽說曹操逃走了，氣急敗壞，下令沿途州縣張掛曹操畫像進行捉拿。由於沿途到處都是董卓的爪牙和眼線，曹操不敢走大道，只能專挑小道跑路。

曹操逃亡後，洛陽城內關於曹操的風言風語就流傳開來，有人說，曹操死在逃亡途中，而且說得有鼻子有眼。

甚至到了後來，袁術不知從哪裡得來的消息，或者是懷有其他不可告人的目的，也祕密派人到曹府，通知曹操已死。

曹操府上，一時間議論紛紛，人心渙散。

曹府中有不少人來自曹操老家，當初，他們拋家捨業投奔曹操，為的就是希望跟著曹操混個出路，沒想到如今曹操丟下大夥兒自己跑路了，結果還死在半道上，這樣下去，還有何希望？

於是，不少人聚在一起，開始商討趁早散夥，各奔前程。

消息傳到曹操的妾卞氏耳中，卞氏出自倡門，早年走南闖北，見多識廣，遇事頗有見地。她根本不相信曹操就這麼死了，站出來安撫大家說：「諸位單憑別人幾句流言就相信曹君死了嗎？如果這是有人惡意編造的謊言，那麼你們將來有何面目再見曹君？」

眾人一聽，覺得卞氏言之有理，都面露愧色，紛紛表示願意聽從她的安排。這樣一來，府中局面總算安定下來。

當然，這些事曹操無法得知，此刻，他正在著急跑路，一門心思想著如何盡快逃出董卓的魔爪。

■ 誤殺呂伯奢

曹操逃亡途中狼狽不堪，一路上專走小道，晝伏夜行，好不容易到了成皋縣（今河南滎陽），已是人困馬乏，又累又餓。

料想董卓的人馬一時半會兒也追不上來，曹操便想先找個地方歇歇腳，休息一晚，待養足精神後，再趕路也不遲。

不過，自己如今是通緝犯，旅店客棧之類是不能去的。此時，曹操想到此處有故人呂伯奢，便決定去呂家，暫且投靠借宿一晚。

呂伯奢是如何與曹操認識的，他們之間以前有過什麼交往，史書沒有任何記載，我們不得而知，但從曹操在逃命途中敢去投宿來看，至少

第四章　風雲突變

說明兩家關係很不錯，值得信任。

而之後發生的事，有兩個不同版本：

版本一，曹操前去投宿時，呂伯奢恰好外出不在家，他的五個兒子出面接待曹操。兄弟五人態度異常殷勤，以至於讓曹操覺得有點不對勁。

當一個人在逃命時，會變得格外敏感，何況曹操生性多疑。數日來的逃亡讓他神經高度緊張，總覺得周圍所有人都很可疑，都在盤算謀害他。

果然，睡到夜半時分，曹操聽到，呂伯奢的五個兒子和家中幾個賓客在密謀商議殺害自己，搶劫他隨身攜帶的財物。

大怒之下，曹操跳了出來，殺了呂伯奢一家八口人。

版本二，曹操前去投宿，呂伯奢本人外出，他的五個兒子對曹操殷勤招待。睡到半夜時分，曹操隱約聽到器具碰撞聲（不見得就是刀劍聲），生性多疑的曹操誤判為他們要謀害自己，故而殺害了他們一家。

事後，曹操才發現根本是誤殺，所以既感到無奈又滿懷悲情地說：「寧我負人，毋人負我。」既然事情已經發生了，就無法挽回了，太多辯解也於事無補，既然如此，那麼就算是我對不起人家又如何？曹操當時心情大概如此。

曹操殺呂伯奢一家的事，在《三國志》中沒有記載，以上出自《魏晉世語》、孫盛《雜記》及《魏書》，但這些片言隻語的零星記載，許多地方明顯漏洞百出。

比如，版本一中，很多細節明顯不符合常識。試想曹操屬於倉皇出逃之人，身上能帶多少金銀？以至於讓呂伯奢幾個兒子起了歹心？退一步，就算是曹操帶了很多財物，以他多疑的性格，豈能輕易在外人面前

露財？再退一步，呂伯奢幾個兒子不過尋常百姓，就算再財迷心竅，面對的曹操及其手下，可是訓練有素的軍人，他們怎敢下手？

而這個版本恰恰出自魏國《魏書》，很明顯是為了替曹操開脫，洗刷罪責而已。

相對而言，第二個版本可能更接近歷史真相。當一個人在逃亡途中，精神狀態處於高度緊張之中，所以稍微有風吹草動，難免杯弓蛇影，條件反射之下，來不及仔細分析，做出過激反應，也是情理之中。況且，曹操其人生性多疑，故而，夜深人靜之際，聽到有動靜，便想當然地以為呂家諸兄弟企圖對自己不利，在情況不明之下，將他們都殺了也是有可能。

曹操殺呂伯奢一家之事在小說《三國演義》中被進一步渲染，呂伯奢的身分變成了曹操父親曹嵩的朋友，曹操從洛陽逃離後，前去投奔，呂伯奢見到故人之子，自然很高興，安排曹操住下後，親自到鎮上去打酒。

睡到半夜，曹操聽到磨刀聲，再細聽，有人說：「綁了再殺如何？」不由大驚失色，以為呂家企圖對自己下手，當下起來，將呂府滿門老幼全部殺死，待轉到後院時，發現有一頭豬被綁住，鍋中水正在翻滾，才知道他們是準備殺豬招待自己。

殺了人，曹操不敢再停留，便連夜潛逃，誰料半路上遇到打酒歸來的呂伯奢，為了防止他告發自己，索性將呂伯奢也給殺了。

如果說，殺呂府一家是誤殺還情有可原，那麼殺呂伯奢就是恩將仇報，惡意殺人，實在罪不可赦。

更過分的是，曹操殺完呂伯奢後說了一句話：「寧可我負天下人，休教天下人負我！」

第四章　風雲突變

《三國演義》當然是小說家言，不足為憑，但它流傳極其廣泛，對後世影響甚大。

從誤殺呂伯奢這件事我們不難看出，早期的曹操，作為一名職業軍人，他還不夠成熟，缺乏基本的反暗殺偵查能力，對周圍環境的鑑別能力很低，導致發生了一場完全可以避免的悲劇。

■ 功曹義釋曹操

曹操從成皋逃出來後，途經中牟（河南中牟東）。當地一名亭長覺得曹操形跡可疑，便將他扣下，押送到中牟縣衙。

估計曹操當時心頭失落、悲憤、無奈，各種感情交織在一起。本想成就一番轟轟烈烈的大事，誰料想，好不容易從董卓眼皮底下逃離出來，溜出了洛陽，但還沒走出多遠，便重新落入牢籠。

此時，中牟縣縣衙已接到董卓下達的捉拿曹操之令，然而中牟縣令並沒有當即認出曹操，不過，有名功曹（縣衙事務性官員）看出了曹操的身分。

之所以總說，歷史充滿了戲劇性，就在於關鍵時刻總會遇到決定你命運的人願意幫助你。

若是一般庸吏，認出曹操肯定立刻將他押解到洛陽邀功請賞，坐等升官發財，那麼曹操的人生到此就走到了終點，往後的歷史走向將徹底被改寫。

然而，這世間，並不是所有人都以金錢和權位來衡量一切。

高官厚祿固然吸引人，但還有更高層次的境界值得我們去追求，那就是道義。

孟子曰：「道之所在，雖千萬人吾往矣！」

千百年來，道義的力量感召著成千上萬的正義之士，讓他們不惜冒著殺頭危險，去做值得做的事情，所謂殺身成仁，捨生取義是也。

近年來，曹操勇於棒殺權宦，勇於仗義執言，他的事蹟早已在市井間傳播開來。如今，不願與董卓此等禍國殃民的大盜為伍，不甘淪為豺狼的幫凶，所作所為，正是大丈夫所為。

中牟縣功曹，這個連姓名都沒有在歷史上留下來的人，或許平常也沉默於案牘之間，面對上層權力階層的政治鬥爭，根本無能為力，終日勞碌，只為養家餬口，只求平安度日。

但他看到曹操時，第一反應是，如今國家危機重重，正需要像曹操這樣有膽識、有擔當的人站出來，扭轉乾坤，給目前這個黑暗的時代帶來一絲亮色，也給世人帶來一絲希望。

對於這樣的人，如果拘捕交給董卓，無疑是為虎作倀，這樣的事，是士人所恥。於是，一個大膽念頭湧上他心頭：放了曹操！

當然，亭長捉人上交給縣衙，需要放人，還需縣令做主。

好在縣令還沒來得及審問曹操，並沒有急著把他押解上路。功曹沒有任何隱瞞，將實情告訴了縣令，他指出，押在縣衙牢房的人正是董卓要捉拿的要犯曹操。

接下來，功曹講了一句話：「如今天下將大亂，不應該拘押這等英雄豪傑！」

縣令聽後，最後把曹操放了。

歷史就是如此充滿戲劇性，估計當時曹操已經做好了最壞的準備，被押送到洛陽，交到董卓這個殺人惡魔手中，最終難逃一死。但萬萬沒想到，就在山窮水盡之時，突然迎來柳暗花明。

第四章　風雲突變

曹操在經歷了短暫的牢獄之災後，又重獲自由。

與功曹一樣，這名縣令也沒有留下姓名（《三國演義》將他和陳宮混為一人），他們不是不知道，私放曹操會給自己帶來多大的風險，但是他們依然甘願冒著得罪董卓的風險將曹操放走了。

史書記載的多是帝王將相和英雄豪傑的功業，對於像中牟縣縣令和功曹這樣的小人物，甚至連個姓名都沒留下，但這並不能掩蓋他們身上映射出的人性光芒！

在歷史長河中，正是這些微如螻蟻的平凡之人，推動著歷史的車輪前進，沒有讓正義的光芒完全熄滅。

第五章　首倡義師

■ 散盡家財聚甲兵

曹操從中牟縣逃脫後，一路東逃，在距離老家譙縣不遠處的陳留（今河南開封境內）停下腳步。

陳留本是春秋時期陳國留邑，漢武帝時期始設陳留郡，東漢後期，改為陳留國，漢獻帝劉協即位前即陳留王。

曹操留在陳留目的有三，首先，陳留去洛陽五百里，進可取洛陽，退可回老家譙縣，地理位置很合適；其次，陳留在當時屬於大郡，人口眾多，如果要起兵，可以招募到充足的兵源；最後，陳留太守張邈與曹操關係密切，有他的幫助，可以成大事。

張邈，字孟卓，東平壽張（今山東東平）人，早年行俠仗義、扶危濟困，聲名遠播，與度尚、王考、劉儒、胡毋班、秦周、蕃向、王章等八人被稱為「八廚」。需要說明的是，這些人之所以被稱作「八廚」，並非由於他們菜做得好，廚在這裡是樂於救人的意思。

張邈早年為了幫助別人，傾盡家財，可以想像，他當時名氣有多大。東漢時期，靠舉薦為官，個人聲望很重要，後來，張邈被朝廷徵召，先出任騎都尉，後拜為陳留太守。

曹操雖說現在已逃離了洛陽，暫時安全了，但董卓對他的通緝令仍未取消，理論上來說，各地地方官員依然有義務將他捉拿歸案。因此，曹操必須首先選個安全的落腳點。

第五章　首倡義師

在一路潛逃途中，曹操已經打定主意，接下來，絕不僅僅為了自己和家人選擇苟且偷安，而是要高舉義旗，號召天下人一起討伐董卓，救大漢王朝於水火。

憑著多年交往，曹操覺得張邈此人還是靠得住的，他不是那種落井下石、臨門踹一腳之人。況且如今的曹操已經沒了任何官聲，必須爭取地方各路諸侯的支持，就目前來看，張邈是個優先爭取的對象。

張邈官居太守，鎮守一方，擁有富庶的陳留郡，只要他同意出兵討伐董卓，大事可成。

曹操找上門，對張邈表明了自己反對董卓之意，張邈對董卓的暴行也同樣深惡痛絕，當即表示贊同，併力討伐董卓。

贏得張邈的支持，曹操有了個良好的開頭，但接下來，他面對著一個很現實的問題，如今董卓已經掌握了朝廷中樞，擁有大批軍隊，單靠張邈手下的陳留軍隊，且不說無法挑戰董卓，假如董卓一旦聽到消息，派西涼軍來征討，恐怕保全自我都很難。

因此，首要任務就是趕緊招募軍隊，打造兵器，快速壯大勢力。所有這些都需要花大把的錢，錢從哪裡來？曹操只能自己先掏腰包。

好在曹家經過數代人經營，尤其是在曹操父親曹嵩手中，累積了大量家產。如今國難當頭，曹操做出了一個重大決定，將自己全部家產貢獻出來，用來招兵買馬。

此時，陳留有一個叫衛茲的人站出來，給曹操捐助了很大一筆錢，可謂是雪中送炭。這對曹操能夠在陳留站穩腳跟，擴充實力，起到了很大作用。

關於衛茲，史書中的記載，不過寥寥數筆，生平大概是這樣，陳留襄邑（今河南睢縣）人，曾被舉為孝廉，後來追隨曹操，在滎陽作戰時身亡。

不過，曹操是個很重情義的人，多年後，每當路過陳留時，都要派人到衛茲祠堂前致祭，以感念他當初對自己的資助之恩。

衛茲是誰，他和曹操有什麼關係，是素昧平生，還是舊朋故交，史書中沒有任何交代，我們一無所知。他為什麼要贊助曹操，是政治風險投資，還是純粹出於急公好義，千百年後，無法去做揣測，但有一點可以肯定，衛茲肯拿出鉅額真金白銀捐助，說明他看好曹操，覺得曹操定能成功。

因為，不管再有錢，誰都不願意拿錢打水漂。

有了資金，曹操開始招兵買馬，勢力不斷壯大。

受到曹操的精神鼓舞和感召，整個曹氏家族都行動起來，帶頭從軍。兄弟輩曹仁、曹洪，子姪輩曹真、曹休，還有夏侯淵、夏侯惇等人先後趕來，加入曹操隊伍。數月後，曹操便拉起來一支約五千人的隊伍。

在大張旗鼓招兵買馬的同時，兵器鍛造也在熱火朝天地展開。為了給將士們打氣，曹操常常親自下場，掄起鐵錘，和工匠們一起叮叮噹噹打造兵刃。

當曹操汗流浹背幹活時，迎來許多人圍觀，大家都覺得是個稀罕事。這是因為，在當時，士人是不屑於做這種粗笨工作的，這些工作就應該是工匠等下層人士從事的賤業，所以有些人不理解曹操的做法，有個叫做孫賓碩的人公開譏笑曹操：「做大事的人，豈能和工匠們廝混在一起鍛刀？」

曹操看了看他，並沒有惱火，而是很認真地告訴他：「能做好小事，才能做好大事。」

古往今來，總有那麼一些人，自命清高，不屑於做小事，總幻想著

第五章　首倡義師

做一番轟轟烈烈的大事，殊不知，凡做大事者，無不從點滴做起，從身邊做起，從自我做起。

泰山千仞，積石所壘；江海之大，不棄溪流。

一個不屑於做小事的人，很難說他能成就一番大事來，對此，曹操有他獨到的見解。正由於他這種「能小復能大」的胸懷，使他在以後的道路上，步步高昇，最終登上事業的巔峰。

■ 會盟

曹操覺得時機成熟，便公開打出討伐董卓的旗號，號召天下各路諸侯共同對付這個國賊。

可以說，當董卓禍亂朝綱，荼毒百姓，天下許多人都在觀望之時，第一個站出來旗幟鮮明地表示反對，這需要極大的勇氣和魄力。

但在正義的促使之下，曹操散盡家財，首倡義兵，這使得他在政治上占得了先機。但面對凶悍殘暴的董卓及其追隨者，單靠一腔熱血遠遠不夠，只有地方上州牧、刺史這些握有實權的諸侯聯合起來，才能夠打敗董卓，重整漢室河山。

實事求是地說，以曹操當時的勢力，無論人望還是兵力，根本難以挑起這個重任。

初平元年（西元190年）正月，關東各地州牧、國相、郡守、刺史等人收到一封書信，寄信人是東郡太守橋瑁。橋瑁在信中稱，他收到來自洛陽的密信，朝廷三公在信中控訴董卓的種種暴行，如今天子處境危險，號召天下諸侯起兵勤王，討伐董卓。

收到橋瑁的書信後，各地諸侯們反應不同，有些人擔心自家地盤會

被別人趁機侵奪，比如冀州牧韓馥就時刻防著勃海太守袁紹，有些人則想藉此機會擴展實力。

總之，大家心思都不一樣，各有各的打算。

就在同月，後將軍南陽太守袁術、冀州牧韓馥、豫州刺史孔伷、兗州刺史劉岱、河內太守王匡、勃海太守袁紹、陳留太守張邈、東郡太守橋瑁、山陽太守袁遺、濟北相鮑信等同時起兵，組成聯軍，並公推袁紹為盟主。

袁紹之所以被推舉為盟主，主要是因為他四世三公的家世。顯赫的家族背景使得他自帶光環，另外，袁紹當初力主誅殺宦官，董卓入京後，拒絕與之合作，逕自逃離都城之事，也為他累積了不少人望。

所以，在當時看來，無論從哪方面來看，袁紹擔任盟主都是眾望所歸。這支軍隊由於都來自函谷關以東，故被稱為「關東軍」。曹操被袁紹任命為「奮武將軍」。

與各懷鬼胎的各路諸侯不同，曹操此時滿腔熱血，一心想扶大廈之將傾，所以對自己擔任什麼職務並沒有太在意，他此刻最大的願望，就是諸侯合力，討伐董卓。

但這支聯軍從組建起，就注定了它很難擔起重任。

首先說說盟主袁紹這個人。

袁紹和曹操是小時候的玩伴，但如今可不兒時玩家家酒那樣簡單了，作為盟主，袁紹是有資格，但並不合格。

袁紹為人相貌出眾，口才極佳，說起話來滔滔不絕，一般人都難以駁斥倒他。但實際上，他是個沒有多少韜略的人，目光短淺，根本沒有策略眼光，而且剛愎自用，自我感覺良好，根本聽不進別人的意見。

第五章　首倡義師

性格決定命運，袁紹的性格缺陷很早就表現出來。

估計世人都還記得，董卓正是被袁紹招來的，當初要不是袁紹給何進出的餿主意，根本就不會發生後來這些天崩地裂之事。

帶頭盟主是袁紹這號人，而其他諸侯也強不到哪裡去。

比如袁術，他是袁紹同父異母弟，但他自恃是嫡出，根本看不起袁紹這個庶出的哥哥，所以兄弟倆一直貌合神離。

至於冀州牧韓馥是個根本沒有主見、沒原則的傢伙，在他看來，相比董卓，袁紹對他的威脅才是實實在在的，因為董卓再殘暴也遠在洛陽，而袁紹就在身邊。

因此，當初他接到橋瑁書信後，還在猶豫要不要幫董卓打袁紹，因為在他看來，相對於君臣大義、江山社稷，保住自己的地盤才是實實在在的，至於和誰結盟都不重要。

幸虧韓馥手下還是有明白人，謀士劉子惠站出來說：我們和袁紹屬於私怨，於董卓是為了朝廷，屬於大義，怎麼能將兩者相提並論呢？

韓馥聽完臊了個大紅臉，半天才問道：「那我們該怎麼辦？」

或許劉子惠對韓馥的心思太了解了，指望他起頭是不可能了，便說：我們看風向行事，先看看別人怎麼辦，如果別人出頭，我們就響應；反之，無人帶頭，咱也靜觀。

韓馥點頭同意，後來看到諸侯紛紛起兵，才帶兵加入聯軍。

就這樣一個不辨是非的糊塗蛋，指望他衝鋒陷陣，根本不可能。

就在聯軍上下遲疑不決之時，京城洛陽的董卓已經提前行動起來了。

■ 董卓焚洛陽

中平六年（西元 189 年）十月，原來黃巾軍的一支部隊白波軍再次起來反抗朝廷，一路向河東前進，隊伍很快不斷壯大，達到十來萬人，對洛陽構成很大威脅。

面對風起雲湧的農民軍，董卓寢食不安，便派女婿中郎將牛輔率軍前往鎮壓，結果其根本不是白波軍的對手。

此時，北有白波軍，東有關東聯軍，董卓憂心忡忡，覺得長此以往，難保不被包成餃子。他考慮再三，決定放棄洛陽，西遷關中，還都長安，如此一來，可以成功跳出包圍圈，徹底甩掉關東聯軍。

只是，自光武帝定鼎洛陽，重建大漢以來，洛陽作為國都已經長達二百多年，其繁華富庶是帝國的首善之區，宗廟、百官衙署所在地。再看長安，自西漢末年以來，歷經多次戰亂，早已破敗不堪，實在難以肩負起首都的重任。

再者，在朝廷百官們看來，關東軍主要針對的是董卓，對他們來說，一旦關東軍攻入洛陽，他們可以乘機擺脫董卓的控制，重新奪回昔日的權勢。

因此，當董卓提出遷都時，立刻遭到一片反對，當然各種理由很充分。

可惜的是，他們錯估了形勢，如果說董卓初入洛陽那一陣，多少還會考慮一下輿論，粉飾一下臉面。如今內外交困，他根本不在意別人的意見。

我不是和你們商討，而是命令趕緊搬家。你們不就是捨不得洛陽的繁華嗎？捨不得拋下家中的罈罈罐罐嗎？這還不好辦！

第五章　首倡義師

董卓下令焚燒洛陽，宗廟、衙署及無數民居在熊熊烈焰中化為烏有，可嘆洛陽數百年累積的財富和壯觀的城市建築毀於一旦，董卓和他的死黨面對著沖天大火，發出豺狼般的狂笑。

同樣的一幕在西方世界也曾上演，與大漢帝國並存的羅馬帝國，皇帝尼祿也曾下令焚燒羅馬，大火燒了六天六夜，將羅馬化為一片焦土。與石頭建築為主的羅馬相比，以磚木為主要建材的洛陽被破壞得更徹底，這種為了個人野心，摧毀人類文明的做法，無論是尼祿，還是董卓，都注定不會有好下場。

董卓焚燒洛陽之後，脅迫天子和百官一起上路，同時裹挾洛陽百姓遷往長安。從洛陽到長安路上，人滿為患，倉促間，無數人或因搶道被踐踏而死，或飢寒交迫倒斃在半途中，一路上到處都是七零八落的死屍，慘不忍睹。

等抵達長安後，這些被董卓逼得背井離鄉的人發現，苦日子並沒有結束。因為此時的長安幾近廢墟，一時間，突然來了這麼多達官貴人，衙署以及他們的住處，還有城防建設，都需要大量的人力物力，可嘆這些跋山涉水而來的百姓，很快被驅趕去執行建設。

長安突然來了數十萬人，根本沒有足夠的糧食供應。不少在遷移途中倖存下來的百姓，在缺衣少食的情況下，還被逼得參加繁重的勞動，無數人死於無休止的勞役之中。

臨行前，董卓下令挖掘洛陽周圍漢朝帝陵及王侯公卿的墓葬，將墓中陪葬品搜刮一空，至於墓主人屍骨則拋之荒野。其行為令人髮指，簡直禽獸不如。

曹操後來追憶當時洛陽發生的人間慘劇，特意寫了一首詩〈薤露〉：

惟漢廿二世，所任誠不良。
沐猴而冠帶，知小而謀強。
猶豫不敢斷，因狩執君王。
白虹為貫日，己亦先受殃。
賊臣持國柄，殺主滅宇京。
蕩覆帝基業，宗廟以燔喪。
播越西遷移，號泣而且行。
瞻彼洛城郭，微子為哀傷。

〈薤露〉是樂府詩舊題，本是屬於送殯時唱的輓歌，而曹操寫的這首〈薤露〉何嘗不是寫給大漢王朝的輓歌。

董卓在洛陽的暴行很快傳開，天下人人皆知，沒多久消息傳到關東聯軍營。讓曹操感到詫異和氣憤的是，以袁紹為首的各路諸侯竟然顯得無動於衷。

難道我們聚在一起，是組團旅遊嗎？如今天子蒙塵，百姓遭受荼毒，諸公卻在這裡遲疑不前，難道是坐等董卓自己敗亡嗎？

曹操覺得不能就這麼等下去了。

■ 我自西去

董卓裹挾天子、百官以及洛陽百姓抵達長安後，自封太師，所用車駕儀仗與皇帝別無二致。同時，徵發士卒修築郿塢，其城牆高厚皆七丈，堅固程度跟長安城牆都差不多，董卓在裡面囤積了差不多夠吃三十年的糧食。他對外宣稱，自己成功了可以雄踞天下，一旦失敗了，就退守郿塢，可以安度終生。

第五章　首倡義師

早在洛陽時期，司徒楊彪和太尉黃琬因反對遷都被董卓罷官，幸好司空荀爽從中斡旋，兩人才免遭屠刀。

不過，太傅袁隗就沒這麼幸運了，董卓得知關東聯軍是由袁紹領頭，擔心袁隗做內鬼，呼應袁紹，便將其全家五十餘口全部處死，一同被殺害的還有袁術的兄長太僕袁基。

面對董卓的倒行逆施，許多正義之士實在無法再繼續忍氣吞聲，有些人決定鋌而走險刺殺董卓，越騎校尉伍孚懷揣利刃，不料由於太過緊張，導致刺殺行動失敗，伍孚本人也遭殺害。

在董卓黑暗殘暴的統治下，老百姓處在水深火熱中，過著暗無天日的日子，於是有人編成童謠在市井之間傳唱，歌詞是「千里草，何青青。十日卜，不得生」，意思是董卓的好日子到頭了，離完蛋的時間不遠了。

董卓民心喪盡，本是發起總攻，救民於水火的大好時機，但袁紹他們依然不為所動，作壁上觀。其中緣由不外乎有兩點，一方面是對董卓西涼軍的剽悍戰鬥力有所顧忌；另一方面是擔心別人趁機壯大，搶奪自家地盤。因此最好的選擇是按兵不動，儲存實力為先。

曹操再也按捺不住了，他直接去找袁紹等人，慷慨陳詞道：

> 舉義兵以誅暴亂，大眾已合，諸君何疑？向使董卓聞山東兵起，倚王室之重，據二週之險，東向以臨天下，雖以無道行之，猶足為患。今焚燒宮室，劫遷天子，海內震動，不知所歸，此天亡之時也。一戰而天下定矣，不可失也。

曹操把話說得很明白，如果董卓堅守洛陽，假借漢室正統名義，號令天下，就算是為非作歹，好歹也占據政治道德的制高點，你們有所顧慮還可以說得過去。可如今董卓劫持天子，焚燒京城，所作所為，就是

老天要他滅亡，你們還有什麼可以顧慮的呢？

面對曹操的詰問，袁紹等人支支吾吾，顧左右而言他，曹操算是看明白了，便狠狠轉過身。你們怕董卓，我不怕。便打算獨自帶領自己的小股部隊去追擊董卓。

相比較袁紹而言，濟北相鮑信是諸侯中少有的支持曹操的地方勢力，曹操的一番侃侃而談，深深打動了他，他認為如今天下大亂，袁紹這些看似實力強大的諸侯，根本指望不上。倒是曹操身上散發著一股天下擔當的英雄氣概，將來撥亂反正，重整河山，必然要靠曹操這樣的人，於是他決定和曹操一起去追擊董卓。

與此同時，張邈派遣部下衛茲與曹操一起上路。

曹操與鮑信、衛茲、周㬰（原為袁紹部下，後來追隨曹操）等人率領倉促拼湊的一支聯軍去追擊董卓。當曹操等人追到滎陽時，碰上董卓留下的徐榮部，雙方在汴水一帶發生激戰。由於雙方兵力懸殊，加上曹操一方是各路人馬臨時湊到一起，缺乏協同作戰經驗。因此，儘管曹操拚力廝殺，但最終還是不敵戰敗。

戰鬥中，衛茲不幸陣亡，鮑信負傷，鮑信的弟弟鮑韜也死於混戰之中。曹操本人在戰鬥中也差一點喪命，戰馬受傷，他跌落下來，眼看就要成為敵人的俘虜，就在這千鈞一髮的危急關頭，他的族弟曹洪將自己的馬讓了出來。

危急關頭，曹操顧不了太多，翻身上馬，殺出重圍。不過慶幸的是，曹洪憑藉頑強的戰鬥精神，也殺了出來。

趁著夜色，曹操渡過汴水，和曹洪等人擺脫了敵人的追擊，一路狂奔，回到家鄉譙縣，他們重新招募人馬，曹氏、夏侯氏等族人紛紛鼎力相助，其中僅曹洪一人就為曹操貢獻了一千人馬。

第五章　首倡義師

緊接著，曹操又派曹洪和夏侯惇到揚州一帶招兵買馬。聽到曹操義舉，不少人紛紛站出來表示支持，作為地方官，揚州刺史陳溫、丹楊太守周昕也主動抽調出四千人馬，調撥給曹操，供他使用。

四千人當然不算多，但對於剛剛起步就經歷大敗之後的曹操也是雪中送炭了，讓曹操看到了東山再起的希望。

■ 袁紹的心思

正當曹操滿懷信心帶領兵丁出發時，誰也想不到的事情發生了，軍營中發生了士兵譁變。究竟是什麼原因導致軍心不穩，史書記載不詳，但最大的可能就是士卒們不願意追隨曹操遠行。

其中原因不難推測，揚州（漢朝揚州包括今淮河以南、長江流域及嶺南地區）屬於相對穩定的區域，士卒們日子還能過得去，但如今卻要被迫追隨曹操北上，遠離故鄉踏上征途，等待他們的是生死未卜的未來。這些揚州兵可不是河北、山東的饑民，誰願意放著在老家好好的日子不過，去上戰場送死！

譁變發生時間是在夜裡，曹操被突然傳來的嘈雜腳步聲驚醒，緊接著火光四起，他住的帳篷都被點燃了，曹操急忙衝出帳外，發現四下亂成一片，遂親自提劍斬殺了數十名叛亂的士卒，其他人四下逃散。

等天亮時，曹操終於穩定住局面，清點人數時，發現剩下的只有五百來人。曹操只好再次招募士兵，好歹後來又招募了千餘人，加上老家的士兵，總共約三千人。

於是，曹操再次帶著這好不容易拼湊的三千人馬，趕往河內郡，與袁紹等會合，打算重整旗鼓，討伐董卓。

當時諸侯盟軍駐紮在酸棗（今河南延津），等曹操趕到時，眼前的情景讓他備感失望，原來這些諸侯都不思進取，整日置酒高會，一聽曹操要求進軍，都顧左右而言他，對曹操打哈哈。

但曹操仍然不死心，對張邈等人詳細說明自己的對敵策略：

諸君聽吾計，使勃海引河內之眾臨孟津，酸棗諸將守成皋，據敖倉，塞轘轅、太谷，全制其險。使袁將軍率南陽之軍軍丹、析，入武關，以震三輔：皆高壘深壁，勿與戰，益為疑兵，示天下形勢，以順誅逆，可立定也。今兵以義動，持疑而不進，失天下之望，竊為諸君恥之。

可惜沒人肯聽他的意見。

其實，道理大家都懂，但每個人都有自己的小心思。擺在這些諸侯心頭的第一要務是擴充自己的勢力，至於天子的安危、黎民百姓的疾苦，這些就是掛在嘴上說說罷了，沒人當真。

很快，盟軍內部就爆發了內訌，東郡太守橋瑁和兗州刺史劉岱素來關係不佳，趁著諸侯會盟之際，劉岱先下手為強，除掉了橋瑁，接管了橋瑁的軍隊，然後讓自己的手下王肱出任東郡太守，這樣劉岱沒有費一兵一卒，就將東郡收入囊中。

火拼擴張這種事，以前儘管大家都心知肚明，但為了避免觸犯眾怒，都在觀望。如今既然有人開了頭，這些諸侯便不再藏著掖著，都效法劉岱，開始赤裸裸地搶地盤。

在南方，南陽太守袁術跟長沙太守孫堅一起密謀，驅逐了豫州刺史孔伷，孫堅取而代之，做了豫州刺史。

曹操總算徹底看透了這些軍閥的嘴臉，他開始有點心灰意懶，接下來的路怎麼走？是重新回到老家繼續韜光養晦，還是在這亂世中，積極

第五章　首倡義師

有所作為。曹操一時陷入沉思，感到迷茫，正當曹操兩難之際，袁紹卻找上門來。

一見面，袁紹就神祕兮兮地從袖中掏出一樣東西，塞到曹操手裡，臉上滿是詭異的笑容。

曹操一看，原來是一方白玉玉璽。

袁紹低聲說：「孟德，以後跟我同富貴怎麼樣？」

原來袁紹動了另起爐灶的念頭，他覺得當今天下紛擾，與其大動干戈去董卓手裡搶傀儡皇帝，還不如新立皇帝。在袁紹看來，董卓可以廢立天子，他為何不能新立一個？反正都是傀儡嘛，讓誰當皇帝還不都一樣。

袁紹連合適人選都找好了，就是幽州牧劉虞。劉虞是漢朝宗室，而且他到任以後，政績卓著，對待百姓很寬仁，深受百姓擁戴，很有民望。另外，他處理外交也很有一套，幽州北部與草原接壤，少不了跟胡人打交道，這些年下來，雙方自由買賣，相安無事。幽州周圍青州、徐州等地的百姓都主動前去投奔劉虞。

在找曹操之前，袁紹已經多次接觸冀州刺史韓馥，兩人就立劉虞一事一達成共識，袁紹就急匆匆來找曹操。

袁紹覺得，亂世需要長君，況且劉虞口碑不錯，能力也不賴，實在是不錯的人選。因此，作為昔日的竹馬之交，他以為曹操實在沒有理由拒絕。

然而袁紹萬萬沒想到，曹操一口回絕了他的建議。

■ 另謀出路

袁紹或許還沒意識到，如今的曹操早已不是當年和他一起胡鬧的惡作劇少年。

袁紹只看到了劉虞的個人品德和能力，覺得完全可以取代十一歲的小皇帝劉協。但是他沒有看到，在這亂世，作為傀儡天子，皇帝的個人能力其實並不重要，反而，現在的首要任務是盡快恢復社會秩序。而要做到這一點，首先是要尊重法統，而皇帝恰是法統的象徵，對皇帝的態度，就是首要政治任務。

很顯然，袁紹根本沒有抓住這一要害。曹操特意對袁紹分析說：「董卓罪惡滔天，天怒人怨，所以我們一打出討董旗幟，海內豪傑就紛紛響應。這是為何？因為我們是正義之師！當今天子是年幼力弱，遭人劫持，但他卻不是昏庸無道、大奸大惡之人，有什麼理由要廢黜他？況且，此例一開，天下人都爭相效仿，天下會亂成什麼樣子呢？如果諸君打算北向劉虞稱臣，我還是依然向西，忠於當今天子。」

袁紹本來滿懷期待，結果碰了一鼻子灰，但他還不死心，他又聯繫弟弟袁術，希望爭取到他的支持。袁紹和袁術名為兄弟，實際上關係並不好，平常袁紹瞧不起袁術沒本事，袁術鄙視袁紹是庶出。這兄弟倆儘管相互瞧不起，但都自我感覺良好，自命不凡。

袁術接到袁紹的信後，冷笑一聲，「這袁紹不愧是婢女生的，就這點出息。」遂給袁紹回信，果斷回絕了。他在信中擺出一副大義凜然的姿態：「我只知道討伐董卓，伸張正義，至於其他的一概不知。」

表面上看，袁術一副正義凜然，貌似忠臣義士的樣子，其實，他反對的並非袁紹另立皇帝，而是立劉虞為帝。

第五章　首倡義師

在袁術看來，袁家四世三公，已是位極人臣，就算你立下天大功勞，也再無升遷可能，還不如索性自家做皇帝！

袁術已經有了自己做皇帝的念頭，當然這話不能說出來。

最後，袁紹擁立劉虞稱帝的計畫還是流產了，因為，且不說各路諸侯沒人願意追隨他，就是當事人劉虞都反對。

劉虞是個明白人，他可不想在這關鍵時刻成為別人的靶心。

面對袁紹的再三勸進，劉虞不為所動，他說：「如今天子蒙塵，海內大亂，我們這些做臣子的應該戮力王室，清雪國恥才對。我忠於朝廷，只想安分守己盡一個臣子的本分，根本沒有非分之念。」

起初，袁紹還是不死心，以為劉虞只不過做姿態罷了，繼續纏著他不放。時間一長，劉虞被逼急了，甩出一句話：「要是再逼我做這種篡位謀逆之事，我就跑到匈奴去。」

看到劉虞態度如此堅決，袁紹只好作罷。一場由袁紹主導的廢立政治鬧劇，就這樣無疾而終了。

暫時不能另立皇帝，袁紹退而求其次，盡力擴展地盤，壯大自己的勢力。恰好此時冀州發生內亂，冀州牧韓馥手下曲義發動叛亂。冀州民殷人盛，兵糧優足，袁紹覬覦已久，便趁機勾結曲義，反對韓馥。韓馥為人平庸，被迫讓出冀州給袁紹，自己出走，投奔張邈。

沒多久，袁紹便派人到張邈那裡，當著韓馥的面，使者與張邈交頭接耳竊竊私語，引起韓馥的懷疑，他覺得袁紹不斬草除根，就不會罷休，便藉口上廁所，拔刀自盡了。

這個過程讓曹操看清了袁紹、袁術、劉岱等這些手握大權的諸侯，他們如今雖然名義上還是漢朝的封疆大吏，其實早就不關心朝廷的死活

了，之所以還將君臣大義、江山社稷掛在嘴上，只不過是以此為幌子，將利益最大化而已。

此時，曹操收到鮑信的一封來信，鮑信在信中就當前時局與曹操交換意見：「目前群雄並起，為的是匡扶正義，然而現在董卓尚未打倒，身為盟主的袁紹卻利用大家賦予他的權力謀取私利，看來又有新的董卓問世了。現在我們就公開與他撕破臉，恐怕還不是他的對手，如果跟他同流合汙，又何以立足天下？如今之計，唯有以靜制動，坐觀其變，以待時機了。」

曹操與鮑信持相同的觀點，他覺得一場暴風驟雨即將來臨，現在能做的就是不斷壯大自己的力量。沒過多久，曹操就迎來了自己人生的轉捩點。

第五章　首倡義師

第六章　順勢而為

■ 一封求救信

　　正當曹操在考慮下一步該如何走時，收到了一封求救信，寫信人是東郡太守王肱。王肱取代橋瑁以後，沒過幾天好日子，很快就迎來一件頭痛的事。

　　當初，張角兄弟發動的黃巾軍被鎮壓之後，黃巾軍散落各地，繼續鬥爭，其中影響較大的有黑山、白波等黃巾軍，其中尤以黑山軍勢力發展最為凶猛。

　　黑山軍常在中山、常山、趙郡、上黨與河內等地太行山脈的諸山谷中活動，神出鬼沒，讓地方官員頭痛不已。

　　黑山軍最初的首領為張牛角，中平二年（西元 185 年）二月，在攻擊癭陶（今河北寧晉西南）的戰鬥中，張牛角中流矢而死。張牛角在臨終前，託褚飛燕為帥，褚飛燕為了表示繼承張牛角遺志，改姓張。黑山軍不斷壯大，達百萬之眾，聲勢浩大，張飛燕派使者去洛陽表示願意降服，漢廷拜張飛燕為平難中郎將，但私底下漢廷對黑山軍的仇視從未消失，一直企圖將其消滅，只是暫時力不從心罷了。

　　初平二年（西元 191 年）七月，黑山黃巾軍起義軍于毒、白繞、眭固等率領十多萬大軍攻擊東郡、魏郡，面對來勢洶洶的農民軍，王肱疲於應付，根本無力抵抗。

　　情急之下，王肱想起了在河內的曹操，便向曹操求救。

第六章　順勢而為

　　這對曹操來說既是一個考驗，也是一個絕好的突破口。東郡屬於冀州，袁紹此時已取代韓馥領冀州牧，同時還是關東諸侯聯盟的盟主，按理說，曹操出兵進入東郡要徵得袁紹的同意，袁紹剛剛取得冀州，有千頭萬緒的事要處理，所以也希望曹操出面擺平農民軍，遂很快同意曹操出兵東郡。

　　東郡地跨黃河南北兩岸，郡治為濮陽，當時已被黑山軍包圍，形勢十分危急。不過，黑山軍雖然人數眾多，但它也有致命的弱點，就是隊伍中絕大多數都是衣食無著的流民，沒有經過任何正規的軍事訓練，打仗僅憑一股血氣之勇。

　　但此時的曹操作戰經驗豐富，且富有謀略，很顯然，單憑這些他就比黑山軍在戰術層面高出許多。因此，儘管黑山軍在人數方面占優勢，但最終不是曹操的對手，東郡之圍遂被解除。

　　鑒於曹操在對黑山軍的戰鬥中表現出色，袁紹賣了個順水人情，推舉曹操取代王肱，擔任東郡太守。

　　身處亂世，想要出人頭地，空談忠孝大義根本沒有任何用處，唯有武器、錢、地盤是實實在在的，其中地盤是至關重要的，有了地盤，就可以有賦稅，就可以抽丁擴充軍隊。曹操出任東郡太守時，或許他自己都沒有意識到，從此他的人生有了質的飛躍，因為，他擁有了一塊真正屬於自己的地盤。

　　初平三年（西元 192 年），曹操得到情報，黑山軍將領于毒要進攻東武陽（今山東莘縣南），他立刻做出了部署，令曹仁等人負責策劃守城，然後親率主力部隊屯兵頓丘（今河南清豐西南）。頓丘位於東武陽西南兩百里處，此地距黑山軍的大本營黑山兩百里左右。

　　于毒率領大軍將東武陽團團圍住，曹仁按照曹操的命令堅守不出。

于毒正在盤算如何攻城，卻接到報告，曹操率領的官兵出現在自己老巢，他大驚失色，生怕東武陽還沒打下，自己的根據地就被曹操給一舉消滅了，便再也沒有心思攻城了，急急忙忙率軍往回趕。東武陽之圍遂解除。

此後沒多久，曹操又在內黃擊敗了於扶羅率領的黑山軍。於扶羅本是南匈奴的王子，南匈奴發生內亂，他出逃流落到漢地，本希望藉助漢廷力量重返大漠，奪回屬於自己的王座。可惜此時，中原已爆發黃巾起義，狼煙四起，漢廷自顧不暇，哪裡顧得上幫助他。

走投無路之下，於扶羅先加入白波軍，後來又跟張楊依附袁紹，屯兵漳水。沒多久，於扶羅又背叛袁紹，混跡到黑山軍，沒想到遇到了曹操，可嘆這名落難王子只好帶著殘兵敗將繼續逃竄了。後來他曾去投奔袁術，等曹操打敗袁術後，他又投降了曹操。

從解東郡之圍戰役我們可以看出曹操高超的作戰藝術，他作戰從來不拘泥於成見，而是根據戰爭局面，採用靈活的手段，用最小的成本，取得最大的成效。

相比這些勝利，更令曹操感到高興的是，他迎來了人生中最關鍵的一個人物。此人正是荀彧。

■ 關鍵一步棋

荀彧字文若，潁川潁陰（今河南許昌）人。出身世家，父祖皆擔任高官，荀彧年少時便頗負才名。很早以前，南陽名士何顒看到荀彧時，驚嘆道：「此子才華，可為帝王之輔佐。」

天下大亂之後，為了躲避戰亂，荀彧避難冀州，此時袁紹已經取代韓馥占據了冀州。荀彧聲名在外，袁紹也早有耳聞，以賓客禮待荀彧，

第六章　順勢而為

讓他與弟弟荀諶、同鄉辛評及郭圖共事。

荀彧在冀州待了一段時日後，很快發現袁紹其人表面上對待士人恭謙有禮，其實傲慢自大，根本聽不進別人的意見，另外他好謀而不能斷，做事瞻前顧後，猶豫不決，漸漸地，荀彧對他失去了信心，感到很是失望。

與許多士人一樣，面對天下大亂，荀彧渴望社會重回穩定有序。本來對袁紹寄予厚望，但漸漸地，他看出來了，袁紹徒有虛名，根本不能扛起振興漢室的重任，於是開始尋找出路。

初平二年（西元 191 年），荀彧聽聞曹操在河內，他對曹操自董卓之亂以來的種種作為早有耳聞，覺得曹操雖然目前實力較弱，但有魄力、能擔當，將來一定會成就一番大事業，遂決定拋開袁紹，前往投奔曹操。

得知荀彧前來，曹操喜出望外，兩人見面後一番促膝交談，越聊越投機，兩人都非常開心，荀彧覺得好久沒有這麼暢快淋漓地聊天了，同樣，曹操覺得上天將一位絕佳的謀士送到自己身邊。他拉著荀彧的手興奮地說：「你就是我的張子房啊！」

張子房即漢初三傑之一張良，漢高祖在奪得天下的過程中，多靠張良謀劃，非常倚重他。曹操將荀彧比作張良，可見他對荀彧有多麼推崇。他當下任命荀彧為奮勇司馬。

這一年，荀彧二十九歲，曹操三十七歲，兩人都正當盛年，君臣相得，兩人從此並肩協力開始長達二十年的漫長合作歷程。正是由於荀彧的謀劃，讓曹操有了穩定的後方，一步步走向壯大，當時君臣二人推心置腹，決心合力還人間一個朗朗乾坤。

然而，此時天下形勢卻變得更加糟糕。各地愈加動盪，雖然各地農

民軍不斷被鎮壓，但殘酷的現實逼得許多老百姓不得不鋌而走險，舉旗造反。

初平三年（西元192年）四月，青州黃巾軍百萬之眾進入兗州，一路攻城奪地。兗州刺史劉岱打算迎擊，濟北相鮑信勸劉岱不要急於求戰，並分析說：黃巾軍有百萬之眾，鋒芒正盛，不可輕敵，黃巾軍中有大量隨軍家屬，每日有大量消耗，但所帶物資並不多，不如堅壁清野、固守城池。時間一長，黃巾軍必然陷入進退兩難，人心渙散，到時候再用精銳兵力出擊，必然大勝。

然而，劉岱並不認同鮑信的看法，在他看來，黃巾軍不過是一群烏合之眾，哪裡需要費那麼多周折，所以把鮑信的勸阻根本是當作耳旁風，執意出兵與黃巾軍交戰。結果被黃巾軍打敗，自己也命喪戰場，做了無頭之鬼。

兗州無主，黃巾軍到處流竄，局面一片混亂，形勢非常危急。曹操部下陳宮覺得這是一個絕佳的發展機遇，主動提出前往兗州行動，為曹操拓展空間，積極爭取將兗州收入囊中。曹操深以為然，遂派陳宮前往。

陳宮抵達兗州後，發現州府的大小官員整日都惶惶不安，不知所措，面對聲勢浩大的青州軍根本束手無策，便對他們展開遊說，稱現在能夠收拾兗州亂局的唯有一人，那就是曹操了。陳宮勸他們趕緊迎接曹操署理兗州牧，否則亂局進一步擴大，會越發無法收拾。

鮑信本與曹操交好，便帶頭贊同，其他大小官員也覺得別無他法，便都同意，派州吏萬潛前往迎接曹操。

曹操出任兗州牧後，立刻著手剿滅黃巾軍，便率軍一千餘人與青州兵戰於壽張（今山東東平西南）。結果被擊敗，士卒被斬數百，鮑信拚死救出曹操，自己卻被黃巾軍殺害。

第六章　順勢而為

在戰爭結束後，曹操派人尋找鮑信遺體，可是最終還是沒有找到。

人生在世難得有人賞識和了解，曹操一路走來，能夠真正了解他的人並不多，對曹操來說，鮑信應該是為數不多的知音之一。在曹操還籍籍無名時，鮑信就很看好他，當初關東諸侯會盟，鮑信是最積極支持曹操的；在滎陽之戰時，鮑信追隨曹操作戰。可以說，當曹操人生最低落的時候，是鮑信的鼓勵和支持，使得他最終堅持下來。

如今，曹操的事業才剛剛起步，鮑信卻提前走了，出師未捷身先死，長使英雄淚滿襟。回想起和鮑信交往的時光，曹操感慨萬千，悲從中來，不由得淚流滿面。

為了讓自己心裡好受些，曹操讓人按照鮑信生前樣子雕刻了木像，然後瀝酒祭奠，痛哭不止。

曹操終生都沒有忘記鮑信，建安十七年（西元212年），他上表封鮑信之子鮑邵為新都亭侯，鮑勛擔任丞相掾。

經過此戰，曹操不敢再大意，加強士兵訓練，同時加大賞賜，士氣便高昂起來。後來經過長達六個月的拉鋸戰，缺乏軍事訓練、單靠人海戰術的黃巾軍終不敵曹操，敗在曹操手下。

初平三年（西元192年）十二月，曹操在濟北將黃巾軍徹底擊潰，黃巾軍三十多萬和百萬家屬構成建制歸降曹操。曹操將精銳之士改編新軍，稱為青州軍。從此，曹操勢力大增，有了爭奪天下的資本。

■ 關東亂無象

曹操平息了兗州黃巾之亂，開始代理兗州牧。當然，從理論上來說，他這個兗州牧還不是正式合法的，所以還需要朝廷授權任命，但如今的朝廷掌握在董卓手裡。因此，曹操想要成為正式的兗州牧，必須要

徵得他反對、討伐的敵人董卓的任命狀。

曹操正在猶豫要不要給西遷長安的朝廷做做樣子，上表請求擔任兗州牧，沒想到朝廷搶先一步，派金尚出任兗州刺史。

金尚來兗州上任，是朝廷的意思，還是董卓派來的，這已不重要。很顯然，曹操是不會將到嘴的肉吐出來的，他立刻派人在路上攔截金尚，務必迫使他知難而退，不准進入兗州。

不出意外地，金尚最終沒有踏進兗州境內，還差點搭上命，無奈之下，他只好去投奔袁術。

需要說明的是，金尚此人人品不差，很有氣節。他到了袁術那裡以後，很快發現袁術此人謀劃自立稱帝，還打算拉攏他，但金尚不願意上賊船，最終死在袁術手裡。

袁術在南方搞陰謀詭計的時候，北方的那些軍閥也沒閒著，此時袁紹已經攆走韓馥，吞併了冀州。所有這些變化都被曹操看在眼裡，他知道天下即將重新洗牌，舊的政治格局已經打破。未來天下將走向何方，他徵求荀彧的意見。

如今天下，董卓把持朝廷，位高權重，實力雄厚，袁紹在北方日漸坐大，而當前的曹操還剛剛起步，在諸侯中還是個後來者。如何破除目前困局，面對曹操的憂慮，荀彧給出了他的答案。

荀彧稱，董卓目前看似不可一世，但世間事從來都是盛極必衰，物極必反，董卓殘虐跋扈，他垮臺是早晚的事。至於袁紹，別忘了他背後還有公孫瓚，面對袁紹的擴張，公孫瓚不會無動於衷。

其實，袁紹和公孫瓚之間的恩怨由來已久，他們的恩怨還要追溯到幽州牧劉虞那裡。劉虞的兒子劉和在朝廷任侍中，董卓強迫遷都後，他也跟漢獻帝到了長安。

第六章　順勢而為

獻帝朝思暮想，只想早點擺脫董卓的魔爪，所以暗中和劉和商量，讓他偷偷逃出去，然後聯繫劉虞，發兵來救他回洛陽。

劉和出逃後，路過南陽，求見袁術，由於袁術以前滿口宣揚要討伐董卓，劉和對他還抱有幻想，便對袁術和盤托出。

誰料袁術卻另有打算，面對自動送上門的劉和，袁術覺得這是一枚可以撬動天下格局的絕佳棋子，便將他扣押起來，以此要挾其父劉虞發兵長安。

劉虞收到兒子的書信，心中方寸大亂，權衡再三之後，只好被迫答應袁術的要求。公孫瓚得知這件事後，勸劉虞別上當，但兒子在人家手中，劉虞哪裡聽得進去？

事後，公孫瓚又有點後怕，怕消息傳到袁術耳中，便派堂弟公孫越帶千餘騎兵給袁術助戰，並私下向袁術表示，希望他不要輕易釋放劉和。

公孫瓚想兩面下注，好從中謀利，但他千算萬算，卻嚴重低估了劉和的逃跑能力。劉和不知用什麼辦法，從袁術那裡逃了出來，一口氣跑到冀州地界，可沒承想，剛出狼窩，又入虎穴，袁紹對劉虞當初不配合他稱帝，一直耿耿於懷，便將劉和捉住，扣押起來。

很快，袁紹得知公孫瓚勾結袁術，想直接去攻打袁術，但畢竟是自家兄弟，暫時還不想撕破臉皮，於是想打一場代理人戰爭，便派周昂去攻打長沙太守孫堅。

孫堅和袁術走得很近，袁術曾許諾讓他出任豫州刺史，打孫堅其實就是在打袁術。袁術得知後，便命前來支援的公孫越去支援孫堅，兩家兵合一處，周昂戰敗逃跑，公孫越求勝心切，窮追不捨，不料在追趕途中，中箭身亡。

聽聞公孫越戰死，袁術很高興，覺得可以趁此機會徹底將公孫瓚和自己綁在一起，讓他和袁紹去硬碰硬。

袁術派人護送公孫越的靈柩到公孫瓚那裡，並給公孫瓚捎去一封信，信中添油加醋地說明了整個事件的經過。不出所料，公孫瓚得知噩耗後，發誓從此和袁紹勢不兩立，雙方戰火一觸即發。

袁紹知道公孫瓚不好惹，為了緩和局面，便推薦公孫瓚的堂弟公孫範出任勃海太守。誰知公孫瓚一家子不吃他這一套，公孫範一上任就打出旗號，討伐袁紹。袁紹偷雞不成蝕把米，白白送了公孫瓚一份大禮。

公孫瓚舉兵南下，一路攻城略地，冀州郡縣紛紛望風歸降。初平二年（西元191年），公孫瓚攻破青州、徐州黃巾軍，兵勢日益強盛，進駐界橋（今河北威縣境內）。公孫瓚命嚴綱為冀州牧，田楷為青州牧，單經為兗州牧。一時間，公孫瓚強勢崛起，大有將河北一帶盡收囊中之勢。公孫瓚向來好戰，面對節節勝利，對自己的戰鬥力信心爆滿。

誰料，很快局面發生扭轉，袁紹全力發起反擊，公孫瓚一再敗北，雖然後來扳回一局，但終究沒討到多大便宜。袁紹在與公孫瓚作戰中，雖然取得了一些勝利，但終究也是贏得很吃力，一個公孫瓚就讓他很頭痛。此時，他更擔心，自家兄弟袁術從背後給他捅刀子，於是他聯繫荊州刺史劉表攻打南陽，牽制袁術。

袁紹、袁術不愧是親哥倆，與此同時，袁術也想到借刀殺人這招，他讓孫堅截斷了劉表的後路，劉表尚未來得及動身，孫堅就打上門來。結果卻是孫堅死在亂箭之下。

如此一來，袁紹在遠交近攻之戰中占了上風，袁術暫時也自然不敢圖謀袁紹了。穩住袁術後，袁紹親率大軍征討公孫瓚。

初平三年（西元192年），袁紹屯軍廣川縣（今河北棗強東北），與公

第六章　順勢而為

孫瓚戰於界橋南二十里處。

袁紹深知公孫瓚手下士卒戰鬥力彪悍，如果硬拚，未必能占多大便宜，而且他不想再和公孫瓚打持久消耗戰，他想一戰重創公孫瓚，便命手下大將曲義領精兵八百衝在前面，而在兩翼設下強弩伏兵。

當時，公孫瓚有精兵三萬，覺得兵力強盛，看袁軍勢單力薄，遂有輕敵之意，命大軍全力撲了過去，不料中了袁軍埋伏，公孫瓚的軍隊面對傾瀉而下的箭雨，頓時陣腳大亂，慌亂之中死傷無數，公孫瓚部下嚴綱被俘後斬首。

曲義追公孫瓚到界橋，公孫瓚率兵還擊，再敗後倉皇逃到薊縣（今北京一帶）。經過此戰，公孫瓚總覺得不安全，便重築一座堅固的小城，躲在裡面，不肯出來。

■ 一念之差

按照常理，淪落到當前境地，公孫瓚應該好好反思一下自己了。誰是敵人，誰是朋友，這是一個大問題，是擺在公孫瓚面前的首要任務。但他恰恰就在這個至關重要的問題上不清醒了。

雖說公孫瓚在和袁紹的交戰中吃了大虧，元氣大傷，但就算如此，他此時還未到山窮水盡的地步，其實還有翻身的機會，最不濟在天下大亂之初，割據一方沒問題。

公孫瓚此時地盤雖然縮水，但至少還有自家領地，而且他的手下軍隊在長期與北方匈奴等游牧民族交戰中，形成了強悍的戰鬥力，這是公孫瓚拿得出手的本錢。就算是袁紹，也不敢將公孫瓚徹底逼到死角，因為他對這支軍隊多少有些顧慮。

公孫瓚當下要做的應該是廣結善緣，多交朋友，比如首先與劉虞結為盟友，因為劉虞有人望，得民心。理論上來說，劉虞還是公孫瓚的上司，儘管兩人之前有過過節，如果公孫瓚主動認個錯，就算兩人之間的關係不能完全修復，但至少可以緩和下來。

然而，歷史不能假設，兩人之間最終還是走向了決裂。

引爆公孫瓚和劉虞矛盾衝突的起因，是劉虞看不慣公孫瓚的做派。公孫瓚在被袁紹打敗後，或許是為了發洩心中不滿，或許是為了籠絡軍心，或許兩者兼而有之，時常放縱士兵劫掠百姓，這對素以仁義寬和著稱的劉虞來說是不能容忍的。作為地方官，本是百姓父母，怎麼能反過來禍害百姓呢！

另外，劉虞為了穩定北方邊境的安寧，時不時給匈奴送一些禮物。其實，在天下大亂之際，用這種較小的代價保證邊疆的平靜，不失為一種好辦法。但是公孫瓚不這麼看，他認為這是劉虞過於懦弱的表現，是在花錢買平安，他看不起這種做法，於是常常派人劫取劉虞派出的使節團。

為了爭取輿論的支持，兩人還派人到長安向朝廷揭發對方，可惜當時的朝廷被董卓把持，自顧不暇，地方鬧得凶，對董卓來說是求之不得的事，他也懶得管。

劉虞本想和平解決，於是派人邀請公孫瓚前來，但公孫瓚覺得這是劉虞在給他下套，便稱病不理睬。

劉虞覺得和談希望徹底破滅了，只剩下一條路，那就是用戰爭來解決。初平四年（西元 193 年），劉虞聚集十萬人馬討伐公孫瓚。劉虞手下都覺得，別看公孫瓚最近吃了敗仗，打不過袁紹，不見得打不過劉虞，公孫瓚的戰鬥力還是不可小覷的。於是不少人站出來，勸劉虞不要著急開戰。

第六章　順勢而為

劉虞此時已是箭在弦上，不得不發，於是下令斬首勸阻的從事程緒。

大軍開發之際，劉虞又下令：「此戰只為公孫瓚一人，切不可誤傷他人。」不可否認，劉虞的出發點是好的，但戰爭是殘酷的，唯有拚個你死我活才能取得勝利。毫無疑問，他這道迂腐的命令無形中束縛了將士們的手腳，大家心下都在嘀咕，這仗還怎麼打？

其中有個從事叫公孫紀，平常就和公孫瓚私交不錯，提前跑去給公孫瓚送信。聽說劉虞率領十萬大軍前來，公孫瓚心中也沒底，更何況他的部下當時分散在各地，想短時間集結起來，也來不及了，便打算開溜。

然而，出乎意料的事情發生了，劉虞部下被軍令束縛，不敢放火，不敢放開手腳廝殺，將士們根本沒心思打仗，城池當然久攻不下。公孫瓚趁機縱火突襲，劉虞大敗，向北逃至居庸縣。公孫瓚追擊，三日城陷，活捉劉虞，不過也沒有為難他，表面上還是讓劉虞做幽州牧。

就在這個節骨眼上，朝廷派人來了，使者段訓代表朝廷宣布增劉虞封邑，節制北方六州事務。

公孫瓚自然不甘心，他知道殺劉虞這事自己不能做，便脅迫段訓以朝廷名義誅殺劉虞，至於理由嘛，就是劉虞和袁紹串通背叛朝廷，自立為帝。

如此一來，公孫瓚反而成了討伐逆臣賊子的功臣，段訓沒辦法只得將劉虞斬首，傳首長安，拜公孫瓚為前將軍，封易侯，假節督幽、並、青、冀四州。

不過劉虞的首級在送往京師途中，被劉虞舊部劫走安葬了。劉虞素來深得民心，對於他的死訊，聞者無不潸然淚下。

就在關東大亂，軍閥混戰時，京師長安也亂成一團，變天了，董卓死了！

■ 人肉宴席

關東數十萬聯軍沒有終結董卓的性命,然而,他卻死於一場意外的政變,而整個政變的策劃人是司徒王允。

王允出身名門望族,祖上世代為官,為人正直清廉,早年在地方任職時,頗有民望。洛陽之亂後,司徒楊彪被董卓罷免,王允出任司徒一職。

靈帝時期,宦官當道,正直不阿的王允曾因得罪大宦官張讓差點丟了性命。長期的政治鬥爭讓他明白了一個道理,和敵人鬥爭,決不能單靠一腔熱血,蠻幹絕不是勇氣。

身處豺狼當道的朝堂之上,需要堅定理想和信念,但更需要智慧和手段。

要想戰勝敵人,只有比敵人更加狡猾,為了捍衛人間正義,犧牲的人夠多了,不差王允一個,現在需要的是一雙能夠力挽狂瀾的大手!

要是正面拚個你死我活,王允和董卓根本不在一個層次上,董卓只要動一下手指,就足以讓王允化為齏粉。唯有設法麻痺敵人,然後出其不意,才能在敵人心臟給予致命一擊。

擒賊先擒王,只要董卓一死,餘黨必將樹倒猢猻散,不足為慮!

打定主意後,王允隱忍不發,表面上對董卓虛與委蛇,董卓做事雖然簡單粗暴,但他也知道,想要維持統治,單靠血腥屠殺製造恐怖高壓是不行的。因此他強拉硬拽,讓大儒蔡邕出來裝點門面,如今看到王允並不排斥他,也樂見其成。

董卓對反對他的人毫不留情地舉起了屠刀,但對投靠他的人絲毫不吝嗇給予高官顯爵。他主動給王允增加食邑,封侯爵。

第六章　順勢而為

　　王允見董卓放鬆了戒備後，便開始主動聯繫司隸校尉黃琬、尚書鄭公業等忠於漢室的朝臣，共同商議密謀除掉董卓。

　　想要除掉董卓，必須要掌控一支屬於自己的戰力。王允等人極力向皇上推薦，保舉護羌校尉楊瓚行左將軍事，以討伐袁術為名，舉薦執金吾士孫瑞擔任南陽太守，帶領兵馬出道武關，目的是發展外援，以備不時之需。

　　然而，董卓似乎有所察覺，覺得不對勁，否決了王允的提議。為了打消董卓的疑心，王允沒有再堅持，便讓士孫瑞留在長安，擢升為僕射，擢升楊瓚為尚書。

　　董卓覺得在自己眼皮底下，諒他們也掀不起什麼大風浪，也樂得做個順水人情。

　　當初，董卓初入洛陽，為了在朝堂站穩腳跟，聽從尚書周毖和城門校尉伍瓊的建議，讓袁紹、袁術、韓馥與劉岱等世家大族之士出任關東各地太守、刺史。本想以此籠絡人心，沒想到這些人後來紛紛站出來反對他，這件事讓董卓懊悔不已。

　　西遷長安後，董卓吸取教訓，立弟弟董旻為左將軍，姪兒董璜為中軍校尉，老部下李傕、郭汜及張濟都被安插到軍政要職，將大權牢牢掌握在自己人手中。

　　董卓以為自此可以高枕無憂了，做事越發肆意妄為，不將朝中大臣放在眼裡，時不時來個下馬威，製造寒蟬效應。

　　有一次，董卓宴請朝臣，正當大家推杯換盞之時，董卓下令將幾名北地俘虜現場剁手剁腳、挖眼割舌，扔到堂下鍋子裡烹煮。

　　一切來得太突然，毫無心理準備的群臣被眼前的慘狀嚇得魂飛天外，許多人驚得連筷子都拿不住，只有董卓若無其事，自酌自飲，談笑風生。

沒多久，董卓又召集大家喝酒，雖然眾人都明白，去董卓家赴宴，無疑是鬼門關上走一遭，但又不敢不去，於是只好硬著頭皮前往。

　　正當大夥兒在那裡如坐針氈，惴惴不安地喝著酒時，意想不到的事情果然又發生了，董卓指著席上的衛尉張溫說：「我今日得到密報，此人勾結袁術，企圖謀害於我，拉出去給我斬了！」然後不由分說，命人將張溫拖出去殺了。

　　沒多久，一顆血淋淋的腦袋被提到大堂上。

　　在座的眾官員一個個嚇得面如土色，有不少人被嚇得尿了褲子。

　　對眾人的表現，董卓很滿意，他彷彿什麼事都沒發生一樣，繼續對眾人勸酒，說：「此事是他咎由自取，與諸公無關，大家儘管暢懷飲酒便是。」

　　董卓對自己的心理戰術很得意，覺得此後沒有人敢對自己不從。

　　經過這兩次事件後，朝中大臣們無不心驚膽顫，唯恐哪天董卓心情不好，自己就將被他用那種殘酷刑罰折磨而死。

　　董卓成了大家的夢魘，想要去掉籠罩在心頭的魔鬼陰影，必須除掉他。

　　王允覺得時機成熟了。

■ 董卓之死

　　一個強大的敵人被擊敗，往往不是來自外部力量，而是來自內部。王允知道想要除掉董卓，必須從其內部下手，他很快將目標鎖定在董卓的心腹呂布身上。

　　呂布本為并州刺史丁原部下，當初何進密謀誅殺宦官時，要地方將

第六章　順勢而為

領趕赴洛陽，與董卓一起抵達京城的，除了董卓，還有丁原，董卓頗為忌憚丁原，便暗中收買了呂布，除掉丁原，將其部下收為己有。

呂布武藝超群，勇猛無比，擅長騎射，膂力過人，被稱為「飛將」。董卓為了拉攏呂布，任命呂布為騎都尉，沒多久將其提拔為中郎將，封都亭侯。二人結為父子，董卓讓呂布擔任貼身侍衛，他們常常一起出入。群臣們對呂布都頗為忌憚。

很顯然，要除掉董卓，呂布是最佳的突破口。王允早在董卓、呂布周圍布置了眼線，很快便得知這對父子之間早就起了隔閡，就差別人一把火了。

原來董卓表面上對呂布極盡拉攏之能事，實際上他從來不相信任何人，對呂布也頗為猜疑，呂布偶爾有小過失，便大加責罵。有一次氣急敗壞之下，他順手抄起一把戟就朝呂布投了過去，要不是呂布閃躲得快，恐怕早死在戟下了。

呂布此人好色，常在董卓身邊走動，一來二去，就和董卓的一名婢女勾搭上了。為此做賊心虛，害怕一朝敗露，便凶多吉少。

王允覺得這是個絕佳機會，便主動聯繫呂布，密謀誅殺董卓。

呂布是個有勇無謀之人，一時間拿不定主意，對王允吞吞吐吐地說道：「雖然我和董卓有些矛盾，但畢竟父子一場，怎麼下得了手？」

王允聽後心中冷笑，這哪是什麼父子情深，分明是在討價還價。他知道，對呂布這號人，只要開足價碼，別說是義父，就是親爹他都會下手。但表面上依然大義凜然：「將軍姓呂，他姓董，本來就非親生骨肉，董卓何時曾將你看作自家人。目前，首要任務是保全自家性命，還談什麼父子！」

緊接著，王允許諾，只要成功刺殺董卓，就讓呂布任職奮武將軍，

假節，儀比三司，進封溫侯，與自己同掌朝政。

面對王允開出的如此誘人的條件，呂布早就忘了父子之情，滿口答應，做王允的內應，一起除掉董卓。

利益交換協議達成後，他們開始靜待時機。

在王允暗中緊鑼密鼓籌劃刺殺董卓之時，漢獻帝正好染病，等他布置好時，皇帝的病也恰好痊癒了。儘管世人都知道當今天子不過是董卓手中的傀儡，但在法律上他還是朝廷的象徵，一舉一動都受到天下人的關注。於是，王允抓住了這個絕佳的理由，提出朝臣入宮慶賀天子龍體康復。

儘管董卓從來沒有將皇帝放在眼裡，但必要的表面行事還是要做的。因此，他沒有理由拒絕王允提出的請求，滿口答應出席朝賀儀式。

初平三年（西元192年）四月丁巳日，董卓從家中出發，乘車前往皇宮朝賀。

或許是出於本能，他隱約覺得有點不對勁，又說不出什麼原因。他也知道自己作孽甚多，朝野四處樹敵，想殺他的人太多了，所以出門前特意先穿上鐵甲，然後再套上朝服。一路上加強安全保衛，道路兩側站滿了士兵，一邊是步兵，一邊是騎兵，呂布在前面侍衛開道。

身處重重護衛之下，董卓覺得踏實了很多。

走在董卓前面的呂布，表面上沒有任何異樣，他對董卓一如既往地般恭恭敬敬，禮數很周到。然而，他此刻內心中極度興奮又摻雜著緊張，一張誅殺董卓的詔書，正揣在他懷中。

與此同時，董卓入宮的必經之路北掖門旁邊，呂布的老鄉騎都尉李肅與秦誼、陳衛等十餘位勇士身穿皇宮侍衛的服飾等待董卓的到來。

當董卓的車駕一進入北掖門，李肅等人立刻殺出，將董卓包圍在中

第六章　順勢而為

間。李肅衝在最前面，將手中的戟使勁刺向董卓，但沒想到董卓暗中身穿鐵甲，一時沒有傷到他。

一切來得太突然，董卓這個殺人惡魔一時間被嚇得不知所措，急得高聲向呂布呼救。

然而，董卓萬萬沒想到，剛才還對他畢恭畢敬的呂布瞬間翻臉，從懷中掏出詔書，大聲喝道：「奉皇帝詔令，討伐賊臣！」

董卓這才明白過來，呂布背叛了他，便氣急敗壞地大罵道：「狗崽子，你膽敢如此！」

呂布懶得跟他費口舌，直接手持鐵矛將他刺死，讓手下砍下董卓的腦袋。

眼前發生的一幕讓董卓的手下官兵看得目瞪口呆，一時不知所措。呂布大聲說：「皇帝下詔，只誅殺董卓一人，其他人一概不追究。」

呂布這一番話控制住了現場局面，眾人見董卓已死，知道大勢已去，便高呼萬歲。

勝利來得太突然，董卓的死訊像長了翅膀，很快在長安大街小巷傳開。長期以來壓抑在人們心頭的陰霾被一掃而空，喜悅的長安百姓，不分男女老幼都湧上街頭，載歌載舞。許多人賣掉家中首飾衣物，買酒買肉，路上遇到，不管是熟人還是陌生人，都一起飲酒狂歡，彷彿過年一般。

那一天，整個長安沸騰了。

面對洶湧而來的百姓，王允知道人們壓抑得太久了，民憤需要引導釋放，所以默許和縱容他們對董卓家族的報復。

憤怒的人群湧向董卓家族的住宅，董卓的弟弟董旻、董璜以及董氏家族的男女老幼，全都死在亂刀之下，無一倖免。

董卓的屍體被拖到市中示眾，追繳董卓贓物的工作也在進行中，從郿塢中搜出黃金兩、三萬斤，白銀八、九萬斤，綾羅綢緞、奇珍異寶堆積得如小山一般。

　　作為本次政變的主要籌劃者，王允得到了皇帝的重賞，被任命為錄尚書事；呂布為奮威將軍，假節，禮儀等待遇均與三公相等，封溫侯，與王允一起主持朝政。

　　王允本已做好犧牲的準備，但沒想到政變進展得如此順利，勝利來得太快，他開始有些飄飄然了。

　　一個人一旦高估自己的實力，就會喪失理智，做出錯誤的判斷，王允下令全力追剿董卓餘黨。此刻，他忘記了一個基本的原則，就是懲處首惡，追查幫凶，脅從不問。像他這樣不問青紅皂白想把董卓餘黨斬盡殺絕，無疑是將本來觀望的人逼上絕路。

　　人一旦被逼入絕境，就會鋌而走險。

　　沉浸在勝利喜悅之中的王允，沒有意識到此刻的他已經大難臨頭了。

第六章　順勢而為

第七章　紛亂又起

進退失據

　　權力會改變一個人，王允漸漸開始有些跋扈了。

　　董卓當政的時候，蔡邕被迫出來點綴門面。董卓此人雖然凶狠殘暴，但對蔡邕還算禮遇有加。董卓被誅殺的消息傳來時，蔡邕恰好在王允家做客，或許出於一個知識分子對於這驟風暴雨般鉅變的感慨，他不由得嘆息了一聲。

　　但在王允看來，蔡邕是非不分，面對董卓此等國賊，不起來討伐，反而感念董卓對自己的知遇之恩，實在是不知輕重，有煞風景，便將蔡邕劃為董卓餘孽，打入牢中。

　　蔡邕此時百口難辯，在獄中只好做有罪辯護，承認自己有罪，可以接受肉刑處罰，只願留下性命，好完成自己的著作《漢史》。

　　蔡邕是一代鴻儒，在朝野之間很有名氣，很多人都站出來為他求情，太尉馬日磾親自勸王允說：「蔡伯喈是曠世奇才，對漢朝的史事典章了解很多，應當讓他完成史書。他所犯的罪是微不足道的，殺了他，豈不使天下士人失望！」

　　但王允不為所動，說：「武帝不殺司馬遷，結果使得他所作的謗書《史記》流傳後世。如今國運中衰，時局多艱，不能讓奸佞之臣在幼主身邊撰寫史書，受他蠱惑，難保他不會在書中譏諷我們。」

　　為了防止蔡邕在史書中給自己留下惡名，王允下定決心殺了他。

第七章　紛亂又起

可惜王允不懂，他可以殺了蔡邕，但難以堵住天下人之口。

馬日磾事後就對別人說：「善人是國家的楷模，史著是國家的經典。毀滅楷模，廢除經典，王允大概要絕後了！」

馬日磾一語成讖，後來發生的事，果然被他說中了，王允的結局很悽慘。

王允上臺後，雖然也試圖派使者到關東諸侯那裡，重新樹立中央朝廷的權威，但是經過數年的變遷，各地諸侯早已不將朝廷放在眼裡，因此，王允的一切努力都是徒勞。

王允面臨的挑戰不僅僅來自外部，更來自同一戰壕內部。呂布作為最重要的政治盟友，當共同的敵人董卓被除掉以後，兩人之間的矛盾逐漸浮出水面。

首先，董卓死後，如何處理善後事宜，王允和呂布意見不一。呂布覺得應該斬草除根，將董卓的餘黨全部處死，然後將從董卓那裡查獲的金銀財物分掉。

很顯然，呂布的戰鬥力與他的政治智商沒辦法匹配。面對這個愚蠢的建議，王允自然不同意。作為一名政治家，王允很清楚，政治清算的目標不宜擴大。

王允性格耿直，董卓當政時期，不得已折辱隱忍，如今大權在握，他固執倔強的一面開始突顯出來。毫無疑問，這種性格很不受人歡迎，其和當初追隨他的那些人之間的關係開始疏遠起來。

呂布自認為刺殺董卓的行動，他當居首功，到處炫耀招搖。但王允知道，呂布不過是一介武夫，衝鋒陷陣行，但治國理政肯定不行。這讓呂布很不滿，心中很失落，加上王允對他的建議置之不理，他早對王允感到憤憤然了，於是派李肅去攻打屯於陝縣的董卓女婿牛輔。

誰料，李肅被牛輔打敗，緊接著，牛輔軍營內亂，牛輔於慌亂之中，攜帶金銀珠寶，與親信胡赤兒等人出逃。

在逃亡途中，胡赤兒等人見財起意，殺了牛輔，將其首級送往長安。

董卓死後，其部屬人人惶惶不安，在觀望朝廷如何處理他們。王允也不想擴大目標，本打算代表朝廷赦免這些人，但後來又覺得如果大張旗鼓地特赦，會讓他們以為在欲蓋彌彰，反而引起警惕，所以遲遲沒有表態。王允模稜兩可的態度，讓董卓帶來的那些西涼軍將士更加不安。

有人給王允出了個主意，讓皇甫嵩為將軍，安撫董卓舊部，讓他們屯紮陝縣。皇甫嵩曾長期在涼州一帶帶兵打仗，在西涼軍中威望很高，不得不說，這是個很好的辦法。

但王允卻擔心，如此一來，會招來袁紹等關東諸侯們的不滿，所以沒有同意。左思右想，王允一時也拿不出個什麼好辦法，最後他決定解散西涼軍，讓他們回家去。

消息傳開，董卓舊部一片譁然，私下嘀咕道：「蔡邕只不過受過董卓厚待，都被處死，如今朝廷既不赦免我們，又要解散大夥兒，我們一旦散開，那還不任人宰割了！」

於是，眾人決定寧死也不解散。

長安亂

自牛輔死後，西涼軍中已是群龍無首，董卓舊屬李傕得知朝廷打算遣返他們，便派人到長安，希望得到赦免。數日後，使者帶來消息，稱他們的請求被王允拒絕了。

第七章　紛亂又起

董卓在世時，李傕沒少作孽。因此，此時他更加堅信，王允打算對他們秋後算帳。他越想越怕，心想事已至此，三十六計走為上計，趕緊收拾收拾，趁早溜回老家。

正當李傕打點行李之際，有一個人站出來，用揶揄的語氣對他說：「將軍如果就這樣灰溜溜地逃命，恐怕還沒走多遠，半道上一個小小的亭長就會把你抓起來。」

此人正是討虜校尉賈詡。

李傕知道賈詡足智多謀，便趕緊向他討教，下一步該怎麼辦。

賈詡說：「反正事情都到了目前這種地步，還能壞到哪裡去？還不如集結人馬，豁出來幹一票，直接殺到長安，為董太師復仇。如果成功了，可以擁戴皇帝號令天下；若不成，再逃走也不遲。」

李傕一聽，很有道理，便夥同郭汜、張濟等人，召集數千人馬，李傕大聲說：「朝廷拒絕赦免我們，目前，我們只有一條路可走，那就是拚死一搏。若攻克長安，可得天下；若攻不下，我們便搶光三輔的錢財和女人，然後一起回老家！」

李傕的一番話激起了西涼兵的鬥志，馬不停蹄地向長安殺來。

與此同時，王允也得到消息，想派人去澄清，便找來涼州人胡文才、楊整修。胡文才、楊整修二人在涼州地區頗有民望，王允希望藉助他們的聲望，化解危機。

在這千鈞一髮的時刻，應該做的就是趕緊宣布赦免西涼軍，許諾優待條件，設法穩住局面。

而且，當下已是箭在弦上，就算如此，也未必管用。

然而，面對如此危局，倔強的王允依然不肯放下架子，他對胡文才

和楊整修聲色俱厲地說：「你們去問問這些鼠輩，他們到底想幹些什麼？讓李傕等人趕緊滾來見我！」

王允的這番話徹底將自己推向了不歸路。

胡文才、楊整修根本摸不清王允的心思，在路途中思考。萬一辦不好，恐怕性命不保，索性一不做二不休，豁出去算了。他們趕到李傕軍營後，臨陣變卦，當了領路人。

在李傕等人趕往長安的路上，董卓舊部樊稠、李蒙等紛紛加入，隊伍不斷壯大，等趕到長安城下時，隊伍規模已經擴大到十萬餘人。

董卓當初帶來的西涼兵也不過數千人，如今這些人中肯定有不少想趁火打劫的投機分子與地痞無賴混了進來。

長安城防堅固，西涼軍一時半會兒根本攻不進去，攻守雙方進入僵持狀態。李傕等人本來就沒有大的志向，只是被逼急了，走投無路之下鋌而走險罷了，如果時間一長，難免士氣低落，自然會散去。

然而，誰也沒想到，圍城八天後，出現了意外，呂布部下中有人叛變，打開城門迎敵入城。

事出突然，呂布倉促組織人馬與李傕展開巷戰，但最終不敵，呂布趁著混亂逃出城去。

呂布臨走前，招呼王允一起走，但王允果斷拒絕了他。

王允儘管由於自己混亂的決策，導致本來剛剛出現的黎明曙光，又戛然而止，使得長安再次陷入萬劫不復之地。但是，在關鍵時刻他表現出了一個政治家的擔當和勇氣。

大廈將傾，獨木難支，既然我無法力挽狂瀾，拯救大漢，讓它起死回生，那麼就讓我陪它一起殉葬吧。

第七章　紛亂又起

　　王允平靜地對呂布說：「本想再安社稷，使國家恢復康寧，但現在看來是不可能了。皇帝年幼，我豈能只顧自己逃命。希望你此去，多勸勉關東諸侯，希望他們多以天子和朝廷為念！」

　　呂布見狀，只好帶領自己的人馬逃命去了。

　　李傕、郭汜等人率領亂軍蜂擁而入，到處殺人放火，剛剛恢復平靜不久的長安再次遭到大屠殺，被無辜殺戮的官民屍體堵塞了街道，近萬人遇難。

　　亂軍圍攻南宮掖門，太僕魯馗、大鴻臚周奐、城門校尉崔烈與越騎校尉王頎在抵抗亂軍中戰死。

　　混亂中，王允扶著漢獻帝登上宣平門避難。事已至此，年幼的天子問李傕及郭汜：「你們為何縱兵作亂？這是想要做什麼！」

　　李傕、郭汜等人本就沒有改朝換代的志向，只不過想趁亂狠撈一把。殺害一個沒有任何威脅的小皇帝，除了讓他們背上惡名，沒有任何好處，所以便說：「臣等並非謀反，只是覺得董太師忠於陛下，卻無故被呂布殺害，為他不平，討個說法！」

　　誰都知道董卓罪有應得，但現在李傕、郭汜手中握著刀把子，漢朝君臣都成了他們的手中獵物，面對顛倒黑白的說辭，又能拿他們怎麼樣呢？

　　數日後，王允被處死，他的家人被滅族。

　　多年後，漢獻帝被曹操接到許都，他對王允追思不已，讓人找到王允遺骸，送回老家禮葬。

　　長安籠罩在血雨腥風之中時，曹操又在做什麼呢？

都是錢害的

其實，在長安發生一系列鉅變之際，曹操的日子也不好過，他面臨著嚴峻的挑戰。

當初被曹操趕跑的金尚跑到袁術那裡，因為曹操的東郡太守是袁紹舉薦的，所以在理論上曹操與袁紹是同一陣營的人，如此便招來袁術的嫉恨。現在曹操又將兗州收入囊中，袁術自然更加憤怒。

袁術、袁紹這哥倆誰也見不得誰日子好過。金尚的投奔，讓袁術有了冠冕堂皇的理由。初平四年（西元193年）初，他藉口曹操驅逐朝廷任命的合法兗州刺史，率軍前來攻打曹操，進入陳留，屯兵封丘，派部將劉詳駐匡亭。

曹操當時駐紮在鄄城，手下軍隊三萬。綜合分析後，曹操決定先攻劉詳。袁術得知後，急忙帶兵來救。袁術此人志大才疏，哪裡是久經戰火洗禮的曹操的對手，很快被打得一敗塗地。

袁術本想逃到封丘，聚集人馬再戰，哪知曹操根本不給他喘息的機會，直接追上來。袁術只好逃往襄邑，曹操引渠水灌城，袁術只好棄城而去，逃往寧陵。但沒想到曹操又很快追了上來，袁術嚇得心驚膽顫，再次逃跑，逃往九江去了。至此，曹操才率領本部軍馬回定陶。

總之袁術和曹操的初次交鋒，就是一場貓追老鼠的過程，整場戰爭基本上都是袁術在夾著尾巴一路狂奔逃命。經過這次經歷，曹操給袁術留下了嚴重的心理陰影，自此他再也不敢打曹操的主意了。

可以說，封丘之戰是曹操的立威之戰，他一舉打破了袁術這些人看似強大，實則不堪一擊的假象。而此戰也鞏固了曹操對兗州的掌控權。

曹操在兗州坐穩之後，第一件事就是將父親曹嵩接到兗州，完成父

第七章　紛亂又起

子團圓的夙願。

這些年，曹操在外四處征戰漂泊，而曹嵩遠遁琅邪逃避戰亂。

然而，曹操再也沒有見到父親，他接到了父親遇難的噩耗。種種跡象表明，徐州牧陶謙有害死曹嵩的重大嫌疑。

曹嵩其實是被錢害的。

曹嵩有錢，世人皆知。他帶著一百多車金銀珠寶從洛陽出發，浩浩蕩蕩穿越大半個中國，前往沿海的琅邪郡，給世人留下了深刻的印象。

身處亂世，本應該低調行事才對，曹嵩卻如此高調，為之後招來殺身之禍埋下了伏筆。

曹嵩接到兒子的信後，他又一次攜帶百輛馬車的金銀珠寶上路了。這一次，他沒有那麼幸運，死在了徐州地界。

人死在了徐州，作為地主的徐州牧陶謙自然難辭其咎。

不過，陶謙並不是貪財之人，相反地，他為人正直，為官清廉，口碑很好。

陶謙，字恭祖，丹陽郡（治今安徽宣城）人，孝廉出身。陶謙曾追隨張溫與涼州邊章、韓遂作戰，戰功卓著。中平元年，黃巾亂起，陶謙受命出任徐州刺史。上任以後，陶謙一手平亂，一手保境安民，迅速將徐州境內的黃巾軍勢力驅逐出境，使得「境內晏然」。

相較於當時受到黃巾之亂的北方，徐州較少受到波及，成為當時少有的一方淨土。

黃巾之亂後，很快發生了董卓廢立天子、李傕郭汜作亂長安等一系列大事，陶謙小心翼翼，避免參與其中。因此，當袁紹等關東諸侯會盟討伐董卓時，陶謙沒有參與，他只想保住自己的地界，盡職盡責，守住一方安寧。

朱儁在平定黃巾之亂中，戰功卓著，拜右車騎將軍，封錢塘侯，後出任河內太守，擊退黑山軍張燕，很有名氣。董卓專權後，想拉攏朱儁，朱儁知道董卓是個什麼貨色，拒絕合作，隨後隨便找了個藉口，從洛陽跑了出來。

後來董卓遇刺，李傕、郭汜挾持天子，陶謙得知後，給駐紮在中牟的朱儁送去足夠供三千兵士的軍糧，希望他傳檄各州牧，聯合盟軍，討伐李、郭二人。

但朱儁卻被李、郭二人的一番花言巧語所矇蔽，覺得一切禍亂皆是董卓作孽。當下董卓已死，他完全可以前往長安，重整朝綱。

但陶謙不以為然，如果說董卓是一頭餓虎，李、郭就是兩匹豺狼，與他們謀事，無疑是引火上身，他勸朱儁切不可輕信這二人。

朱儁不聽，隻身前往長安。

後來的事果不出陶謙所料。李、郭二人攻占長安後，因分贓不均，大打出手，相互攻伐，天子和百官淪為他們的人質。朱儁本想調節二人矛盾，結果卻被郭汜扣押起來。朱儁脾氣火暴，哪受得了這窩囊氣，氣不打一處來，一口氣沒緩過來，一命嗚呼了。

與朱儁不同，陶謙採取了比較穩妥的辦法，表面上不與李傕、郭汜把持的朝廷對立，坦然接受升他為徐州牧的旨意。同時，保留著實際上的獨立狀態，李傕、郭汜根本無法染指徐州內部事務。

所以說，陶謙是個務實的人，也是個會變通的人。

像他這樣的一個人，怎麼可能為了錢財，與正在冉冉升起的政治明星曹操交惡呢？

第七章　紛亂又起

■ 謀殺疑團

陶謙也是個不惹事的人。

當曹嵩帶領他那龐大的珠寶車隊進入徐州境內時，陶謙覺得這是一個與曹操親善的好機會。他派出都尉張闓領二百兵丁護送曹嵩出境，想以此給曹操留下一個好印象。畢竟此時的陶謙已經上了年紀，早沒了爭霸出頭的念頭，只想維持與周邊諸侯的和睦關係。

張闓本是黃巾軍出身，由於戰敗，不得已而歸降陶謙，其實他們一直貌合神離。

當張闓第一次見識到曹嵩手中那筆富可傾國的財富，頓時被心魔控制住了，像他這種底層軍官，就是奮鬥十輩子，也未必賺得其中萬分之一。那一刻，他痛苦、嫉妒、羨慕，各種感覺齊上心頭，交織在一起，吞噬著他的靈魂，最終，心魔和貪念戰勝了理智，他決定將它據為己有。

就這樣，一路走，一路盤算，當曹嵩的隊伍走到泰山與華縣、費縣交界之際，張闓帶領手下大開殺戒，將曹嵩殺死，帶著財寶，跑到淮南，投奔袁術去了。

關於曹嵩的死因，除了張闓殺人劫財這個說法外，還有其他不同的版本。

根據《後漢書·陶謙列傳》記載，殺害曹嵩的是陰平縣的士卒，具體姓名不詳。

這兩種說法，無一例外都是曹嵩遇害是由於陶謙手下見財起意，陶謙難免不受牽連。

還有一種說法就比較嚴重了，在《後漢書·應劭傳》中，說陶謙派人

暗中殺害了曹嵩，其原因是，陶謙記恨曹操攻打徐州，出於報復，殺害了曹嵩。《後漢書‧應劭傳》對整個過程有詳細的記述，看上去完全是一場陰謀。

曹嵩接到消息，泰山郡太守應劭奉曹操之命前來迎他去兗州，其自然是滿心歡欣鼓舞。但萬萬沒想到，陶謙搶在曹操之前，派出了一支輕騎兵抵達曹嵩在泰山郡華縣的住所。

起初，曹嵩還以為是應劭的迎接隊伍，沒有多加防備。等反應過來，覺得不對勁時，為時已晚，曹操的弟弟曹德躲閃不及，被陶謙部下斬殺在門口。

慌亂之中，曹嵩急忙在後院牆上打穿了一個洞，本打算先讓自己的愛妾逃走，然後自己再從洞中爬出。但是，其小妾身形過胖，半個身子爬了出去，屁股卡在洞口，哼哧哼哧地掙扎半天，動不了，就在這時外面的腳步聲越來越近。

情況萬分緊急，曹嵩拽出小妾，一起跑到廁所裡躲起來，但最終還是行跡敗露，被殺死在廁所中。

等應劭趕到時，發現現場堆滿了屍體，沒有一個活口，驚恐萬分，覺得事已至此，肯定沒辦法向曹操交差了。無奈之下，索性辭官跑到冀州，投奔袁紹去了。

其實，陶謙襲殺曹嵩這種說法經不起推敲，因為縱觀史書，曹操在曹嵩遇難前，根本沒有攻打徐州的記錄，另外做這種暗殺行為，也不是陶謙的為人。

而真正的凶手很有可能是陶謙的手下，至於是張闓抑或陰平縣的士卒已經不重要了，總之陶謙是逃不了關係的。

曹操聽到父親遇害的消息後，立刻招集人馬，攻打徐州。

第七章　紛亂又起

　　任陶謙怎麼解釋，曹操都一口咬定是陶謙幹的。

　　數年來，徐州在陶謙的治理之下，民生安樂，許多難民都將徐州視為亂世樂土。因此，徐州收留了數十萬從各地避難而來的離亂之人。

　　然而，他們萬萬沒想到，縱然逃過了黃巾之亂，逃出了董卓、李傕、郭汜的魔爪，但最終還是難逃一死，他們都死在了曹操的屠刀之下！

　　身在亂世，人命如草芥，為之奈何！

　　初平四年（西元193年）秋，曹操大軍傾巢而來，而袁紹也想渾水摸魚，派部將朱靈率軍前來助陣。曹軍一路勢如破竹，連破十城，直接殺到陶謙駐地彭城（今江蘇徐州），陶謙集結軍隊拚死抵抗，但終究不敵曹操，只好棄城而去，退守東海郯城（今山東臨沂境內）。曹軍窮追不捨，又攻破傅陽（今山東嶧縣南）。

　　被仇恨矇蔽了眼睛的曹操，一路肆意殺戮，無數無辜百姓成了刀下冤魂，屍體堵塞河道，泗水為之不流。

　　曹軍過後，村郭荒蕪，城垣為墟，雞犬不留，白骨彌野。

　　此戰，曹操凶殘嗜殺的一面暴露無遺，這也是曹操一生中洗刷不掉的汙點。

　　曹操的暴虐激起了世人的憤慨，也讓陶謙徹底丟掉了對他的幻想。陶謙一面抱著死戰到底的決心堅守，一面派人去求援。青州刺史田楷收到陶謙的求救信後，與劉備一起前往救援。

　　劉備字玄德，幽州涿郡涿縣（今河北涿州）人，其自稱是西漢中山靖王劉勝之後，但到了他這一代，家道中落，只能靠織席販履餬口。後來有幸與同宗劉德然、遼西公孫瓚一起拜原九江太守盧植為師，同窗之時，和公孫瓚結下了深厚的友誼。

中平元年（西元 184 年），黃巾亂起，劉備因平亂有功，授安喜縣縣尉，時年二十四歲。因不滿朝廷昏暗，官場吏治腐敗，屢次辭職，後投奔公孫瓚，被推薦為別部司馬。

初平二年（西元 191 年），劉備因功升為平原縣令，沒多久，再升遷，領平原國相。

劉備有兵千餘人，另外還有一些從幽州帶出來的烏丸等胡人騎兵，一路上，又有數千走投無路的難民加入劉備隊伍。到徐州後，陶謙又給劉備調撥了四千人，如此一來，劉備手下有了一支中等規模的部隊。

在劉備的協助下，陶謙總算守住了地盤。曹操久攻不下，又加上糧草不濟，只好先撤回兗州。陶謙非常感激劉備，便推薦他為豫州刺史，駐軍小沛（今江蘇沛縣）。

後院起火

興平元年（西元 194 年），曹操再次來攻，很快占領了琅邪、東海等縣。陶謙部將曹豹和劉備在郯東阻擊曹操，但被曹操擊敗。

眼看徐州就要淪為曹操的囊中之物，就在此時，傳來曹操撤兵的消息。陶謙緊繃的神經總算鬆懈下來，他本就年邁體衰，加上曹操攻打徐州，使他緊張、壓抑、屈辱，病情急速加重，一病不起。

當下的徐州，昔日的繁榮早已不再，滿目瘡痍，這一切都是由於曹操的屠殺破壞造成的。數十年的宦海沉浮，使得陶謙練就了一雙火眼金睛，他知道，為父報仇，只不過是曹操的藉口而已。

天下紛亂，諸侯無不想方設法，擴充自己的勢力。曹操作為後起新秀，對外擴張是早晚的事，只不過曹嵩遇害，讓他提前找到了託詞而已。

第七章　紛亂又起

要將自己多年經營的徐州就這樣交給曹操這個屠夫，陶謙死不瞑目，但環顧部下，大多是平庸之輩，無一人堪當大任。看來，能夠扛起重任，抵抗曹操之人，唯有劉備了。

透過一段時間的觀察，陶謙覺得，劉備身上有一股英雄氣魄，將來必能成就一番大業，如果將徐州交到他手中，也算安心了。

當陶謙對劉備說出自己的想法時，劉備卻覺得淮南袁術無論個人聲望還是軍事實力，都遠勝過自己，建議陶謙不妨將徐州託付給袁術。

劉備的提議很快被眾人否決，典農校尉陳登和北海相孔融都覺得袁術此人靠不住，孔融更是用輕蔑的語氣說：「袁術此人不過是個活死人而已，怎麼指望他拯救徐州呢？」

是的，前不久曹操還打得袁術滿地找牙，就他這種內鬥內行外戰外行之人，怎麼在這危急時刻挑起大梁呢？

最後，在陶謙的一再堅持之下，劉備答應接任徐州牧。

沒多久，陶謙便嚥了氣，享年六十三歲。

徐州的局面暫時穩定下來，但曹操的地盤兗州卻亂了。

曹操萬萬沒想到，帶頭叛亂的是他的好友張邈和心腹陳宮。

曹操首倡義兵討伐董卓時，張邈是為數不多支持曹操的人之一。關東諸侯會盟後，張邈因言語冒犯，惹惱袁紹。袁紹遂暗中命曹操除掉張邈，被曹操斷然拒絕，張邈事後得知，對曹操感激不已。

此後，兩人關係異常密切，一路相扶相持，互引為知音。初平四年（西元193年），曹操出征陶謙之時，在出發前對家人說：「此去凶多吉少，萬一我回不來了，你們都可逕自去投奔孟卓（張邈），相信他一定會收留照顧你們。」

曹操征戰歸來時，張邈早早在等待迎接，看著滿身征塵的曹操，衝

上去一把將他抱住，兩人都喜極而泣。

至於陳宮，可以說是曹操的心腹之人，當初曹操之所以能夠進入兗州，全靠他從中牽線。

但這樣兩個人為何要在曹操出征之際突然叛變呢？

一切源於呂布的出現。李傕、郭汜殺入長安後，呂布開始了到處漂泊的生涯。他先投袁術，後又改投袁紹。袁紹此人勇猛無比，作戰驍勇，罕有人堪與之抗衡，但是為人自視甚高，目空一切，加上不約束自己的部下，常常驕縱士卒，恣兵抄掠，所以很難受他人所接受。

在袁紹帳下效力時，呂布儘管屢立戰功，但由於恃功而驕，招來袁紹嫉恨，他暗中派人襲擊呂布，幸虧呂布勇猛，才逃了出來。途經陳留，太守張邈因呂布曾刺殺董卓，便派人迎接呂布，兩人相談甚歡。

就在此時，陳宮找上門來，對張邈說：「如今天下大亂，群雄並起，足下本是人中豪傑，怎麼甘心長期受制於人呢？如今兗州空虛，且有呂布這樣的驍將，何不與他共謀，趁此良機，占據兗州，做一番大事呢？」

陳宮為何突然對曹操後背插刀子呢？按照一般說法，曹操因為被別人譏諷了幾句，便大開殺戒，將桓邵、邊讓等名士殺害，還牽連到他們的家人。這讓本是名士的陳宮很氣憤，他無法容忍曹操這種濫殺無辜的做法，所以決定教訓一下曹操。當然，另外還有一種可能，就是曹操屠殺徐州百姓，激起了富有正義感的陳宮的憤怒。

而張邈自始至終都無法解除對袁紹的戒備，袁紹對呂布的追殺讓他更加堅信，袁紹遲早還是會對自己下手。而曹操的喜怒無常，肆意殺戮，更讓他感到無比懼怕，生恐哪天曹操禁不住袁紹的威逼利誘，對自己下手。

第七章　紛亂又起

與其這樣擔驚受怕過日子，還不如將命運掌握在自己手中。

於是，張邈咬咬牙，一跺腳，聽從陳宮的建議，決定發起叛亂，將兗州從曹操手中奪過來。

■ 反敗為勝

陳宮曾經用他的實際行動證明了自己敏銳的洞察力，他憑藉對時局的精確掌握，為曹操捕捉了稍縱即逝的時機，徹底改變了曹操的發展軌跡。然而再睿智聰慧的人，一旦被情緒控制，都會喪失理性判斷。

不得不說，出於義憤迎接呂布，是陳宮一生中最壞的一步棋。

呂布是個什麼樣的人陳宮不可能不知，但就是對這個反覆無常、毫無原則、有勇無謀的武夫，他還是毅然做出了輔佐他抗衡曹操的決定，不得不說，這是個巨大的悲哀。

呂布得知張邈和陳宮迎接他，並立他為兗州牧，自然是歡欣無比。

由於曹操率領主力部隊出征徐州，兗州內部防務非常空虛，所以絕大多數城池很快陷落，最後僅剩下鄄城、東阿、范縣在曹操自己人手中。

此時的曹操尚在徐州作戰，他面臨著從軍征戰以來前所未有的危機。一旦徐州作戰失利，而後方兗州丟失，進退失據，必將陷入萬劫不復之地。

好在曹操及時調整戰術，果斷放棄在徐州有利的戰機，撤兵返回兗州。

而鄄城等三城還能夠保住，完全是得益於荀彧應對得當。眼看兗州大部分地方已經易主，許多人軍心不穩，對於能否守住這三城，大家心

中都沒底。在這關鍵時刻，荀彧站出來堅定地說：「現在我們已無退路，這三城我們必須守住，不然曹公沒有了落腳點，我們大家都將無家可歸。」荀彧遂找來曹操另外一名重要謀士程昱商議對策。

程昱字仲德，兗州東郡東阿（今山東東阿）人，兗州刺史劉岱曾徵召程昱出來做官，但被他一口拒絕。劉岱死後，曹操入主兗州，辟召程昱，程昱滿口答應。

曹操初見程昱便一見如故，就天下大事展開一番談論後，覺得甚是投機，便委派他出任壽張令。

出征徐州之際，曹操委託荀彧與程昱二人留守後方，對他們的信任可見一斑。

荀彧對程昱說：「如今形勢對我們不利，我們必須確保鄄城、范縣、東阿不動不失，才能穩住軍心。據可靠消息，陳宮打算攻取東阿，並派氾嶷攻擊范縣。面對強敵來犯，兩城官民難免會人心浮動，萬一出現意志動搖，後果不堪設想。你素有民望，還望前往，對他們動之以情曉之以理，堅定信心，務必要守住陣地不得丟失。」

程昱在返回老家東阿的路上，聽到范縣縣令靳允的家人已經被呂布捉拿，擔心他由於顧忌家人安危，做出錯誤判斷，投降呂布，便先急忙趕到范縣，勸靳允認清呂布的真面目。他進一步分析稱：「目前由於陳宮的背叛，形勢嚴峻，但呂布不過匹夫之勇，肯定成不了大事；而曹公智略不世出，必定能夠平定叛亂。」

經過程昱的一番激勵，靳允堅定了信念，流著眼淚，承諾絕不讓城池在自己手中丟失。沒多久，氾嶷被靳允伏擊殺死，范縣暫時轉危為安。

穩住范縣後，程昱派人死守倉亭津，使得陳宮軍沒辦法渡河，然後

第七章　紛亂又起

馬不停蹄地趕往東阿，與東阿令棗祗率軍民據城堅守。在程昱的努力之下，總算為曹操守住了三座城池。

曹操從徐州趕回來後，見到程昱時，拉著他的手，感激萬分地說：「要不是你，我恐怕真的無家可歸了。」遂讓程昱出任東平相，屯於范縣。

曹操決定向呂布發起反擊，兩軍在濮陽形成對峙局面，僵持了百日，但誰也無法打破僵局，此時兩家皆糧草告盡，恰又趕上天災，蝗蟲四起，到處是饑民，無糧可徵。

在這場瞪眼比賽中，呂布成了第一個眨眼睛的人，他率軍撤離，轉移至山陽郡（郡治昌邑，在今山東鉅野）。

曹操知道呂布不好對付，不想窮追猛打，免得將這頭餓虎逼入絕境反咬自己一口，轉而收復其他丟失的城池。至興平二年（西元195年）春，便主動反攻定陶，打敗呂布。同年夏，攻打駐紮在鉅野的呂布部將薛蘭與李封。

此戰，曹操真實目的並非這兩個蝦兵蟹將，而是想圍城打援，消滅呂布。果不出曹操所料，呂布得知後，親自帶兵來救援，陷入曹操設下的埋伏圈，被大敗而歸，倉皇逃亡東緡（今山東金鄉東北），薛蘭與李封二人死於交戰之中。

氣急敗壞的呂布自然不甘心失敗，重新招集了陳宮的部屬，湊了差不多一萬人馬，然後重新殺了回來。

呂布本以為曹操對他已經伏擊了一次，絕不會使用重複戰法，但是他完全低估了曹操，他能想到的曹操也能想到。曹操偏偏反其道而行之，故技重施，再次設下伏兵，沒有防備的呂布被殺得丟盔卸甲，損兵折將無數。經此戰，呂布再無與曹操交戰的本錢，只好放棄兗州，逃往

徐州，投奔劉備。

呂布空有一身勇力，將一副好牌打爛了。呂布他不明白，決定戰爭勝負的，主要還是雙方統帥的謀略和智慧，單靠一人匹夫之勇，根本無法扭轉乾坤。

至此，由曹操的兩位前朋友和老部下迎接外人發動的兗州之亂，總算在有驚無險中落下帷幕。

而兩位當事人，陳宮追隨呂布而去，張邈本打算前往壽春投靠袁術，不料在途中死於部下之手。

張邈的弟弟張超沒有跟隨兄長出逃，而是選擇留下來堅守雍丘（河南杞縣），但在曹操大軍數月的輪流攻擊之下，最終還是陷落。

張邈的背叛對曹操打擊很大，這不僅僅是盟友和部下的背棄，而且是一位曾經親密好友的背叛，兩人當初是何等親密無間。「任何人都可以背叛我曹孟德，唯獨你張孟卓不該啊」！

痛苦、失落縈繞在曹操心頭，最後他下定決心：「既然你如此無情無義，也休怪我不仁不義，一個也休想得到寬恕！」

曹操下令，將張超與張邈族人全部處死。

第七章　紛亂又起

第八章　迎帝東歸

■ 天子為何物 ■

興平二年（西元195年），曹操打敗呂布、陳宮等人，重新收復兗州。當年十月，他正式被朝廷任命為兗州牧。雖然兗州早就落入曹操手中，但至少在法律層面，還要朝廷蓋章畫押，才算合法。

儘管長安那個朝廷早就不被各地諸侯放在眼中，但如果能得到正式認可，至少面子上過得去。因此，關東各地諸侯發生人事變動時，在形式上還要給天子上表請示，走走過場。

當然誰也沒把這個儀式當真，至於送出去的表章是否真的送到皇帝那裡，鬼才知道呢，就算皇帝看到了，又能如何？總不能否決駁回。

實際上，當曹操收到朝廷簽發的任命狀之時，皇帝已自身難保，剛剛才逃離魔爪。

董卓遇刺後，漢獻帝剛剛呼吸了幾口自由空氣，但很快又淪為李傕、郭汜的掌上玩物。李傕自任為車騎將軍、開府、領司隸校尉、假節、池陽侯，沒過幾日，又給自己升官，官拜司馬，居百官之首。封郭汜為後將軍、美陽侯；樊稠為右將軍、萬年侯；封張濟為鎮東將軍、平陽侯，屯駐弘農。

正所謂禍不單行，漢末的長安城注定是一座多災多難的城市，在先後經歷了數次兵火之後，又爆發天災。整個關中三輔地區久旱不雨，穀價飛漲，一斛穀飆升至50萬錢，比黃金還貴，就算如此，市面上還是根

第八章　迎帝東歸

本買不到糧食。

長安城裡到處是餓死的屍體，整個城市到處散發著腐屍氣味，不少地方甚至出現了人吃人的慘劇。長安籠罩在死亡的氣息之中，夜幕降臨之際，夜梟慘叫，猶如鬼城。

作為傀儡天子，漢獻帝無力左右自己的命運，更無法改變時局，但他還是想利用一下自己天子的身分，盡力挽救一下可憐的黎民百姓。

漢獻帝下令侍御史侯汶拿出太倉米豆，設立粥棚，救濟百姓。命令頒布有些時日了，但皇帝接到的回饋消息是，長安災情沒有得到絲毫緩解，百姓仍大批大批地餓死。

漢獻帝有些納悶，開始懷疑侯汶動了手腳，便讓人在現場熬粥。仔細一查，果然是侯汶不顧百姓死活，剋扣救濟糧中飽私囊。皇帝憤怒之下，下令杖責侯汶五十。此後，再也無人敢私扣救濟糧，長安百姓也總算從死亡邊緣上掙扎回來。

雖然李傕把控著朝廷，但對於天子親自過問救災這種合乎天理、順乎民情之事，也不好說什麼。

漢獻帝雖然藉此事發洩了心中的不滿，也展示了他的政治頭腦，但他能做的也只有這些了。軍國大事他根本插不了嘴，任由李傕、郭汜瞎折騰，這一對豺狼也根本沒把天子當回事。

很快，就連救災這件事也很難進行下去了。

李傕、郭汜、樊稠三人因為爭權奪利，發生內訌，各自占領長安一方。由於缺乏軍糧，他們將漢獻帝用來救濟百姓的糧食搶奪一空。

起初，三人之間雖然矛盾重重，但由於賈詡的調節，還能維持和平共處。但很快，三人勢均力敵的均衡局面被打破了，李傕派人刺殺了樊稠，兼併了樊稠的部下。

李傕和郭汜起先關係還不錯，樊稠遇刺之後，郭汜開始擔心自己會成為李傕下一個下手的目標，加上郭汜老婆在一旁煽風點火，二人的關係開始緊張起來。

李傕常請郭汜喝酒，估計那時候他還不想與郭汜徹底決裂，只是想修復兩人的關係。但郭汜擔心他對自己下毒，以至於在李傕府上喝完酒回到家後，趕緊喝糞汁，將喝下去的酒全部吐掉。

事情鬧到這一步，兩人再也沒辦法共處了，開始相互攻伐，數月下來，雙方都傷亡無數，不下萬人。

漢獻帝派人到雙方軍營調解勸和，二人不但聽不進去，反而開始打起皇帝的主意來，想把天子劫持到自己一方，扣為人質。

李傕搶在郭汜前面，將帝后、宮人及百官搶到手裡。

經過李傕、郭汜的混戰，長安徹底淪為廢墟。

興平二年六月，在鎮東將軍張濟的勸和下，李傕、郭汜同意停火，許諾交換兒子做人質。漢獻帝自被董卓挾持到長安以來，歷時數載，非常想念洛陽，乘此機會，提出想重返舊都。

起初，李傕並不同意，但經不起皇帝多次軟磨硬泡，終於鬆口同意。

七月，終於達成協議，李傕引兵出屯池陽，張濟、郭汜、楊定、楊奉、董承護駕，隨天子東歸。漢獻帝詔張濟為驃騎將軍，開府如三公，郭汜為車騎將軍，楊定為後將軍，楊奉為興義將軍，皆封列侯。

經過數年的顛沛流離之後，漢獻帝終於告別了長安這個夢魘之都和傷心地。

第八章　迎帝東歸

■ 漫漫東歸路

雖然踏上了東歸之路，但一路並不順利，可謂險象環生，一波三折。皇帝車駕一行走走停停，速度並不快，在路上大概走了三個月。到了十月，郭汜突然反悔，想裹挾皇帝沿路返回，去郿縣（今陝西眉縣）。

郭汜當初之所以同意護送天子東歸，主要是想徹底擺脫與李傕的糾纏，但走著走著，他就開始為自己倉促的決定懊悔了。

虎不離山，龍不離淵。這個道理郭汜懂，他覺得自己一旦到了洛陽，便遠離了自己的大後方，難保富貴不說，恐怕還有性命之憂，畢竟這些年來他和李傕做的那些事，他自己心裡清楚。

但郭汜很快遭到董承、楊奉、楊定的反對，他們執意東歸。郭汜不甘心，趁著夜色放火燒皇帝的住處，想脅迫皇帝跟自己走，不過被楊奉與楊定擊敗，眼看自己勢單力薄，形勢不利，郭汜灰溜溜地逃走了。

挫敗郭汜後，董承、楊奉、楊定等人護送獻帝繼續東行，當抵達華陰縣時，屯駐華陰的寧輯將軍段煨前來接駕。段煨態度真誠，禮數周到，這讓一路上擔驚受怕的漢獻帝內心稍安。就在這期間，發生了一段小插曲。段煨與楊定以前有過節，看到楊定在皇帝乘輿旁侍衛，便沒有下馬伏拜，而只在馬上拱手作揖。

在這非常之際，能夠保全性命才是頭等大事，此等繁縟禮節也就沒必要較真了。然而，與楊定交好的侍中种輯卻趁機煽動說：「看段煨的架勢，這是要造反哪！」

這話說出來，就連皇帝都不信。患難見真情，明白人都能看出來，如今的獻帝君臣一幫人不過是一群倉皇逃竄的流浪者罷了，天子僅有個虛名而已。在這節骨眼上，段煨如果真的想對他們不利，早就直接下手

了，何必費這番周章！

太尉楊彪竭力打消大家的疑慮，堅稱段煨絕不會謀反，建議天子放心入住段煨軍營。司徒趙溫、侍中劉艾、尚書梁紹都站出來願拿性命擔保，段煨不會有二心。

於是，董承、楊定脅迫弘農郡督郵出來作偽證，信誓旦旦地說：「段煨勾結李傕、郭汜，郭汜已率七百騎兵混入段煨營中。」看楊定等說得有鼻子有眼，皇帝也不由得半信半疑，最後選擇在外露宿。

事情鬧到這一步，楊定一夥決定公報私仇，鼓動种輯、左靈向皇帝請詔，想以皇帝的命令攻擊段煨。但漢獻帝並不糊塗，任种輯死纏硬磨到半夜，就是不同意。

楊定等人見假借皇帝之名討伐是行不通了，便逕自去攻打段煨，但十餘天過去了，戰事仍然沒有任何進展。在這期間，段煨不計前嫌，依然派人給獻帝君臣送來飲食。

皇帝最後實在按捺不住，下詔給楊定等，讓他們趕緊停下來，楊定知道自己根本不是對手，也只好就此作罷。

楊定等人攻打段煨的消息傳到李傕、郭汜耳中，這對昔日的死對頭暫時放下了恩怨，打著救援段煨旗號追攆而來。其實，真實目的是想重新把天子搶到手裡。

楊定見勢不妙，獨自騎馬連夜逃往荊州去了。一路走來，張濟看不慣楊奉、董承等人的做法，矛盾累積越來越深。聽說李、郭趕來，索性倒戈，重新投奔他們，兩家兵合一起，然後一起追趕過來，終於在弘農東澗一帶追了上來。

一場大戰之後，無數官員和將士都死在李傕、郭汜的屠刀之下，隨行的女眷和御用器物、典籍等輜重被丟棄。

第八章　迎帝東歸

情急之下，楊奉和董承決定採用緩兵之計，假意向李傕、郭汜講和，為己方爭取時間，然後暗中派人向河東郡白波軍將領李樂、韓暹、胡才以及南匈奴右賢王去卑求救。

楊奉本是白波軍出身，後改投涼州軍，故李樂、韓暹等人接到求救信後，便派數千騎兵來救援。有了援兵後楊奉奮起反擊，將李傕擊退，皇帝才得以擺脫糾纏，繼續向前。

本以為就此安全了，獻帝君臣放鬆了警惕，然而沒想到李傕陰魂不散，很快再次招集人馬殺了回來。

混亂中，光祿勳鄧淵、廷尉宣璠、少府田芬、大司農張義皆死於非命，司徒趙溫、太常王絳、衛尉周忠、司隸校尉管郃都成了俘虜，幸虧賈詡在一旁勸說，他們才逃過一劫。

此戰死傷無數，最危險之時，皇帝身邊扈從不過百人。李樂見狀，擔心皇帝安危，便建議說：「形勢十分危急，陛下應該上馬先行而去。」

在這危急關頭，獻帝表現出了過人的膽識，他果斷拒絕了李樂的提議，說：「我絕不丟下百官，只顧自己逃命！」最終留下來和大家生死與共。

李樂見皇帝不同意，便再次提出讓皇帝乘舟沿著黃河漂流而下，然後從孟津上岸，以便徹底甩掉追兵。

這個建議太大膽，誰都知道黃河水流湍急，萬一途中翻了船，那豈不是前功盡棄了？太尉楊彪堅決反對這個冒險計畫。

剩下來只有一條路可走，連夜趕緊渡河，將皇帝擺渡到大河對岸去。

當天夜裡，獻帝君臣丟棄營地，徒步向河邊轉移。由於路上逃跑的人太多，造成道路擁堵，董承命符節令孫微用刀在前面開道，殺出一條

血路,一路鮮血飛濺,以至於染到伏皇后的袍服上。

黃河河堤距離水面過高,眾人用絹摔成繩索,把皇帝放下去,官員中有人等不及直接往下跳。由於船隻容量有限,許多士卒都攀著船舷,搶著往上爬,董承、李樂為了防止船承載不起,命人阻攔,不少人的手指被砍斷,船艙中到處是斷指,總算將天子送上船。

李傕部下發現河面上火把閃爍,等追過來時,皇帝一行已坐船到了河中央。李傕氣急敗壞之下,將擁擠在河邊,還沒來得及渡河的官員、宮女及百姓抓起來剝掉衣服。當時已是冬季,不少人被活活凍死。

天明以後,獻帝君臣成功渡河登岸,入住到李樂在河東的軍營。此後,河內郡太守張楊、河東郡太守王邑等地方官員聽到天子東歸的消息,都陸續派人送來衣食,獻帝君臣的日子才稍微好過些了。

穩定下來後,獻帝派太僕韓融至弘農與李傕、郭汜言和,李、郭二人知道再也無法將皇帝搶回手中,便答應下來,順便賣了個順水人情,將扣押在手中的官員全部釋放。畢竟他們也缺糧食,可不想這些再沒有利用價值的人留在營中吃飯。

沒過多久,獻帝君臣又斷炊了,只好一邊外出採野果、挖野菜充飢,一邊東行。建安元年(西元196年)七月,君臣一行人等趕到洛陽時,已絲毫看不出昔日的華貴雍容,完全像一群面黃肌瘦、衣衫襤褸的叫化子。

未來怎麼辦

經過董卓之亂,洛陽城已經看不出帝京的模樣,到處殘磚敗瓦,荒草叢生,宗廟被毀,宮室傾廢。故中常侍趙忠的宅子還算有點模樣,便將皇帝安頓在這裡,至於百官,就只好隨便找地方棲身了。

第八章　迎帝東歸

現在大家首要考慮的是如何填飽肚子,至於其他的倒不重要了。每天天一亮,大小官員都集體出動,四下找吃的,時常飽一頓餓一頓。由於在從長安東歸路上,一路被追殺,長途跋涉,加上營養不良,許多人抵達洛陽不久便死在街頭。

這還不算最糟糕的情況,此時的洛陽完全處於無政府狀態,到處有兵匪、流民出沒,獻帝君臣的人身安全都難以保證。

接下來的路怎麼走?

這個問題,不僅擺在獻帝君臣面前,而且也擺在關東諸侯面前。

這些年來,獻帝君臣所受的屈辱夠多了,但是先有董卓作亂,後有李、郭造孽,天下各地的州牧、刺史、太守們大多抱著事不關己、高高掛起的態度。

起初,以袁紹為首的關東諸侯招集了聯軍擺出一副要捍衛正義、匡扶大漢社稷的姿態,但一切也僅僅停留在擺擺姿態罷了。董卓焚燒洛陽,挾天子西遷長安,荼毒天下,在這天崩地裂、乾坤倒轉的時刻,袁紹、袁術、公孫瓚、孫堅、劉表這些人都忙著相互廝殺,一心只想擴充自家勢力,根本沒人將遠在長安的朝廷當回事。

後來,又發生了王允、呂布刺殺董卓,李傕、郭汜攻陷長安,把持朝政,將天子視為掌上玩物等一系列事件。在這期間,西涼軍集團內部火拼,為了爭權奪利,原本駐紮涼州的韓遂、馬騰率軍來攻打長安,被李傕擊退,緊接著韓遂、馬騰二人反目,互相攻殺。總之,狗咬狗,一嘴毛。

天下紛擾,群雄並起,但至少在法理上,漢獻帝還是代表著大漢的正統,就算各地諸侯內心沒把他當回事,但在表面上,並沒有因他是董卓所立,就加以否認。

正因如此,儘管天下早就亂成一鍋粥,但關東諸侯們誰也不敢自立

為帝。相反地，面子上都承認長安朝廷還是代表大漢的中央政權，比如徐州牧陶謙早年時常派使者到長安，與李傕、郭汜操控的朝廷書信往來。

當然，大家都知道這是做做面子，是虛應故事罷了，沒人當真。曹操取得兗州之後沒多久，朝廷派了金尚來上任，到嘴的肥肉，曹操自然不甘心就這樣吐出來，可驅逐金尚之後，如何與長安朝廷相處，是擺在曹操面前的頭等大事。

治中從事毛玠知道在這種大是大非面前不能有絲毫含糊，不然就會淪為政敵的把柄，於是他站出來對曹操說：

今天下分崩，國主遷移，生民廢業，饑饉流亡，公家無經歲之儲，百姓無安國之志，難以持久。今袁紹、劉表雖士民眾強，皆無經遠之慮，未有樹基建本者也，夫兵義者勝，守位以財，宜奉天子以令不臣。修耕植，蓄軍資，如此則霸王之業可成也。

毛玠這番話說得很透澈，將曹操目前所處的策略格局做了深刻的剖析，起點很高，可謂為曹操制定了一幅策略規劃圖，指出當今天子雖然無權無勢，但是一筆重大的策略資源，背後蘊含著巨大的無形力量，尊奉天子，就等於為自己占領了道德制高點，這種事，宜早不宜遲。當然，毛玠有句話沒說出來，曹操現在自立為兗州牧，朝廷方面根本沒有力量懲罰，只有承認已經形成的事實。

曹操聽完毛玠的一席話，覺得非常有道理，便派從事王必為使者，前往長安。

但王必的旅途並不順利，因為，當時天下諸侯還將曹操視為袁紹同黨，故而王必途中被河內太守張楊攔阻，不讓他過境。

眼看王必就要無功而返，恰好袁紹部下董昭因得罪袁紹投奔到張楊

第八章　迎帝東歸

這裡。董昭對曹操有一定了解，覺得他是個英雄豪傑，雖然現在和袁紹結盟，但必定不會甘心久居人下。他對張揚說，雖然曹操現在還沒成氣候，但一旦天下有變，他注定會成就一番大事。何不趁此機會幫他與朝廷接上頭，曹操自然不會忘記這份情誼，這樣一來，自己豈不是也多了一個幫手？

張揚一聽，覺得有道理，便同意放行。王必臨行前，董昭還以曹操的名義給李傕、郭汜等人寫信，並送上厚禮。

李傕、郭汜本來對曹操保持懷疑，但後來見到禮物，見錢眼開，再加上黃門侍郎鍾繇在一旁勸說，便做了個順水人情。這樣一來，曹操的兗州牧算是得到朝廷認可，正式合法了，其他周邊諸侯再也無話可說了。

如今，皇帝返回洛陽的消息傳到曹操那裡，如何應對，手下人持截然不同的意見，有人贊成迎接天子，有些人反對。反對者理由很簡單：「楊奉、韓暹等人護送天子從長安返歸洛陽，一路上九死一生，功勞自然他們最大。我們現在再湊過去，不管怎麼做，都屬於馬後砲，屬於錦上添花，也沒辦法和他們比。何況楊奉、韓暹這些人本是白波軍出身，桀驁不馴，我們現在趕過去，如何對付他們？另外，我們剛剛取得兗州一席之地，袁紹、袁術無不虎視眈眈，在這節骨眼上，實在沒必要強出頭，目前的首要任務，還是安心發展壯大自己。」

面對反對意見，曹操又將如何應對呢？

■ 眼界不一樣

每當處於策略抉擇的時候，荀彧的意見都很重要，此時曹操就很想聽聽他的看法。荀彧提議現在必須趕緊迎接天子，要大張旗鼓地迎接，而且越快越好，不然讓別人搶先一步，再後悔就晚了。他說：

> 昔晉文公納周襄王，而諸侯服從。漢高祖為義帝發喪，而天下歸心。今天子蒙塵，將軍誠因此時首倡義兵，奉天子以從眾望，不世之略也。若不早圖，人將先我而為之矣。

實事求是地說，不能說持反對意見的人說的沒有道理，但他們僅僅停留在區域性和技術層面，而荀彧則是站在策略的高度看問題。

曹操是個聰明人，聽完荀彧一席話，馬上明白過來，決定立刻迎奉天子。其實，荀彧的擔心很有道理，同樣的問題，別人也看出來了。

此人正是袁紹的謀士沮授。聽說皇帝返回舊都，他對袁紹說了與荀彧差不多的話，提出「挾天子而令諸侯，畜士馬以討不庭」。

起初，袁紹也有些動心，淳于瓊等人卻說迎來天子，無疑是多了一個累贅，給自己增加包袱，還不如自己發展自在。袁紹本來意志就不夠堅定，聽後便動搖了，就這樣白白浪費了一個重大的策略機遇。此後，在政治上陷於被動，他為自己的這一決定懊悔終生。

透過這件事，曹操和袁紹兩人之間高下立判。曹操能夠集思廣益，勇於拍板決斷；但袁紹優柔寡斷，瞻前顧後。正是這種性格差異，決定了兩人的成敗。袁紹占盡優勢，但不懂得整合資源，逐漸衰落；而曹操卻由小變大，由弱變強，一步步走向成功。

兩人的結局，在如何應對天子這件事上就決定了。

建安元年（西元 196 年），曹操做了他一生中最重要的一次選擇，從此迎來人生的重大轉折，他的逆襲人生從此開始。

然而，此時的其他諸侯，誰也沒將此事當回事，等他們反應過來時，一切悔之晚矣！

建安元年正月，曹操派曹洪西去接駕，或許出於李傕、郭汜等人的前車之鑑，董承對地方上手握重兵的軍閥們有一種本能的牴觸，所以他

第八章　迎帝東歸

和袁術部將萇奴多方阻撓曹洪，使得曹洪根本沒辦法接到天子。

但沒過多久，曹操卻接到董承主動發來的祕密邀請，讓他趕赴洛陽接駕，這又是怎麼一回事呢？

一切都是由權力爭奪引起的。在獻帝東歸路上，擺脫了李傕、郭汜的追殺之後，沒有了外敵，但很快扈從隊伍中卻起了內訌，大家都認為自己的功勞最大，誰也說服不了誰。

矛盾累積越來越多，後來甚至兵刃相見，韓暹率領手下攻打董承，董承嚇得一度跑到河內太守張楊那裡躲避。

等抵達洛陽後，楊奉和張楊出屯護衛洛陽，董承升任衛將軍，和韓暹守衛皇宮。但兩人的矛盾沒有得到緩和，韓暹一如既往飛揚跋扈，根本不將董承放在眼裡。

為了對付韓暹，董承想起了曹操，讓他趕緊進京勤王。

雖說如今天下大亂，但外臣帶兵入京總難逃嫌疑，如今有了合理理由，曹操決定事不宜遲，親自帶兵，星夜兼程，趕赴洛陽。當年八月，他進入洛陽，驅逐了韓暹，將洛陽局面控制在手中。

於是，曹操需要面對的就剩下楊奉。

楊奉的軍事力量是京城地區中最強的，曹操之所以先拿韓暹下手，就是由於柿子挑軟的捏。對於楊奉，先盡量穩住。

其實，曹操尚未入洛陽之前，就已經與楊奉暗中來往，其中董昭發揮了關鍵作用。他先自作主張，以曹操的名義給楊奉寫了一封信，信中對楊奉大加恭維，稱他是護送天子東歸的第一功臣。一通馬屁拍得楊奉渾身舒暢，同意與曹操聯手。

曹操給楊奉送去大量禮物，楊奉見錢眼開，便率領諸將聯名上表，推薦曹操為鎮東將軍，襲爵費亭侯。

楊奉自然也有自己的小算盤，他知道各地諸侯中，就曹操離洛陽比較近，而且要人有人，要糧有糧。亂世年間，想要生存下去，不就是靠這兩樣嗎？有了曹操這樣的外援，在與其他人的較量中，自己無疑占了上風。

被驅逐出洛陽的韓暹，走投無路，單槍匹馬去投奔楊奉。

接下來，曹操誅殺了不配合的尚書馮碩、侍中臺崇等，同時奏封董承為輔國將軍、皇后父親伏完等人為列侯，一打一拉之間，既展示了嫻熟的政治手腕，也在朝野樹立了威望。

■ 董昭的主意

曹操總算在洛陽站穩了腳跟，但是局勢對他並不利。他知道，楊奉、韓暹、張楊這些人根本沒有什麼原則，一旦他們聯起手來，自己將陷入被動，而此時又遠離兗州大本營，必然會進退失據。接下來該怎麼辦呢？他特意招來董昭，想聽聽他的意見。

董昭沒有絲毫遮掩，直奔主題：「如今的洛陽城裡，各種勢力錯綜複雜，將軍想要擺脫掣肘，有所作為，想達成齊桓晉文的功業，唯有一條路可走，那就是請天子移駕到許縣。」

曹操聽完後，半天沒說話，沉默了許久。

董昭當然知道曹操在顧慮什麼，皇帝被董卓脅迫遠遷長安，後來又經歷李傕、郭汜之亂，歷經千難萬險好不容易才回到舊都洛陽。這才沒過幾天，又被逼著遷都許縣，感情上肯定一時難以接受，如果強行逼著皇帝上路，難免使人們聯想起董卓來，天下人又會如何看曹操呢？

在這關鍵時刻，機會稍縱即逝，決不能有絲毫猶豫，董昭知道現在對皇帝說什麼大道理都沒用，必須掌握住核心要點，於是道：「天子在外

第八章　迎帝東歸

顛沛流離時久，現在貿然提出遷都，固然有些不妥，但非常之時需行非常之事，只能權變了。將軍只要提出洛陽缺乏糧食，想要擺脫困境，只能遷往許縣，這一條就夠了。」

果然不出董昭所料，所有的理由在吃飯面前都不是理由了，獻帝君臣實在過怕了飢寒交迫的生活，餓肚子的滋味實在不好受，便同意遷都許縣。

緊接著，就是如何說服楊奉不橫加阻攔，同意放行。事實說明，曹操完全多慮了。當曹操派人給楊奉送去厚禮，並解釋只是暫時奉皇帝遷往許縣，完全是出於解決皇帝生活的需求，並沒有其他用意時，楊奉二話不說，就同意了。

楊奉本一介武夫，根本不會想那麼多，一時間也不覺得曹操這樣做有什麼不妥，便收下禮物，豪爽地一擺手，同意了。

等過了許久，楊奉思索出有點不對勁，急忙派人去攔截時，為時已晚，皇帝早已抵達曹操的地盤。

皇帝入駐許縣，許縣的規格自然要提升，才能與皇帝的身分相匹配，於是，改許縣稱許都。

獻帝從回到洛陽到遷往許都，前後不過五十餘日，就落到曹操手中。楊奉等人一路被李傕、郭汜追殺，歷經千難萬險才回到洛陽，誰料到最終給曹操做了嫁衣，自然憤憤然不甘心。對於這一點，曹操心中也是一清二楚。

楊奉、韓暹為了發洩心中的不滿，曾在潁川郡定陵縣一帶大肆劫掠，這無疑給曹操送來了最佳的藉口。建安元年十月，曹操出征楊奉、韓暹，攻占了二人在梁縣的軍營。

楊奉、韓暹走投無路之下，只好投奔袁術去了。

與此同時，曹操被任命為大將軍，封武平侯。獻帝作為一無所有的

空頭天子，此刻除了授予這些爵位和頭銜，他還能做些什麼呢？

曹操知道，如今一切剛剛起步，絕不能授人口實，讓世人覺得是自己脅迫皇帝加官授爵，而要讓世人覺得一切都是自己有功，理所應當。

於是，當他接到皇帝的冊封詔令，立刻上書辭讓，表示自己所做的一切都是盡做臣下的本分，從沒有邀功的念頭。

獻帝也不傻，當然知道這份表面上飽含謙卑謙讓的臺詞背後的潛臺詞，於是擺出一副堅決不同意的態度，接著再次下詔書。

如此一來二往，曹操先後上了三道辭謝書。這些辭謝奏書，表面上看是謙遜退讓，但在字裡行間，又將自己祖先和自己的功勞事蹟濃墨重彩地訴述一遍。這哪裡是辭謝書，分明就是功勞宣言，就是想告訴天下人，自己所得的一切都是理所應當的。

從此以後，曹操每當升官加爵，都要反覆上書辭謝，目的就是讓天下人心服口服。而這種君臣之間心照不宣的戲碼，先後表演了好多次，當然作為當事人的另一方，獻帝除了全力配合外，也絲毫沒有辦法。

獻帝知道，雖然從李傕、郭汜的虎穴擺脫了，但現在又被關進了曹操的牢籠，儘管這個牢籠做得很精緻漂亮，但自己終究不過是曹操籠中的金絲雀罷了。

而這隻金絲雀，曹操並非用來豢養玩賞，而是他對付政敵的一張王牌，號召四方的旗幟。

世上沒有後悔藥

曹操將皇帝接到許都的消息傳來，袁紹開始覺得曹操賺大了，追悔莫及，意識到此後自己在政治上將陷入被動局面。但世上沒有後悔藥，

第八章　迎帝東歸

現在說什麼都晚了。

很快，袁紹收到從許都朝廷發來的詔書，詔書措辭相當嚴厲，將袁紹狠狠地斥責了一通，譴責他地廣將多，卻坐視天子蒙塵，無動於衷。

袁紹氣得直哆嗦，他當然知道這不是出自皇帝手筆，而是曹操的意思，但又能如何？他彷彿已經覺察到了曹操從許都投射過來的嘲弄目光。

袁紹一時間陷入了兩難境地，因為他至少在名義上還是大漢的臣子，現在就公然宣布與朝廷斷絕往來，否認獻帝的皇位合法性，他還沒有做好準備。況且，此前他還是討伐董卓的關東聯軍的盟主，現在拒絕皇帝詔書，這不是在天下人面前抽自己嘴巴嗎？

左右權衡後，袁紹只能打掉牙往肚裡咽，接受詔書後，給許都方面寫了一封檢討書，向皇帝做了深刻檢討。

就在向鄴城派出使者後，曹操也在密切觀察袁紹的一舉一動。其實，詔書送出去以後，他心中也沒底，萬一袁紹拒絕接詔怎麼辦？

袁紹的野心和勢力，曹操一清二楚，他和袁紹遲早會決裂，但是目前還不是公開攤牌的時候。

因此，當袁紹的檢討書傳到許都時，曹操深深鬆了一口氣，他知道袁紹也沒做好攤牌的準備，既然如此，事情就好辦多了。

沒多久，袁紹再次接到許都發來的詔書，他滿懷忐忑地打開詔書，生怕曹操又使出什麼鬼點子，比如要求他到許都朝見天子，那樣他去還是不去？好在這一次，他擔心的事沒出現，朝廷冊封他為太尉、封鄴侯，而曹操本人出任大將軍。

雖然此時這些官銜最多只是象徵意義，沒有多大實際意義，就算曹操出任大將軍，也無法指揮得動袁紹的一兵一卒。但袁紹仍然非常氣

憤，恥於曹操之下，心想他曹操是個什麼玩意兒，不過是閹宦餘孽罷了，而我袁某人可是堂堂四世三公之後，出身名門望族，憑什麼他能爬到我頭上去？如今仗著挾持了天子，想對我發號施令，門兒都沒有！

袁紹一怒之下，拒絕任命狀。

曹操得知後，哈哈一笑，這個袁本初還是老樣子，理不清孰輕孰重。如果你最初就拒絕詔書，或許我還對你忌憚幾分，沒想到你的目光竟然如此短淺，不就是個虛名嘛，給你就是！

於是，曹操將大將軍職務讓給袁紹，自己出任司空，行車騎將軍事。

做大事，務實不圖虛名，就這一點，袁紹顯然不如曹操。

第八章　迎帝東歸

第九章　總攬朝綱

▋掺沙子，挖牆腳

　　曹操知道，目前首要做的是，設法將朝局牢牢掌握在手中，然後才能安心圖謀天下。

　　其實做這件事，手段無非是將自己的親信安插到重要職位上，然後排擠異己，讓凡是與自己不同心的人通通滾蛋。

　　荀彧被任命為侍中，授尚書令。荀彧在過去的時光中充分證明了他的才華，唯有將荀彧放在如此重要的位置上，曹操才能安心。在此後長達二十年的漫長歲月中，他跟荀彧，君臣相得，相扶相持，曹操每有拿不定主意的事，總是招來荀彧商量解決，對荀彧的倚重可見一斑。

　　曹操沒有忘記，他之所以能有今天，有一個人發揮了至關重要的作用。沒有他，自己估計現在連落腳地都沒有了，他便是程昱。

　　程昱在曹操出征徐州，後方空虛，兗州全境眼看就要全部落入呂布、陳宮之手時，靠著自己過人的膽識，為曹操守住了最後三城，曹操才得以鹹魚翻生，轉敗為勝。

　　兗州是曹操目前唯一完全掌握在手中的根據地，也是曹操爭奪天下的起始點，如此重要的地方，交到尋常人手中，曹操肯定不放心，於是，他讓程昱領尚書，拜東中郎將，領濟陰太守，都督兗州事。

　　為曹操籌劃奉迎天子之事的第一人——毛玠被任命為東曹掾，秩六百石。這個官職看似品秩不高，但手中權力不小，執掌著人事大權。

第九章　總攬朝綱

毛玠有一雙火眼金睛，善於識人，為曹操提拔了不少人才。東漢以來，選拔人才有個陋習，就是首先考慮候選人的家世與名望，至於個人才能反而不受重視。因此導致官場上充塞虛誇清談之輩，他們占據高位不做事，倒是那些想做事、能做事的胸懷真才實學之人，沒有晉升之路。

毛玠知道，如今天下大亂，需要的不是那些整天唱高調，說些完全正確的廢話的酒囊飯袋，而是能理政安民的人才，因此，他為朝廷推薦了不少幹才。

毛玠嚴把人才引進，凡是不合格之人，就算是天王老子，一律不給面子。後來有一次，曹丕想將自己的一名親信安插到重要職位上，當時曹丕已經為五官中郎將，作為曹操接班人的勢態，大家都看得出來，毛玠智商不低，自然也知道。

但毛玠硬是讓曹丕碰了釘子，一口回絕了曹丕，因為他知道，曹丕推薦的那個人根本不能勝任。曹丕知道毛玠是個極講原則之人，也只好作罷。

曹操得知後，大為讚嘆道：「有毛玠這樣的人為我做事，我還有什麼辦不成的呢！」

許都如今作為臨時首都，天子和百官所在地，各種勢力錯綜複雜，這裡既有朝堂上各種勢力的明爭暗鬥，也有各地諸侯安插的耳目，保障許都的安寧是頭等大事，許縣縣令的重要性不言而喻。在這特殊時機，想要鎮得住許都，必須是一個狠角色。

曹操任命滿寵為許縣縣令。滿寵字伯寧，山陽昌邑人，早年便以執法嚴厲出名。滿寵曾擔任高平縣令，縣中督郵張苞涉嫌貪汙受賄不算，而且到處亂伸手，干涉擾亂吏政。滿寵下令將他抓起來，在審問過程中，由於行刑沒掌握好輕重，張苞死在獄中。鬧出了人命，滿寵知道再也待不下去了，索性棄官不幹了。後來，被曹操徵辟為從事。

曹操知道，如今是時候讓滿寵這把利刃出鞘了，遂任命滿寵為許縣縣令。

滿寵剛上任沒多久，就有人撞到槍口上了，而且來頭不小，是曹洪的親與賓客。曹洪自恃是曹操族人，而且跟隨曹操一起出生入死，功勞很大，為人驕橫，不大把朝廷那些官員放在眼裡。

曹洪的這種做派自然助長了他身邊那些人的氣焰，他的親戚與賓客仗著有曹洪這個靠山，到處為非作歹，違法亂紀的事沒少幹，根本視法律如無物，朝廷的大小官員知道他們是曹洪的人，誰敢管？

許都的人誰不知道曹洪和曹操是什麼關係，當今天子都要看曹家人的臉色，抓這些人，無疑是引火燒身。

滿寵即將面對他上任以來的嚴峻挑戰，如何應對，考驗著滿寵的膽魄和能力。滿寵知道，現在不僅許都上下都在盯著他看，曹操也在注視著他，看他下一步怎麼辦。

■ 拔釘子，補椿子

出乎所有人意料，滿寵以雷霆萬鈞之力，以迅雷不及掩耳之勢，將曹洪那些親戚與賓客抓了起來。

曹洪得知後，雖然有些惱火，但轉眼一想，滿寵這是新官上任三把火，做姿態罷了，料想他也絕不會真拿自己的人怎麼樣，便派人到許縣縣衙要人。

滿心以為只要亮出自己的名頭，滿寵肯定忙不迭地放人，但是曹洪萬萬沒想到這次踢到鐵板。滿寵根本不給面子，絲毫不鬆口，一副公事公辦的架勢。

這樣一來，曹洪就有點騎虎難下了。沒想到一個小小的許縣縣令，

第九章　總攬朝綱

竟然不給面子，這要是傳出去，自己這張老臉還往哪裡擱，往後還怎麼在朝堂上行走？

但滿寵不放人，自己總不能帶人到衙門去搶人吧。最後，曹洪只好厚著臉皮去找曹操，希望他出面說說話。他就算不給自己面子，曹操的人情總不能駁回吧。

曹操得知後，雖然覺得曹洪這事做得有點過火，但畢竟是自家兄弟，總不能撒手不管，便答應給滿寵捎個話，讓他盡快放人。

既然曹操答應插手，曹洪也就放下心來，便派人去許縣衙門領人。可是左等右等，還不見人回來，曹洪隱隱覺得有點不大對勁，果然沒多久，他接到消息，自己那幫人已經被滿寵砍了。

原來，滿寵早就料到曹洪會到曹操那裡搬救兵，所以趕在曹操的命令到達之前，先下手為強，搶先一步將這些人正法了。

滿寵跟隨曹操這些年，他對曹操太了解了，曹操一貫看重依法辦事，如果自己扛不住壓力順從了，反而會讓他感到失望。

果不其然，曹操得知滿寵處死了這些人後，雖然心裡也有點不痛快，但表面上對他大加讚賞，表揚他執法嚴明，勇於碰硬。

曹操之所以對滿寵專斷自主沒有追究，除了他一貫看重法制之外，也是由於當時的許都局勢。

雖說許都屬於曹操的地盤，但其成為首都以來，各種勢力盤根錯節，明爭暗鬥，明面上主要有漢獻帝周圍的勛臣親貴和以曹操為首的兗州集團，暗地裡還有以袁紹為首的關東諸侯安插的眼線。

許都表面看上去風平浪靜，實際上已暗潮洶湧了，處在整個帝國的風暴眼上。此刻，曹操急需快刀斬亂麻，斬斷這些人的觸角，不讓他們有露頭的機會。目前，對曹操來說，穩定是壓倒一切的首要任務。為了

實現這個目標，所有人都必須讓道，曹洪也不能例外。

滿寵掀起的這次掃黑除惡行動，為許都保持了穩定的社會局面，而朝堂上的鬥爭才剛剛開始。

曹操將皇帝迎接到許都以後，雖然在朝堂上有了很大的話語權，但遠遠沒到左右朝廷格局的地步。相反地，原來的勳臣們還有一定勢力，這些人大多數都是世家大族出身，數代為官，個人家族命運早就和漢室密不可分地綁到一起，榮辱與共，其中最有代表性的便是楊彪。

楊彪出身大族弘農楊氏，祖上數代為官，曾祖父楊震、祖父楊秉、父親楊賜都官居太尉，與袁紹的家族汝南袁氏不相上下，皆為當時名滿天下的名門望族。

董卓作亂以來，楊彪不願與董卓合作，遭到董卓罷黜。等到獻帝被迫西遷長安以後，楊彪忠心護主，一路追隨到長安，在長安先後經歷董卓被殺，李傕、郭汜禍亂朝綱等事，一直從中周旋，維護天子安全，後來又跟隨皇帝歷經九死一生，從長安返回洛陽。他是為數不多先後將三公太尉、司徒、司空全部擔任過的老臣。

楊彪出身顯赫、德高望重、位高權重，他在朝廷上可以說是個風向標的人物，就連曹操也頗為忌憚。

有一次，百官宴會，曹操或許對天子有些輕慢，或許言辭中流露出幾許自負，總之，不知何故，他發現楊彪對他流露出鄙夷的神情。

那一刻，曹操猛地意識到自己身處險境中，他縱然有千軍萬馬，但在朝堂上只是一個人，只要楊彪一聲令下，他就會身首異處，董卓不就是這樣喪命的嗎？

曹操驚嚇之下，不由得出了一身冷汗，便藉口身體不適去上廁所，然後匆匆退了出來。

第九章　總攬朝綱

■ 搬掉絆腳石

經過朝堂的虛驚一場後，曹操覺得有楊彪這樣的人站在朝堂上，就是對自己的威脅，這樣的絆腳石必須要除掉。

不過，像楊彪這樣朝野矚目之人，想要扳倒他必須有絕對充足的理由，否則，很難向天下人交代。

就在曹操考慮以什麼藉口扳倒楊彪時，一個絕佳的機會送上門了。建安二年（西元197年），早就蠢蠢欲動的袁術，按捺不住野心衝動，冒天下之大不韙，公然稱帝了。

楊彪與袁家是姻親，曹操便對外宣稱，楊彪是袁術安插在朝廷的內應，他暗中與袁術勾結，圖謀顛覆朝廷，對天子不利。面對曹操的誣陷，楊彪渾身是嘴都說不清，在當前的特殊時期，寧可信其有，不可信其無，很快，楊彪被下獄。

得知楊彪下獄，一時間許都輿論譁然，朝堂人心惶惶，害怕一不小心自己也受到牽連。正當眾人對曹操避之唯恐不及之際，唯有孔融得知此事後，急匆匆找上門來。當時他身上還穿著朝服，可見一下朝，連家都沒來得及回就趕了過來。

一見到曹操，孔融沒有繞彎子，就直奔主題：「楊公四代盡忠為國，天下人皆知，素來為世人仰慕，就算是袁術有罪，怎麼也牽連不到他頭上吧！」

曹操知道講道理自己說不過孔融，何況楊彪這事的理由確實太牽強，便把責任推到皇帝身上，裝作一副奉命辦公的樣子：「這是天子的意思，我也是奉詔辦事，沒法子呀！」

孔融一聽，心中不由得一陣冷笑，這話說出去恐怕你曹孟德自己都

不信,誰不知道皇帝都操控在你手裡,當今天子啥時候自己可以做主了?於是便說:「假如周成王要殺死召公,周公能說不知道嗎?」

意思很明白,誰不知道楊彪身陷囹圄是你曹操下的黑手,少在那裡打馬虎眼。

當然,曹操肯定不願意憑孔融三言兩語就把楊彪放了,他擺出公事公辦的態度說:「楊公有罪沒罪,總得調查清楚吧?」便讓許都令滿寵來審問此案。

孔融知道,楊彪一旦被送到滿寵手中,恐怕不死也要脫層皮,便去找滿寵,希望他審訊即可,切不可動刑。與此同時,尚書令荀彧也給滿寵捎來同樣的話。

滿寵雖然是曹操的人,但他不是那種只懂迎合上意不問是非的酷吏,他也知道曹操此次關心的並非楊彪是否真的有罪,而是要給楊彪一個下馬威,讓他知難而退。

正因如此,楊彪必須要吃點苦頭,才能平息曹操心頭的憤怒。滿寵當然不能明說這些,仍是對楊彪嚴刑拷打,而楊彪咬緊牙關,堅決不承認參與袁術謀逆之事。

事後,滿寵直接去找曹操說:「該使的招我都試了,但楊彪就是不承認,像他這樣名滿天下的人,在沒有確鑿證據的前提下貿然治罪,傳出去恐怕會招來天下人的非議,也有損明公您的聲譽啊!」

曹操想想也是,他本來也就沒打算要楊彪的命,就是讓他懂得識時務而已,便下令將楊彪放了。而此時,孔融和荀彧才明白了滿寵的良苦用心,不由得對他心生敬意。

經過這次死裡逃生,楊彪憶昔撫今,感慨萬千。他算是看出來了,曹操掌控朝政已是勢不可當,單靠他一己之力,想要扭轉大漢王朝的頹

第九章　總攬朝綱

勢，無疑是痴人說夢，便有些心灰意懶，萌生退意。自此，自稱得了腿病，無法走路，辭官告退，才逃過了一劫。

四年後，楊彪再度出山，被委任為太常卿這樣一個閒職，只不過是負責宗廟禮儀等務虛工作罷了，再也無法對朝堂決策發揮實質性的影響力，更談不上對曹操構成威脅了。

楊彪被罷官不久，三公之一的司空張喜也遭到罷免。至於什麼緣由，由於史書缺乏記載，後世不得而知，但肯定經歷了一番驚心動魄的權力博弈和鬥爭。

楊彪、張喜這樣位居三公，在朝野具有巨大影響力的政治人物，尤其是楊彪由於長期與天子共患難，表現出了忠貞不貳的特質，為他贏得了耀眼的道德光環。其實對於這樣的人物，曹操能做的就是讓他破功，一旦楊彪的道德光環黯淡了，至於是否從肉體上消滅他，反而顯得無關緊要了。

曹操是個聰明人，懂得物極必反的道理，如果現在就對這些人趕盡殺絕，反而會引來不必要的麻煩。

無論是打壓楊彪，還是罷黜張喜，都不過是技術手段，曹操的最終目的只有一個，剪除天子身邊可以依賴的勢力，將他徹底掌握在自己手中。

收網行動

曹操的一系列動作，被獻帝及其追隨大臣看在眼裡，親身歷經了董卓、李傕、郭汜等人作亂的事件，他們出於本能，馬上意識到接下來會發生什麼，當然不會坐以待斃。

新的權力博弈又開始了。

自獻帝遷到許都以來，曹操逐漸為皇帝量身打造了一套無形的大網，而且慢慢地將這張網不斷縮小。皇帝的侍衛都被換成曹操的親信，以此加強對皇帝的監控。

這讓剛剛享受了短暫自由空氣的少年天子感到無法適應，更讓忠於皇帝的臣屬們無法容忍。議郎趙彥私下接觸皇帝，給他出謀劃策，很快就被曹操察覺。

如果說對楊彪這樣樹大根深的人物，曹操多少還有些顧忌。但對趙彥這樣的小角色上竄下跳的行為，他就無法容忍了。

從此，曹操與漢室大臣的權力鬥爭，徹底撕掉了遮羞布，變得血淋淋和赤裸裸，血幕就這樣拉開了。

獻帝當時可以依賴的除了楊彪這樣忠於漢室的老臣外，就是外戚了，其中具有代表性的人物就是董承。

第九章　總攬朝綱

第十章　南征張繡

■ 張繡的抉擇

曹操迎奉漢獻帝至許都以後，天下形勢大變，諸侯並立之勢已經形成。雖然，此時表面上看，曹操掌控了中央政權，可以以朝廷名義號令四方，但其實說白了，他能夠掌握在手中的地盤只有兗州、豫州而已；其他的地區，都是掌控在那些州牧、刺史等大小軍閥諸侯手中，自董卓之亂後，朝廷就根本無法號令他們。

不妨先看看當時的全國局勢，袁紹占據著冀、並、青三州，公孫瓚占據幽州，張楊占據了河內，呂布控制徐州，袁術控制淮南，劉表霸占荊州，孫策掌控江東，此外，涼州已淪入韓遂、馬騰之手，劉璋將益州收入囊中。

總之，此時曹操的處境很微妙，理論上，他據天下之中，可以高舉天子正統大旗，占據了道義的高地，名義上可以號令四方。然而，所有的這些都僅僅停留在理論上而已。

實際上，這些割據四方的土皇帝們誰都沒有將許都朝廷當回事，真的想要號令四方，還是要憑實力，要有錢有兵。

但是目前，曹操論實力根本沒辦法和這些人相比。

袁紹據有三州之地，人口眾多，土地遼闊，手下謀臣猛將如雲，毫無意外，在眾多諸侯中，綜合實力第一。更何況，他祖上四世三公，門生故吏遍布天下，短期內想扳倒他，無異於白日做夢。

第十章　南征張繡

劉表擁有荊州富庶之地，手下多才俊，更何況他是漢室宗親，一時半會兒也沒理由下手。

就連涼州韓遂、馬騰這樣的邊緣地帶，也不是善茬。別看涼州土地貧瘠，但涼州民風彪悍，西涼軍的戰鬥力更是不可小覷。

實際上，曹操處境很危險，四周列強環伺，雖然暫時維持著平衡，但凡稍微有點火星，曹操就是坐在乾柴火堆上的那個人。

現在唯有尋找突破口，打破包圍圈。

想要尋求突破，肯定要找個最薄弱的環節下手，曹操將四周這些諸侯們挨個掂量了一番，覺得應該先拿占據宛城（今河南南陽）的張繡開刀。

之所以拿張繡開刀，一是宛城距離許都不遠，張繡屯兵於此，使得曹操猶如芒刺在背，對他構成了現實的威脅，如果不拔掉，一旦打算對外擴張，就難免擔心後院起火；二是諸侯中，張繡的實力最弱，從來柿子專揀軟的捏，曹操也不例外。

然而，張繡其實並不是軟柿子，而且不好惹。

張繡，武威祖厲（今甘肅靖遠）人，驃騎將軍張濟的姪子。初平三年（西元192年），王允、呂布殺董卓。董卓部將張濟與李傕、郭汜等人攻長安，為董卓報仇。

當時，復仇隊伍中就有張繡，事後，張繡以軍功升至建忠將軍，封宣威侯。

沒過多久，李傕、郭汜倒臺，他們帶領的西涼軍也四處星散。張濟帶領部下像幽靈般四處流竄，過著有一頓沒下頓的日子。當時關中一帶早被數年拉鋸戰搞得生靈塗炭，幾近焦土，根本找不到落腳點。後來，張濟想到荊州富庶，便從關中引兵南下，進攻荊州。

張濟本來以為，劉表就是一介文士，根本不可能是戰鬥力強悍的西涼兵的對手。不承想，就在進攻穰城時意外中箭，死於亂軍之中。

張濟死後，張繡便被西涼軍擁立為主。

西涼軍經此變故，處於空前危機之中，張繡也是面臨著生死抉擇。如今軍隊已是元氣大傷，士氣低落，接下來的路該怎麼走，是打起為叔父報仇的旗號，繼續跟劉表硬碰硬，還是放棄南下之路，另謀出路？

張繡一時很難下決斷。

就在此時，有一個人站了出來，他給張繡出了個主意。

他說，我們不能再跟劉表打下去了，因為就憑咱這點力量，根本耗不起，時間一長，荊州咱沒占領，自己就玩完了；也不能再走流寇主義路線，因為一支軍隊一旦沒有了穩定的基地，那麼同樣是死路一條。

「難道說，還有第三條路可走？」張繡有點茫然。

「有！」他語氣堅定地回答道。

「是什麼？」張繡此時沒辦法淡定了。

「投降劉表！」

這個主張，實在超乎常人想像。

但後來的事情發展，證明了這個主張是正確的。

劉表不但接受了張繡的投降，還將他安排在策略重地宛城駐守，替劉表防守北方策略屏障。

在這個關鍵時刻為張繡出謀劃策的人名叫賈詡，其實，賈詡並不是第一次提這種看似違背常理的建議，作為三國時期頂尖的謀略大師，他很早便嶄露頭角，但為人低調，所以世人對他的印象並不深刻。

第十章　南征張繡

■ 賈詡：刀尖上的舞者 ■

　　賈詡初次亮相歷史舞臺，便是李傕、郭汜作亂時期。他三言兩語便使得本來早就喪失鬥志，一心打包回老家的李、郭二人心中重新燃起了希望的火光，殺回長安。

　　縱觀賈詡一生，他總能洞察時局，起死回生，但不得不說，他給李傕、郭汜二人出的餿主意，是他人生中最大的敗筆。李、郭二人是披著人皮的禽獸，他們禍害京城，使得長安淪為丘墟，害很多人家破人亡、妻離子散。

　　李、郭二人覺得之所以能夠絕地反擊，鹹魚翻生，都是賈詡的功勞，便打算重重酬謝賈詡。他們起先決定給賈詡封侯，賈詡卻說：「不過是出了保住性命的主意而已，根本沒有功勞封侯啊。」

　　李、郭二人想想也是，便退一步說：「要不你來出任尚書僕射吧。」賈詡說：「我這個人又沒啥好名聲，哪有資格擔任如此高位。」

　　做了好事，又不要好處，李、郭二人搞不懂賈詡這樣做的動機是什麼，他料事如神卻又不求回報，實在有點讓人匪夷所思，所以他們對賈詡可謂敬重有加，還有點畏懼。

　　賈詡也趁著這兩匹豺狼對自己敬重三分，多少給點面子之際，做了一些好事。

　　其實，估計賈詡已經為自己當初多嘴有些悔意，他也看得出李傕、郭汜這些豺狼是成不了氣候的。為了避免被他們拉下水，讓自己成為殉葬品，他主動與他們保持距離，採取不合作的態度，哪怕是許諾高官厚祿，也不為所動。果不其然，李傕、郭汜等人最終沒有一個有好下場。

　　興平二年（西元 195 年），漢獻帝東歸洛陽，行至華陰，受到一名叫

做段煨的將領接待，他給狼狽不堪的獻帝一行提供衣食補給，由於他是出自董卓部下，所以被護送皇帝的楊定認為有不可告人的目的，雙方交戰數日，最後在皇帝勸解下，雙方才罷兵。

算起來，段煨與賈詡是老鄉，所以賈詡決定去投靠他。

段煨對賈詡非常客氣，生活上照料得無微不至，但是敏銳的賈詡總覺得不對勁兒，日子一久，他發現段煨對他頗為忌憚，處處防範，唯恐賈詡奪他的位置，搶他的兵權。

賈詡覺得不能再待下去了，便離開了段煨，前往投靠張繡。不過，他離開的時候是獨自一人，將家小全部留在了段煨營中。

許多人都不理解賈詡的做法，有的人甚至當著他的面說：「段將軍待你不薄啊，你為何棄他而去呢？再說了，既然要走，為何還要將家眷留下來？」

言下之意，賈詡做人不太厚道。

賈詡聽後笑了笑：「你們哪裡知道段將軍為人，他這個人表面上看一團和氣，待人客客氣氣，其實骨子裡是個疑心頗重之人。他知道我有些名氣，而且論韜略也勝他一籌，故整天提防著我。我現在離他而去，他肯定如釋重負，敲鑼打鼓、歡天喜地呢。我一個人離開，投靠張繡，他還期望，萬一哪一天遇到困難，我能給他做外援，所以他絕對不會為難我的家人。」

後來的事情發展果然如賈詡所料，他離開後，段煨不但沒有為難他的家人，反而一直善待有加。至於賈詡，投靠張繡以後，張繡對賈詡言聽計從，恨不得當祖宗供著，根本沒拿他當下屬看待，態度畢恭畢敬。

可以說，賈詡看事看人很準，從來沒有失算過，是個神人。

正因如此，當張繡處於兩難之際，賈詡站出來，提出投靠劉表時，

第十章　南征張繡

張繡沒有做太多猶豫，就表示同意了。

賈詡之所以提出投靠劉表，是因為他吃準了劉表此人徒有其表，胸無大志，只求保境，只要對他不構成威脅，他是絕對不會交惡的。何況平白來了一支剽悍的西涼軍替他守衛北方屏障，他絕對求之不得。

果不其然，當賈詡出現在劉表面前，說明來意後，劉表當即表示同意兩家聯合，還對當初張濟的意外死亡表示歉意，同意讓張繡屯兵駐守宛城。

■ 嬸可忍，孰不可忍 ■

張繡投靠劉表不久，曹操就率領大軍從許都殺了過來，時為建安二年（西元 197 年）正月。

消息很快傳到宛城，張繡知道，憑自己的這點人馬根本沒辦法和曹操抗衡，自己入住宛城沒有多久，也談不上建立深厚的根基。至於劉表，如果指望他幫助自己抵抗曹操，無疑是緣木求魚。

許都至宛城不過區區數百里，張繡很快就接到情報：曹操已經渡過淯水（今河南白河）。時間不多了，不能再猶豫了，於是，張繡主動向曹操投降。

這個意外的勝利，出乎曹操的意料，他本來覺得以西涼軍彪悍的戰鬥力，張繡至少會做一番象徵性的抵抗，但沒想到不戰而勝。

勝利來得太突然，曹操像任何一個普通人一樣，開始有點膨脹，飄飄然把持不住了。

不僅僅是曹操，古往今來，不知有多少英雄豪傑，在身陷絕境時，往往能夠頭腦冷靜。但當面對成功和勝利，尤其是輕而易舉的勝利時，

卻難以自持，一時會頭腦發熱，輕則栽跟頭受挫，重則身敗名裂。

不幸的是，曹操也犯了同樣的錯誤。

曹操接受張繡投降後，一時忘乎所以，栽了個大跟頭。

事情經過大概是這樣，張繡的叔叔張濟死後，留下夫人鄒氏寡居。聽說鄒氏非常漂亮，曹操不由得有些心動，便要求一見，發現鄒氏雖然孀居，但頗有風韻，楚楚動人，於是按捺不住，便將她據為己有。

曹操霸占鄒氏的消息很快傳到張繡耳中。

張繡一聽，又羞又惱又恨。

對於降曹這件事，本來就是迫不得已，他心中頗有些不甘心，沒法子只得忍了。但曹操實在欺人太甚，如今竟然做出此等事來，這不是公開在世人面前臊他嗎？如此奇恥大辱，如果吞嚥下去，往後還有何面目見人！

就在此時，張繡又得知另外一個消息，曹操暗中重金收買他的部下胡車兒，要他刺殺張繡。

胡車兒是誰？是張繡屬下第一猛將，勇冠三軍，曹操這種做法實在太不道德，也太心急了。

在張繡看來，曹操一方面公開羞辱自己，另一方面又斷自己臂膀，分明是將人往絕路上逼。

是可忍孰不可忍！反了！

張繡打定主意後，便詢問賈詡。他知道這個賈文和料事如神，想聽一下他的意見。

賈詡聽後，便表示，曹操的確太過分，但咱不能硬拚，只能智取，將軍可對曹操提出，希望將軍隊撤到城外去，但不敢擅自做主，特此徵求他的意見。

第十章　南征張繡

這其實是賈詡幫助張繡放的探空氣球，就是試探一下曹操的態度。

曹操此時完全沉浸在勝利的喜悅中，立刻回覆說：「沒問題啊。」

很快，張繡再次派人來到曹營，面露難色地說：「非常感謝您同意我們將軍的請求，按理說，我們應該卸掉盔甲，收集武器，解除武裝出城。只是我們後勤運輸車輛實在有限，根本沒能力裝這麼多東西，您看是不是允許士兵們穿戴盔甲，攜帶自己的武器出城去？」

曹操此時完全在興頭上，大手一揮，「不成問題！」

來使千恩萬謝地離去，曹操對張繡的畢恭畢敬態度很滿意。張繡聽完彙報後，和賈詡四目相視，會心一笑。

張繡下令，集結人馬，全副武裝大張旗鼓地出城去。由於提前打過招呼，曹營上下誰也沒當回事，當張繡軍隊靠近曹營時，大家毫無戒備。沒想到，就在此時，張繡突然下令，殺進曹營。殺了曹操個措手不及。

因為此前張繡已投降，曹營中將士們都在吃喝玩樂，曹操此時也在半醉之中。誰也沒有想到張繡會突然殺出，一時間都蒙了，許多士卒還沒反應過來是怎麼回事，就成了無頭之鬼。

慌亂之中，曹操根本沒辦法約束隊伍，誰也搞不清來了多少敵人，只聽見殺聲四起，大家只顧著四下逃命，曹營上下亂成一團。

亂軍之中，將帥彼此失顧，曹操右臂中箭，坐下馬匹也受傷，危急之中，曹操長子曹昂將自己的戰馬交給父親，讓他趕緊突圍。形勢萬分危急，曹操顧不了太多，咬咬牙，翻身上馬，衝了出去。

此戰曹操損失慘重，長子曹昂、姪子曹安民及愛將典韋都死於非命，曹操的衛隊幾乎全部陣亡，士卒也傷亡慘重，曹操本人雖然負傷，但總算撿了一條命。

撤退過程中，隊伍一片雜亂無章，好在于禁始終保持著有條不紊，他帶領數百名部下對張繡展開了強烈反擊，邊戰邊退。雖然付出了慘重的傷亡代價，但也有效遏制了張繡的攻勢，極大程度上緩解了曹操的壓力。

等曹操跑到舞陰（今河南泌陽西北）時，四處逃散的士兵們也三三兩兩陸續追了上來。曹操此時也清醒過來，下令重新整編隊伍，等整頓完畢時，張繡也帶領人馬風風火火追了上來。

曹操命令列隊迎敵，好在曹軍逐漸軍心穩定，已非昨夜慌亂之師，大家都明白是怎麼回事了，便齊力殺敵。張繡經過昨夜交戰，加上長途追擊，此時已是疲憊之師，早已人困馬乏，更何況在兵力上張繡並不占優勢。

經過幾個回合的交戰，張繡便敗下陣來。

曹操遂從容撤回許都，張繡趁機占領了舞陰。

■ 捲土重來

曹操在回師途中，有人向他打小報告，狀告于禁利用權勢打擊異己，胡亂整人，告狀者是青州兵。

世人都知道，在曹操隊伍中，青州兵身分比較敏感，他們本屬於黃巾軍，後來向曹操投降，曹操正由於收編了青州兵，才開始異軍突起，逐步強大起來。這幫人大多數是饑民出身，無論品行還是軍紀都比正規軍差得多，但為了穩定隊伍，對他們存在這樣那樣的問題，曹操在大多數情況下，往往睜一隻眼閉一隻眼，這無形中助長了他們驕縱的作風。

對於這些情況，曹操自然心知肚明，不過，他想于禁也應該盡快趕來，就具體原因做個解釋吧。

第十章　南征張繡

誰料，曹操左等右等，就是不見于禁的身影。

那麼，真相究竟是怎樣的呢？

原來，于禁在撤退返回途中，發現有不少士兵狼狽不堪，衣衫襤褸，甚至好多人都光著膀子，看上去，與其說是打了敗仗，不如說是剛剛被搶劫。

于禁心中很納悶，便隨便叫住幾個人，打聽究竟發生了什麼事。

大夥兒看見于禁，便圍上來，七嘴八舌訴起苦來，原來他們在撤退途中，遭到了青州兵的搶劫。

于禁一聽火冒三丈，值此危急關頭，本該同心協力才是，這些青州兵竟然向自己人下手，這還了得。當下下令，將這些青州兵招來，狠狠整頓了一番。

這些青州兵倚仗著曹操平常的優待，有恃無恐慣了，便搶先一步，趕在于禁前面跑到曹操面前惡人先告狀。

許多人都替于禁捏了一把汗，勸他趕緊去曹操那裡自我辯解，免得蒙受不白之冤。

于禁卻顯得從容不迫，還是按部就班地做斷後工作，看上去絲毫不著急。後來，經不住別人一而再再而三地勸說，他便回答說：「做事要分清輕重，現在敵人隨時會發動攻擊，目前的首要工作是如何禦敵，與之相比，我個人的榮辱得失根本不值一提。再說了，我相信以曹公之睿智，自會明辨是非，何須我多言！」

後來等威脅解除後，于禁將一切安排妥當，才去參見曹操，說明事情經過。

于禁之所以勇於這樣做，一方面固然是因為勇於擔當，勇於任事，處處以大局為重，另一方面也是因為對曹操的信任。

果然，曹操聽完于禁彙報後，非但沒有責備，反而對他大加讚賞，稱讚他身上有古代良將的遺風。

表揚部下的同時，曹操沒有推卸自己的責任，主動做自我批評，稱本次征討張繡失敗，主要責任在自己。面對失敗，曹操表現出了一位政治家該有的胸襟和擔當。

曹操說：「本次作戰失利，一切責任在我，要是我當時提出讓張繡送個兒子做人質，就不會出現目前這種局面了。過去的事說什麼都無濟於事了，不過，請諸位放心，同樣的錯誤我以後不會再犯第二次。」

曹操說到做到，在以後的作戰中，再也沒有出現類似的戰術性錯誤。

不過在當時，曹操的外部環境非常嚴峻，南陽、章陵（今湖北棗陽）等地看到曹操戰敗，紛紛背叛，歸附張繡。

如果任其發展下去，未來形勢如何實在不敢想像，為了扭轉局勢，曹操派曹洪去討伐這些背叛地區，孰料卻無功而返。張繡、劉表趁機擴大戰果，對曹操落井下石，不斷發起滋擾戰，不讓曹操有片刻消停。

就這樣，大半年時間過去了，等到當年年底，曹操痛下決心，哪怕窮盡一切辦法，也要拔掉張繡這根釘子。

因為嚴酷的現實就擺在面前，如果連張繡這樣一股弱小勢力都擺不平，天下諸侯誰還會將曹某人放在眼中？便只能坐守困城，等著被四周諸侯圍困致死，敗亡也是早晚的事。

不，絕不能就這樣坐以待斃。

好在目前他手中還有天子這張王牌，趁著還有效，必須殺出一條血路，從包圍圈中撕開一道缺口來。

第十章　南征張繡

就在當年冬十一月，曹操再次南征張繡，大軍再次至淯水，曹操觸景生情，感慨萬千。時間雖然過去了近一年，但往事歷歷在目，他想起了死去的兒子曹昂、姪子曹安民、愛將典韋，以及許許多多陣亡將士。

曹操下令，就在淯水岸邊舉行盛大的祭祀儀式，追祭陣亡將士，在場的將士們在哀悼同袍之時，無不淚流滿面。

將士們被祭奠現場肅穆的氛圍所感染，這遠比任何戰爭動員都管用，果然，受到鼓舞的將士們一鼓作氣，拿下了湖陽（今河南唐河南），守將鄧濟被活捉，緊接著，很快奪回了舞陰。

次年，也就是建安三年三月，曹操又一次征討張繡。

這一次，軍師荀攸也隨軍出征，荀攸覺得，之所以很難一舉殲滅張繡，是因為張繡和劉表互相利用，張繡的物資補給主要依靠劉表提供。因此，如果強攻張繡，只能使得張繡和劉表的相互合作更緊密。不若伺機而動，時間一長，一旦劉表對張繡供給不及時，他們之間必然離心離德，只要張繡沒了劉表的支援，必然支撐不了多久。屆時，再果斷出擊，張繡必敗無疑。

然而，曹操等不了太久，他此時一心只想洗刷前恥，所以對荀攸的意見根本沒聽進去，下令圍攻穰城（今河南鄧州），果然不出荀攸所料，劉表派人率兵前來救援，曹操陷入不利境況。

就在此時，曹操接到另外一個壞消息，得知他離開許都南征，袁紹的部下鼓動袁紹趁機出兵，將漢獻帝搶過來，作為自己的籌碼。

漢獻帝是曹操好不容易豎立起來的一桿大旗，如果被袁紹抄後路搶走了，那豈不是將曹操直接打回原形？多年的心血就將全部付之東流。曹操遂急忙下令撤軍。

■ 冰釋前嫌

得知曹操撤軍，張繡覺得機會來了，便想趁勢追擊曹軍，賈詡站出來勸他，切不可冒險追擊，否則必敗無疑。張繡此時哪裡聽得進去，馬不停蹄地追擊曹操去了。

結果如賈詡所料，張繡大敗而歸，灰頭土臉地回來了。

張繡一看到賈詡，滿臉慚愧，「悔不該不聽先生的建議。」

賈詡說：「現在還不是做檢討的時候，趕緊抄起傢伙追上曹操，跟他再硬碰硬一次。」

張繡一聽，很納悶，明明剛吃了敗仗，現在又追上去，這不是自討苦吃嗎？

賈詡說：「現在沒工夫跟你解釋，將軍放心去追擊就好了，我保證你大勝而歸。」

張繡心想：不妨就豁出去了。便又調轉馬頭，馬不停蹄地追了上去，果然大獲全勝。

張繡雖然取得了勝利，但心中的疑團仍未散去，他向賈詡特意請教其中的奧妙。

賈詡說：「其實道理很簡單，此次曹操撤軍並非由於被我們打敗，潰逃而去，而是主動撤退。以曹操多年帶兵的經驗，他必然會做到嚴加防範，因此，將軍你吃敗仗是必然的。

「至於將軍您敗兵回來後讓你再次追擊，那是由於，曹操打敗您後自然以為您不敢再來追擊，必然疏於防範，因此，您得手也是情理之中的事了。」

第十章　南征張繡

張繡聽後，連連點頭，「先生真是料事如神！」此後，張繡對賈詡真可謂言聽計從，奉若神明。

就在此時，袁紹派使者來招降張繡。

袁紹的出現讓人多少有點意外，同時夾在曹操、劉表、袁紹三大集團中間，何去何從，張繡一時難以決斷。

當張繡還沒拿定主意時，賈詡搶先一步站出來，對來使說：「你還是先行回去吧，袁將軍要是問原因，你就回答說，我家主公給他捎句話：他袁本初連自己兄弟關係尚且都處不好，我們過去投奔，還有立足之地嗎？」

來使一聽，當場就拂袖而去。

張繡急得直跺腳，「先生一貫行事周全，為何此次如此草率？袁紹勢力雄厚，留著這條路，好歹我們多一個選擇嘛，幹麼這麼輕率地把話說死呢？」

賈詡說：「道理很簡單，我們現在唯一的出路就是投降曹操。」

張繡一聽，傻了眼，「先生你的想法也太離譜了吧，你確定不是開玩笑？」

賈詡一臉嚴肅地說：「將軍您看我是像開玩笑的樣子嗎？」

張繡仔細瞧了瞧，搖搖頭說：「不像！」

賈詡說：「我先幫您理一理目前曹袁雙方的形勢，您就明白了！袁紹如今擁有北方四州之地，兵強馬壯，我們去了他那裡能做什麼呢？最多也就是敲邊鼓的雜牌軍而已，對他們可有可無。再說了，袁紹此人志大才疏，一看就成不了大事，跟著他，一句話，沒前途。」

張繡聽完後不以為然：「袁紹再不濟也比曹操強，且不說我殺了曹操

的子姪和愛將，他會不會記恨報復，就算他拋棄前嫌，不念舊怨，給我留一席之地，那又如何？以曹操目前的勢力，比袁紹差得多，跟著他，就有前途？」

賈詡說：「將軍只知其一，不知其二，曹操雖然目前軍事上處於弱勢，但他擁有天子這張王牌，在政治道義上就站在了制高點，這是袁紹等人無法比擬的。況且，正因為曹操目前處於弱勢，我們才去投奔他，他此刻正需要人馬，也需要給天下人做個標竿，將軍現在去是適逢其時。另外，我看曹操此人胸襟寬廣，孰輕孰重，他掂得清楚，絕不會將個人恩怨與公事混為一談。」

張繡聽完賈詡一席話，覺得他分析得頭頭是道，雖然心中忐忑不安，但最終還是聽從賈詡的意見，於建安四年（西元199年）十一月再次向曹操投降。

面對張繡的來降，曹操心中自然對他恨得咬牙切齒，但正如賈詡所料，他坦然大度地接納了張繡。

因為曹操明白，要成王霸大業，就必須時刻將大局放在首位，他接納張繡，其實就是一場演給天下人看的大戲：「我連有殺子之仇的仇人都能不計前嫌，納為己用，更不用說其他人了。」

既然是演戲，就要把戲碼做足。曹操設下盛宴迎接張繡，拉著張繡的手噓寒問暖，彷彿根本沒有發生過宛城之戰一樣，倒像是多年未見的老朋友。

更令人感到意外的是，就在酒席上，曹操宣布與張繡結為兒女親家，此後就是一家人了。此後，不斷對張繡嘉賞，封兩千戶，終其一生，曹操都沒有為難他。

這就是曹操的胸襟，當然你也可以說這是收買人心的權謀，但能夠

第十章　南征張繡

做到如此極致，縱觀歷史，恐怕也很難找出幾人。

不過，張繡雖然受到曹操厚待，但曹丕卻沒有像曹操這般的眼光，對於張繡害死哥哥曹昂一事，他始終耿耿於懷，這給張繡造成了很大的壓力。

八年後，曹操遠征烏桓，就在曹操遠征在外期間，張繡很蹊蹺地死掉了。關於他的死因，史書上有種種猜測，其中流傳比較廣的說法就是張繡不堪曹丕的壓力，被迫自殺了。

當然這種說法存疑，不過，二十年以後，張繡的兒子張泉的確死於曹丕之手，起因是他被捲入了魏諷謀反案，受到株連。至於張泉是真的謀反，還是曹丕存心打擊報復，就不得而知了。

如果說曹操對張繡的厚待，那是出於政治需求的不得已而為之，是一場政治秀；那麼他對賈詡就是實實在在的尊敬和信任，每次見到賈詡都是客客氣氣的。

不過，賈詡也是個聰明人，他知道自己始終沒辦法融入曹操的嫡系團隊中，因此，他刻意低調做人，最終以七十七歲的高齡壽終正寢，這在那個戰亂頻繁的年代是非常罕見的。

第十一章　東討袁術

■ 皇帝輪流做 ■

正當曹操和張繡作戰期間，發生了一件大事，袁術稱帝了。

袁術之所以勇於稱帝，是因為在他看來，大漢王朝氣數已盡，猶如風中殘燭，只要有人輕吹一口氣，它就會隨時熄滅。

適逢亂世，滋長了不少人的野心，心懷鬼胎的各路諸侯無不想乘機壯大勢力，但是想直接取而代之並付之行動的人，袁術是第一個。

袁術稱帝，並不是因為他已經民望所歸，或者實力已經獨步天下，而是他實在是愚蠢。

要說政治智商，袁紹、袁術這哥倆有得拼。

當初，董卓劫持漢獻帝之際，袁紹曾經想立劉虞為帝，還想著拉攏曹操入夥一起幹，被曹操拒絕。

因為漢獻帝還在世，是合法天子，另立皇帝這樣大逆不道之事，曹操不想做。同時，他也知道這事成不了。

袁紹打算立劉虞為帝的事，也跟袁術通過氣，希望爭取自家兄弟的支持。袁術接到袁紹的來信後，冷笑一聲，二話不說拒絕了，而且說得大義凜然。

其實袁術這樣做，並不是有多麼高尚，對大漢有多麼忠心。相反地，他覺得，老袁家已是四世三公，難道還差個五世三公？難道就不能再前進一步嗎？

第十一章　東討袁術

作為人臣，身為三公，已是位極人臣了，再升就只有取代皇帝了。不錯，袁術真正的心思就是自己做皇帝。

袁紹好歹是立劉姓宗室，已經不得人心，但袁術在錯誤的道路上走得更遠，他想直接自己做皇帝，這無疑是作死。

其實，在當時想做皇帝的人遠不止袁術一人，但凡是有點政治頭腦的人都懂得，在這種微妙時刻第一個起頭的，立刻會成為眾矢之的。

因為，天無二日民無二主，普天之下，莫非王土，皇帝寶座只有一個，大家都是稱霸一方的諸侯，憑啥要向你俯首稱臣。

在群雄並起的時候，但凡當出頭鳥的，最終都沒有好下場，反觀一些比較聰明的政治家都懂得收斂鋒芒，韜光養晦，以待時機。

比如元朝末年，天下大亂，一時間群雄割據，紛紛稱王稱霸。

元至正八年（西元1348年），方國珍在浙東起義。元至正十三年（西元1353年），泰州人張士誠起義，攻占泰州、興化、高郵等地，自稱誠王，建元天祐，國號大周。元至正十五年（西元1355年）二月，劉福通迎立韓林兒為皇帝，號稱小明王，國號大宋，改元龍鳳，建都亳州（今安徽亳州）。

元至正二十年（西元1360年），陳友諒殺徐壽輝，即皇帝位，國號漢，改元大義。徐壽輝舊部明玉珍占領四川，於元至正二十三年（西元1363年）在重慶自立稱帝，國號夏，建元天統。

在群雄之中，朱元璋是屬於勢力相對弱小的，北有韓林兒、劉福通，東南有張士誠，西有徐壽輝等，東邊和南邊有元軍，他們的力量都比朱元璋強大，可謂強敵環伺。

面對眾人皆稱帝稱王，朱元璋沉著冷靜，接納朱升「高築牆、廣積糧、緩稱王」的建議，興修水利，廣開屯田，發展生產，儲備糧草，招

納人才。當各路群雄相互廝殺之際，朱元璋悄悄壯大自己的勢力。

等大家反應過來時，為時已晚，因此朱元璋笑到了最後，削平群雄，統一全國，建立了大明王朝。

可惜的是，袁術沒有後世的朱元璋那樣的胸襟，他目光短淺，自視甚高，自以為只要登基加冕，四方英雄必然傳檄而定。因此，他很看不起袁紹擁立劉虞稱帝的把戲。

但是，相對而言，袁紹至少比袁術聰明，他懂得借殼上市，先立個劉姓皇帝，然後等時機成熟，再取而代之，至少他自己沒有謀朝篡位，天下人也不能挑出他的錯來。

不過在袁術看來，這完全是多此一舉，分明是袁紹膽小怕事，與其費這麼多周章，還不如自己登基坐殿，稱孤道寡。

袁術自認為論家世、論人望，他都有這個資格，目前稱帝的時機已成熟。

當初，孫堅攻入洛陽時，無意間獲得傳國玉璽，最終玉璽落入袁術手中。袁術覺得這可是個寶貝呀，在誰手裡，就意味著天命所歸了。

然而，袁術不懂得，如果實力撐不起自己的野心，那麼結局一定很慘。

此時，袁術已經權欲膨脹，剎不住了。

建安二年（西元197年）初，袁術在壽春（今安徽壽縣）稱帝了，宣布新朝國號為仲家。

第十一章　東討袁術

■ 給官都不要

袁術稱帝後，要組建自己的朝廷，這就意味著要脫離大漢王朝，另立中央了。按照常理，新朝建立，就要設置百官，大肆封官加爵。

但是，袁術很快發現了一個問題，就是許多人對他採取不合作態度，沒人願意出來擔任他這個偽朝廷的官職。

袁術感到很鬱悶，世上哪有給官不要的道理？其實，他不明白自他打算稱帝起，就已是不得人心了，而且早已有徵兆。他曾召開過一次「吹風會」，就他稱帝之事，試探了一下下屬的反應。

按照一般套路，稱帝這種事要經過以下幾種程序：

第一種，所謂的各種祥瑞出現，比如某地出現了某種稀有動物，比如鳳凰、黃龍、麒麟等，或者是出現了某種變異的植物，如梁上出現靈芝，田間出現一株禾苗長出好幾個穀穗等，這就意味著人間有聖人出現，會改朝換代。

估計這種方法比較難以執行、週期長且容易穿幫，況且袁術稱帝心情迫切，已經不想做這麼複雜的事了。

那麼，還有另外一種辦法，就是大造輿論。在東漢時期，最有效的辦法就是散布傳播讖語，想當年光武帝在建立東漢的過程中，就曾利用讖語，在社會上製造輿論氛圍。

所謂的讖語就是類似打啞謎的政治預言，漢朝時流傳著一則由來已久的讖語──「代漢者，當塗高也。」這句話究竟是什麼意思，沒人說得清，反正有各式各樣的解釋。

這種模稜兩可的話就跟當初秦末流傳的「亡秦者胡也」一樣，怎樣都解釋得通。在袁術之前，有個女巫就曾對李傕說：「塗即途也，當塗高

者，闕也。傕同闕，另極高之人謂之傕。」意思是李傕會取代漢朝，惹得李傕高興了一陣，結果他很快就掛了。

而在袁術之後，漢魏易代之時，又有人解釋稱：「當塗高者，魏也；象魏者，兩觀闕是也。當道而高大者魏，魏當代漢。」

不過袁術認為，這句讖語是在暗示他要取代大漢，他認為塗即途，自己字公路，這不就是明白在說，袁公路要取代大漢嘛！

雖然袁術自己信心滿滿，但是世人卻沒有人看好他。在「吹風會」上，袁術左瞅瞅，右看看，本指望別人來勸進，自己好歹也要擺個姿態，但是眾人都在那裡裝聾作啞，就是沒人吭聲。

袁術見狀，只好自己開口了：「現如今劉氏微弱，海內紛爭，我們老袁家四世三公，百姓歸心，民心不可違啊。大夥兒別拘束，有啥說啥。」

擺明了就是想當皇帝，但是在場的人都裝作沒聽見一樣，沒人搭腔。

袁術一看，很生氣，難不成就沒一個人站出來支持我嗎？正當鬱悶之時，主簿閻象站了出來，但他不是帶頭勸進，而是給袁術當頭澆了一盆涼水。

閻象語速很慢，但話語的分量很重：「想當年周朝從后稷算起，直到周文王，世代累積功業。到文王的時候，殷商天下三分之二歸周，但他依然臣服商朝。跟文王相比，你們老袁家雖然歷代興旺昌盛，但還沒到周文王的地步吧？漢室雖然衰弱，但沒有殷紂王那樣殘暴啊！」

閻象的話代表了大多數人的意見：想當皇帝，你還差得遠哪！

袁術聽後，沉默半晌，一言不發。

但終究是皇位的誘惑力太大，他最後還是稱帝了。袁術到處發應徵廣告，招募人才，但就是無人響應。

第十一章 東討袁術

這時，袁術想到了一位老朋友沛相陳珪。陳珪是前太尉陳球的姪子，年輕的時候，陳珪和袁術這幫高官子弟經常在一起廝混。

袁術心想，畢竟有當年的友誼擺在那裡，想必陳珪一定會站出來幫忙，於是，他給老朋友寫了一封信，信中稱：「如今天下大亂，天下英雄並起，就衝著咱倆的交情，難道你不該站出來幫我嗎？我成就大事，肯定虧不了你。」

但袁術終究底氣不足，為了防止陳珪推託不出山，知道陳珪的二兒子陳應在下邳，袁術就派人將他抓起來，扣為人質，心想：你兒子在我手掌心，諒你也不敢不答應。

袁術這哪裡是求賢，分明就是綁架脅迫，這種做法實在太過卑鄙。

袁術自信滿滿，等著陳珪上門，但是左等右等，非但沒有等到陳珪，還收到了他的一封勸說信。

袁術脅迫陳應做人質，想著一定要陳珪投靠自己。陳珪回信答覆說：「過去秦朝之所以完蛋，是由於皇帝殘暴，為所欲為，虐政遍布天下，老百姓遭受痛苦，不堪忍受。現在，大漢雖然衰弱，但沒有秦朝那樣的暴政，導致天下動盪。現在曹將軍英明神武、順應時運，正在修復法度，剷除凶殘之人，天下重歸安寧，是可以預料的。我本以為，您定會和曹將軍齊心協力，輔佐漢室，但沒想到，您卻私下裡圖謀不軌，眼看您一步步滑向深淵，自取滅亡，實在讓人痛心！如果您現在迷途知返，還來得及。作為您曾經的朋友，我才說這些真摯的話，話雖然不中聽，但唯有設身處地的人，才會跟您說這些。至於要我依附您，幫您追求個人野心，請恕我誓死不從。」

袁術聽說前兗州刺史金尚被曹操趕跑後，賦閒在家，便想任命他為太尉，金尚得知後，乾脆跑路了。

寧願跑路也不願意出任偽職，可見所有人都不看好袁術。

袁術這皇帝做得實在憋屈，一而再再而三地被人拒絕，讓袁術很沒面子。

內部是這樣，外部狀況同樣很糟糕。

起先，孫策和袁術關係還過得去，但孫策聽到袁術稱帝了，覺得不能和他再有什麼瓜葛，免得自己也惹一身羶。便給袁術寫信絕交，表示從此兩家各走各道，互不牽扯。

後來，袁術又想拉攏呂布，派人到呂布那裡，表示願意讓兒子娶呂布女兒，想和呂布結為兒女親家。

呂布此人一貫見利忘義，沒什麼政治頭腦，但這次他對利害關係看得很清楚，知道袁術這不是想結親，而是想拉自己上賊船，他才不願意上袁術的當。他立即將袁術的信送到許都去，表明自己與袁術劃清界限。

袁術得知後非常惱火，覺得呂布太不仗義，便派人攻打呂布，但哪裡是呂布的對手，結果吃了敗仗。

■ 孤家寡人

袁術稱帝後，可謂眾叛親離，但是他依然不自省，整日沉迷酒色，後宮中妻妾成群，過著奢侈糜爛的帝王生活，至於普通百姓和士卒的生死，他根本不放在心上。

江淮地區本來屬於富庶之地，但在袁術橫徵暴斂的統治下，老百姓不是餓死，就是選擇逃亡，有的地方甚至出現人相食的現象。許多地方變成了無人區，杳無人煙。

第十一章 東討袁術

　　軍隊無疑是一個政權的主要支柱，但袁術只顧自己逍遙快活，他手下士兵多衣衫襤褸，食不果腹。指望這樣的軍隊來保衛自己，無疑是痴人說夢。

　　正當袁術在自我毀滅的道路上越走越遠之時，在許都城裡的曹操已經磨刀霍霍，準備向袁術開戰了。

　　袁術稱帝，其實受到最大挑戰的就是曹操。

　　曹操奉天子到許都後，因為手中有了天子這張牌，無疑是擁有了政治主動權和道德制高點。但袁術稱帝，帝國境內出現了兩個皇帝，這就意味著帝國國土在法律上面臨分裂，而且更重要的是，曹操好不容易弄到手的這張王牌將有可能貶值，甚至會逐漸變得一文不值。

　　曹操知道，此時天下各地的那些州牧、郡守與刺史們都在盯著許都，看朝廷如何應對。這些土皇帝中想稱王稱帝的大有人在，如果聽任袁術稱帝，那麼有了示範效應，猜想不少人都會稱帝，一旦出現這種局面，就算曹操有天大的神通，也無力回天了。

　　因此，對於袁術這種敢冒天下之大不韙的刺兒頭，必須痛擊，決不能有絲毫的轉圜餘地。

　　曹操決定親征袁紹，就是要給天下人看看，他曹操奉天子以令不臣，絕不是一句空話！

　　下定決心征討袁術之後，曹操決定先在戰術上孤立和分化袁術。袁術周圍可以援引的唯有三大勢力，一是呂布，二是孫策，三是袁紹。其中袁紹和袁術兄弟不和，天下共知，且袁紹遠在河北，根本無力遠道來救援，那麼，要重點防範的就是呂布和孫策。

　　儘管呂布和孫策反對袁術稱帝，但這是為了反對袁術打破目前諸侯割據後形成的均衡局面，能否幫助曹操就是另一回事了。

在政治鬥爭中，沒有永遠的敵人，也沒有永遠的朋友，只有永恆的利益。

因此，要攻打袁術，首先要爭取呂布、孫策等人的支持，最少也要爭取到他們在曹操征討袁術時，保持中立。

建安二年（西元197年），曹操派使者到呂布那裡，捎帶了一封親筆書信，在信中對呂布大加籠絡，不惜溢美之詞，並以朝廷名義封他為左將軍。

沒多久，沛相陳珪的兒子陳登來到許都，拜見曹操，代表呂布表示，願意與曹操和解。

原來，當初袁術派韓胤為使節到呂布那裡，替袁術說媒，希望兩家結為兒女親家的消息傳開後，陳珪感到非常憂慮，他擔心一旦袁術和呂布沆瀣一氣，徐州、揚州打成一片，終非社稷之福，便決定決不能讓他們詭計得逞，於是親自跑到呂布那裡。兩人一見面，陳珪沒有說任何客套話，直接開門見山地說道：「將軍您是何等聰明的人，怎麼一時就犯糊塗了呢？」

呂布一臉茫然，表示很不解。

陳珪便對他分析道：「如今，曹公奉迎天子，輔佐朝政，征討八方，威震四海，將軍您應順應時勢，與他合作，開創天下太平。不料您反其道而行，假如您與袁術成了親家，將會背負不義之罪名，形勢就對您不利了，何去何從，還望深思啊！」

呂布一聽，覺得有理。想一想，當初董卓死後，自己走投無路，投靠袁術被拒之門外。建安元年（西元196年）六月，自己部下郝萌被袁術策反，害得自己被迫出走，狼狽不堪。這種人實在不可信，萬一女兒嫁過去，自己勢必受到他的牽制。

第十一章　東討袁術

此時，呂布女兒已經被迎親隊伍接走，正在趕往壽春的路上。呂布仔細一算，應該還沒走太遠，於是派人快馬加鞭去追趕。很快就在半道上將女兒追了回來，同時，將韓胤斬首。

就在此時，許都使者到了。

呂布本就是個見利忘義之人，看到書信和許都送來的金印，得意忘形，早就忘了自己和曹操的往日宿怨，便讓陳登代表自己赴許都謝恩。

曹操知道，呂布此人終究不可能為己所用，除掉呂布早晚會搬上曹操的日程，不過目前首先要對付的是袁術。

■ 窮途末路 ■

其實，得知曹操率兵前來，袁術已經嚇得半死，以前那次被曹操像攆兔子一樣追殺的經歷，給他留下了嚴重的心理陰影。

曾經有一段時間，袁術還心存僥倖，幻想曹操一時半會兒顧不上他，但沒想到曹操來得這麼快。

他知道憑自己在戰場上根本撈不到什麼好處，只會讓自己死得更快，與其等死，還不如早點收拾收拾跑路吧。

往哪兒跑？東西南北，只有一條道，往南跑，別的方向都是死路。走到半路，袁術隊伍出現了斷糧的情況。

袁術覺得不對勁，這些年自己好歹搜刮了好多糧食，不可能這麼快就沒糧食了，他把沛相舒邵叫來，問怎麼回事兒？

舒邵倒是很坦然地說：「軍糧都分給老百姓了。」

袁術很惱火，自己都快斷炊了，怎麼還給百姓分糧食？拉出去砍了。

舒邵沒有絲毫畏懼，很平靜地說：「我們以前作孽太多了，才落得如今下場。反正是死路一條了，還不如臨死前行點人事，積點德，在百姓心中留點好印象吧！」

聽完舒邵的一番話，袁術似乎有所醒悟，感到自己以前的做法實在太過分了，便過來拉著他的手說：「仲應（舒邵字）啊，您只想自己後世留名，而不願意與我共同分享嗎？」

但，事已至此，說什麼都晚了。

袁紹的人心已經徹底散了，隊伍不好帶了。很快隊伍內部出現哄搶現象，部曲陳蘭、雷薄發動叛變，搶了糧草跑到灊山去了。

而就在此時，曹操在蘄陽一舉擊潰留守袁軍，袁術大將橋蕤、李豐、梁綱、樂就被斬殺。

袁術倉皇之間，再度狂奔，逃到淮南。

在接下來的兩年間，袁術整天提心吊膽，東躲西藏。建安四年（西元199年），走投無路的袁術，只好厚著臉皮到灊山投奔已經背叛了他的部曲陳蘭、雷薄，卻被拒之門外。

悲憤、羞愧、懊悔交集在袁術心頭，加上長期逃亡，精神高度緊張，吃飯都沒保障，有一頓沒一頓的，袁術染病在身。

此時，他才想起，自己在北方還有個兄弟——袁紹。

於是，他派人給袁紹捎去書信，並將手中那個寶貝傳國玉璽送給袁紹。此時，他覺得，自己和袁紹雖然以往有些矛盾，但畢竟一筆寫不出兩個袁字，好歹都是老袁家人哪。

自己皇帝是當到頭了，肥水不流外人田，那就讓袁紹來當吧，好歹也要讓肉爛在自家鍋裡。

第十一章　東討袁術

袁紹接到信後，答應接納袁術。袁術便打算投奔袁紹長子，青州刺史袁譚。

但是曹操早就派劉備在下邳（今江蘇邳州）等他來送死，袁術只好原路返回，逃到江亭（今安徽壽縣），很快病情加重。

病重的袁術什麼都吃不下，只想喝口蜂蜜水，不過手下端給他的卻是一碗麩皮羹，這還是從庫房犄角旮旯搜刮出來的。

現在外面到處都餓死人，到處是人吃人，哪有蜂蜜水給你！

當時正在盛夏，袁術獨自臥床，面對眼前這碗麩皮羹，追憶往事，當年的榮華富貴，猶如過眼煙雲。他沉思良久，最後無奈又不甘地說了一句：「我袁術怎麼會淪落至此啊！」

然後大口吐血不止，隨即死去了。

隨著袁術的死，東漢末年首次僭越稱帝的鬧劇暫時收場了。

而就在此期間，曹操也沒閒著，他剷除了另外一股力量——呂布。

■ 呂布信譽透支程序

呂布此人空有一身武藝，但沒有政治頭腦，做個普通將領衝鋒陷陣還可以，但根本沒能力做割據一方的政治領袖。

其實，呂布本來可以過得很好，就憑他的一身本領，在當時亂世之中，無論投奔哪一方諸侯，都會受到重用，混個榮華富貴不成問題。

但是呂布硬是被自己的性格害死了。

呂布屬於走路鼻孔朝天的人，他自恃本領高強，可以縱橫天下，但是且不說他有勇無謀，僅僅不會做人這一條，就會要了他的命。

呂布不知道，人在職場不能無原則，不能沒有底線。

但呂布恰好就是這樣一個人，他沒有任何原則，非要說一條他的做人原則，那就是有奶便是娘，誰的大腿粗就傍誰。今天做你的兒子，明天就可以送你見閻王。

縱觀呂布的職場履歷表就會發現，呂布跟了誰，誰就會倒楣，丁原、董卓、王允，概無例外。

就這樣一個人，擱在誰的帳下，誰都要掂量掂量，今天呂布可以為你效力，明天你的腦袋能否長在自己脖子上還是個問題。

呂布逃出長安後，到處尋找落腳點和發展機遇。但總是在一個地方待不久，因為呂布的信譽紀錄實在太差了。

呂布逃出長安後，起先跑到袁術那裡。

袁術此人一貫是看不起人的，但他對呂布的到來，還是保持歡迎，且給了相當不錯的待遇。因為，袁術覺得呂布誅殺董卓，也算是為他們老袁家報仇了，畢竟董卓手上欠了袁術家幾十條性命的血債。

然而，呂布很快就暴露出本來面目，他自恃有功，在南陽住了不久，便放任自己的部下搶劫老百姓。

呂布這樣做或許是對袁術表達不滿，因為袁術此人一貫吝嗇。但他寄人籬下之時這樣做，就實在太不明智了。

很快，他就和袁術起了矛盾。呂布只好向袁術告辭，一口氣由南而北，渡過黃河，到并州河內郡投奔同鄉張楊。

張楊對朋友講義氣，待呂布比袁術待他好得多了。不過，張楊的部下中卻有人看不慣呂布的做派，暗中盤算把他殺了，送頭去長安，向李傕、郭汜領賞。

不料還沒行動，卻被呂布察覺。到處跑路的呂布本來警惕性就很高，覺得這是張楊暗中指使，他嘲諷張楊說：「你與其殺了我，送我的頭

第十一章　東討袁術

到長安，還不如把我捆住，送活的去，還可以多領幾個賞錢。」

張楊覺得此時做什麼解釋都沒有用，便冷冷地說：「你說得很對，我真是這樣想的。」

呂布沒想到張楊來這麼一句，反而弄得不自在，只好帶部下再次跑路，投奔袁紹。

此時，袁紹正在為「黑山賊」頭痛。

所謂「黑山賊」，即黑山軍（初在河南朝歌縣的黑山起義，故名），是於黃巾軍覆滅後興起的一支農民軍，領袖為常山人張燕，外號飛燕。

呂布到來後，很快扭轉了局面，要說呂布作戰還是有一套，他知道對付農民軍用官軍陣地戰那種兩軍對壘的傳統作戰方法根本不管用。他帶了幾十名勇士，騎馬衝入敵陣，橫衝直撞，砍殺了一些敵人，每天一次，甚至三次、四次。

呂布作戰勇猛無比，無人可擋，為敵人造成了很大的心理震懾，打得黑山軍潰不成軍，迫使張燕接受招安。

然而，呂布和袁紹的蜜月期也沒持續多久。

呂布仗恃戰功，覺得自己「韓信將兵、多多益善」，多次向袁紹要求增兵。袁紹覺得呂布就是條猛虎，如果再壯大他的實力，恐怕就沒辦法掌控了，遂一口回絕了。

於是，呂布故態重演，放任手下將士搶劫，招來袁紹嫉恨。呂布感覺不安，知道再也沒辦法待了，就請求回洛陽。

袁紹順水推舟，以朝廷的名義任命呂布為司隸校尉，送呂布出境，暗中下令，在走出鄴城不遠便將呂布殺害。呂布畢竟是刀尖舔血過來的，看出了這些人來意不善。

一天夜晚，他坐在帳篷裡彈箏，彈了一陣，把箏交給了一位親信繼續彈。他自己卻在箏聲之中，悄悄地由帳篷之後溜走。

袁紹的手下躲藏在帳篷前門外不遠的地方，偷聽呂布彈箏，一直聽到了箏聲停止，呂布似乎已經就寢熟睡。

夜半，刺殺呂布的人衝進呂布住所，亂刀砍向呂布的床，認為他已死。次日，袁紹才得知呂布還活著，便下令捉拿，但士兵們都畏懼呂布勇猛，沒人真的敢去捉拿。

袁紹一直心驚膽顫，下令把鄴城的城門關了，叫將士登城去防守，袁紹認為，呂布一定會來鄴城找他算帳。

但很顯然，他高估了呂布的勇氣，呂布逃脫後，才想起張楊的好來，便厚著臉皮重返河內找張楊。

途中經過陳留，太守張邈派人迎接呂布，對他大加款待，分手時兩人握住對方手臂發誓結好，類似結拜為異姓兄弟的意思。

接下來，就發生了興平元年（西元194年）呂布、陳宮趁曹操征討陶謙之際，攻占兗州事件，差點抄了曹操老窩。

幸虧曹操有荀彧等人支持，才反敗為勝，重新奪回了兗州。

呂布最後還是沒在兗州站穩腳跟，重新回到了以前到處流浪的日子。但環顧四周，各路地方州牧、刺史都被他得罪遍了，數來數去，唯有劉備是地方諸侯內的新人。

呂布遂決定到劉備那裡碰碰運氣。

有了前幾次失敗的經歷，這一次呂布學得稍微收斂了一些。他一見到劉備就先開始套近乎，敘鄉誼，稱我們都來自北方，如今都流落到南方，應該相互照應一下。

第十一章 東討袁術

其實這套說辭實在滑稽，呂布是五原郡九原縣人，相當於今天內蒙古包頭人，劉備是涿郡涿縣人，大概在今河北省保定市涿州市。一個內蒙古人和河北人攀老鄉，這也實在有點扯得太遠了。

不過雙方都很清楚自己的處境，大家都是出來混的，何必把話挑得太明白，何況劉備以前也是流浪漢，如今總算有了一塊自己的地盤。畢竟是過來人，對呂布目前的窘迫很理解，所以很大度地哈哈一笑，接納了呂布。

呂布見狀，也再不拿自己當外人，開始對劉備大吐苦水，抱怨關東諸侯不是東西。

「當年董卓專權，關東諸侯起兵，數十萬人討伐董卓，結果還不是一事無成，最終還不是我站出來，替天下人除掉了董卓。他們十八路諸侯沒辦到的事情，我做成了，如今反倒好，我變成無家可歸之人，他們不但沒有一人肯接納我，反而一個個想殺了我！」

看著呂布義憤填膺的樣子，劉備笑意盈盈，不停地給呂布勸酒，口中寬慰他：「兄長且寬心，以兄長之勇武，何愁功業不成。」

呂布也當即叫自己的妻妾出來，給劉備行禮，然後坐在一起吃飯，他對劉備也是一口一個賢弟，親熱得不行，彷彿真的是一家人一般。

呂布哪裡知道，劉備對他的作為早有耳聞，現在又親耳聽他一番不知天高地厚、顛倒是非的話語，早就對他生出厭惡之心。只是礙於呂布誅殺董卓，有大功於大漢，平日裡以漢室帝胄自居的劉備，只不過是一時間拉不下臉面而已。

更何況自己剛剛得到徐州，立足未穩，而呂布勇猛天下無敵，萬一惹惱了他，憑空生亂，只會讓他人占了便宜。

恩將仇報

其實，劉備的擔憂並非沒有道理。

呂布從來就不是甘願久居人下之人，這一點，世人都看得清楚，其中就包括袁術，他想借力打力。

建安元年（西元196年），整個天下都不太平，大家都缺糧。許都的曹操為了解決糧食問題，在許縣屯田發展生產，謀求自給自足，但是同樣缺糧的呂布顯然沒這個耐心，也沒這個能力。

當時的袁術還沒走上末路，他還想渾水摸魚壯大自己，但是周圍的諸侯，他誰都惹不起，於是便盯上了新來戶──徐州牧劉備，打算將徐州這塊肥肉吞到肚裡。

但是袁術萬萬沒想到，劉備也是一代英雄豪傑，他肉沒咬到，門牙倒是被敲掉了好幾顆。

袁術派人進攻劉備，劉備派司馬張飛守下邳，自己親率大軍在盱眙、淮陰一帶抵抗袁術。雙方僵持了一個月有餘，各有勝負。

就在此時，劉備陣營內部發生內亂。下邳國相曹豹是前任徐州牧陶謙的老部下，覺得自己資格老，有點怠慢張飛，張飛是個火暴脾氣，眼裡揉不進沙子，沒多久，便宰了曹豹。如此一來，下邳城內很快局面大亂。

袁術覺得有機可乘，覺得是時候引誘呂布這頭餓虎出籠了，便暗中讓人捎信給呂布，讓他出兵進攻下邳，並許諾事成後，送他二十萬斛稻米。

呂布覺得機會來了，他是個見利忘義之人，哪裡念及劉備收留他的情義，率軍水陸並進，向東襲擊下邳。

第十一章　東討袁術

　　下邳城內守將中郎將許耽與曹豹都是丹陽人，他對張飛殺死曹豹心懷不滿，得知呂布前來，便打開城門，迎接呂布。

　　張飛得知大勢已去，兵敗退走，呂布趁機俘虜了劉備的妻子兒女以及官員、將領們的家屬。

　　劉備聽到消息後，率軍回救，到達下邳後，全軍潰散。劉備收拾殘部，向東攻取廣陵，與袁術交戰，又被打敗，只好退守廣陵郡的海西縣。

　　此時劉備軍中糧盡，忍受不了飢餓煎熬的將士只好自相殘殺，以人肉充飢。

　　眼看山窮水盡，就在此時東海人糜竺將兩千名下人及金銀貨帛資助劉備，劉備才暫時轉危為安。

　　劉備此人能屈能伸，覺得如今自己走投無路，投降袁術，絕無生路可言。相對而言，還不如投降呂布，至少當初自己收留過他，總不能殺了自己吧。遂派人向呂布投降。

　　此時，呂布正在生袁術的氣。原來袁術一看自己偷雞不成蝕把米，鼓動呂布偷襲劉備，自己沒撈到什麼好處，反而白白便宜了呂布，遂翻臉不認人，決定不再給他提供糧食。

　　呂布覺得袁術食言而肥，便委任劉備為豫州刺史駐軍小沛，領徐州牧。

　　在呂布眼裡從來沒有情義二字，只有利益。今天是朋友，明天便是敵人；今天是敵人，明天也可以把酒言歡，稱兄道弟，翻臉比翻書還快。

　　但他最終就死在自己這種沒有信義、只求利益的做人方式上。

　　很快，呂布的部將郝萌就被袁術策反，趁著夜色發動叛亂。呂布慌亂之中，沒來得及穿戴，捲起衣服，光著膀子就逃走了，逃到部下都督

高順營中。

直到此時，呂布還沒回過神來，高順問他：「將軍可知是誰起頭？」呂布搖頭表示不知是誰，只記得慌亂之間逃跑時，在一片嘈雜聲中隱隱聽見有人操著河內口音。

高順立刻猜了個八九不離十，下邳城內河內人屈指可數，肯定是郝萌，遂立即率軍討伐郝萌，郝萌戰敗逃走。

到天明時，郝萌被部將曹性斬殺。一場突如其來的軍事譁變就這樣在一夕之間被平息了。

呂布從軍出征以來，歷經大小戰事無數，憑藉自己一身武藝，令敵人聞風喪膽，從來沒有像這次這樣搞得如此狼狽不堪。

按理說，經過此事，呂布應該好好反思檢討一下自己，但是他依然我行我素。

他沒料到接下來遇到的將是他生平最大的勁敵——曹操。

第十一章　東討袁術

第十二章　誰是英雄

■ 拿誰開刀

　　天下諸侯本來就對曹操持懷疑態度，曹操出征張繡遇挫後，便引致眾人明目張膽的輕視，尤其是袁紹，還寫信給曹操，字裡行間冷嘲熱諷：你曹孟德以為手裡有了空頭天子這張神主牌，人人就會對你望風歸降啊！

　　曹操看完袁紹的書信後，被氣得半死，以至於情緒反常，行動有些失態，這些全都被鍾繇看在眼裡。

　　眾人起初都以為，這是由於征討張繡戰事不順所致，但沒有人敢發言，不想在這個節骨眼自討沒趣。

　　鍾繇知道荀彧最了解曹操的心思，便問他內因。荀彧笑了笑，就張繡這種小角色，雖然暫時讓曹公遇到了小挫折，不過是兵家常事罷了，曹公斷不至於此，肯定是有其他原因。

　　於是，荀彧逕自去找曹操，曹操便把袁紹的信給他看。

　　「我實在嚥不下這口氣，但馬上討伐袁紹，我們這點家底肯定不是袁紹的對手，你們看看怎麼辦？」曹操還在生氣。

　　荀彧覺得現在倉促和袁紹交戰，實在不可取。袁紹雖然強大，但不足為慮，倒是呂布此人遲早是個禍害，不如先拿他開刀。

　　世間最可怕的人不是那些貌似強大的敵人，而是那些無原則、無底線之人，他們一旦喪心病狂，造成的禍患實在不可想像。

第十二章　誰是英雄

而呂布正是被世人公認的此類人。

當時郭嘉也在場，他也持與荀彧相同的觀點，他為曹操分析當下局勢。目前袁紹雖然擁有河北四州之地，看似強大無比，但別忘了他身後還有個公孫瓚在和他較勁，袁紹一時半會兒抽不開身南下。不如乘此機會，先吃掉呂布，除掉後顧之憂，然後再和袁紹攤牌也不遲。

此外，大家都知道呂布此人反覆無常，從不按套路出牌，別看他以前和袁紹有過節，萬一哪天袁紹腦子轉過彎來，給呂布丟擲點好處，他肯定立刻動搖，這兩個人一旦結盟，那將是曹操的滅頂之災。所以柿子揀軟的捏，先拿呂布開刀，時不我待。

就這樣，曹操陣營內部對征討呂布達成一致意見。

為了避免出征之際後院起火，曹操派鍾繇鎮撫關中，設法穩住西涼馬騰、韓遂，別沒事出來瞎搗亂。經過鍾繇一番威逼利誘，軟硬兼施，馬騰、韓遂保證安心保境安民，不給曹操添堵，為了表明誠意，還表示願意將兒子送到許都來做人質。

穩住西北後，曹操又頻頻向袁紹示弱示好，設法讓袁紹短期內不注意到自己。被人打了臉，還要強顏歡笑，這滋味實在不好受，但曹操明白，此刻就算再難受，也要忍著。

當時，袁紹正忙著對付公孫瓚，根本沒工夫理睬曹操，這種結果當然是曹操求之不得的。

設法為自己營造了穩定的外部環境後，曹操開始對呂布下手了。

雙方對壘之際，要做的就是設法擴大自己的同盟，盡量分化孤立敵人，這樣才能將戰果最大化，自己受損最小化。

曹操便設法穩住袁紹，拉攏劉備，分化呂布陣營內部。

其實，曹操所做的事，當時還有一人也正在做，此人便是袁術。

經過數次較量，袁術算是領教了呂布的戰鬥力和臉皮的厚度，覺得自己很難擺平呂布，便打算穩住呂布，好全力對付劉備。

為了籠絡呂布，他不惜和呂布聯姻，為兒子向呂布女兒求婚，呂布一開始答應了，後來卻又反悔，這樁政治聯姻最終還是沒有成功。

袁術覺得穩住了呂布，便派大將紀靈等率領步、騎兵三萬進攻劉備。危急之時，劉備向呂布求救。

呂布將領們都說：「將軍一直想殺掉劉備，此次可以借袁術的手來除掉劉備。」

不過，這一次，呂布卻頭腦靈光，對局勢有了很準確的判斷，他說：「一旦袁術擊潰劉備，就可以向北連繫泰山的諸將，我就將陷入袁術的包圍圈，因此，不能不救劉備。」

但是，呂布也不想為了劉備與袁術鬧翻，這樣太不划算。他一拍大腦，想了一招兩邊都不得罪的妙計，於是，出現了戲劇性的一幕，要不是正史記載，估計都會誤認為是小說家言。

呂布便率領步騎一千餘人，急速趕赴劉備那裡。

紀靈正準備開戰，聽說呂布前來，他摸不清底細，只好先收兵回營，停止攻戰。呂布駐軍沛城西南，派遣侍衛去請紀靈等人，紀靈等也派人來請呂布，呂布前往紀靈營中，同時，邀請劉備一起赴宴。

席間，呂布對紀靈說：「劉玄德是我的弟弟，被你們圍困，所以我來救他。但我生性不喜歡和別人爭鬥，只喜歡化解別人的爭鬥，我有一個辦法，可化解你們兩家的爭鬥。」

紀靈和劉備一臉茫然，都不知道呂布的葫蘆裡賣什麼藥。

呂布在眾人疑惑不解的注視中，得意地站起來，命令手下把鐵戟豎立在營門口，然後對旁觀的人說：「我將用箭射戟頭旁邊的戟支，如果射

第十二章　誰是英雄

中，你們就各自罷兵。如果不中，你們可以留下廝殺，這樣可好？」

從中軍大帳望去，軍營門口鐵戟隱約可見，眾人都覺得縱然呂布武藝高超，這也是不可能完成的事。

呂布在眾人半信半疑的目光中，張弓如滿月，隨即射了一箭，不偏不倚，正中戟支，紀靈等人被驚得合不上嘴，半天才喝采說：「將軍真是天賦神威！」

紀靈知道此時再攻打劉備，就等於不給呂布面子，無疑給了他和劉備合兵反擊的口實。親眼見證了呂布的戰鬥力，他是萬萬不敢再挑戰了，只好灰溜溜地帶兵返回去了。

呂布巧妙地用自己的小聰明化解了一場戰鬥，避免了不必要的流血犧牲，但自此，也算把袁術徹底得罪了。

■ 氣量決定成敗

建安二年（西元 197 年），陶謙舊部臧霸襲擊琅邪國相蕭建，攻陷莒縣，繳獲了一筆戰利品。或許是為了穩住呂布，臧霸事先答應呂布，他事成之後，將戰利品送給呂布一部分。

但是臧霸萬萬沒料到，他還沒來得及將戰利品送出去，呂布就親自前來索取了。

當時呂布好歹名義上也是一方州牧，但氣量之小，貪財之心，由此可見一斑。

呂布手下高順實在看不下去，便勸他說：「將軍威名遠颺，遠近畏懼，想要什麼會要不到，何必自己去索取財物！萬一不成，豈不損害威名嗎？」

呂布聽不進去，帶領人馬，直接開到莒縣。臧霸不知呂布來意，害怕他別有所圖，所以堅守城池。呂布自討沒趣，只好空手而歸。這件事傳開來，一時成為笑談。

　　呂布撤兵返回下邳後，臧霸派人來和呂布和解，呂布覺得很沒面子，但也只好同意。

　　高順是呂布帳下為數不多的將才，儀表堂堂，為官清廉，平常話不多，但他的部下軍紀優良，每次作戰必定獲勝。

　　呂布生性反覆無常，常常朝令夕改，經常輕率下決定，然後又隨意更改，做事情變化無常，全看心情。

　　高順常常勸他說話做事，多過過腦子，呂布心中也明白高順對他忠貞不貳，但就是對高順苦口婆心的規勸聽不進去。

　　此時的劉備在小沛招納舊部，重新糾集了萬餘人馬，稍稍恢復了一些元氣。呂布心中嫉恨劉備，決定親自出兵攻打劉備。劉備不敵，便前往許都依附曹操。

　　如何處置劉備，曹營內部意見不統一，有人就對曹操說：「劉備此人有英雄大志，不如趁他羽翼未豐，早早除掉他，以免後患。」

　　曹操有些顧慮，想聽聽郭嘉的意見。

　　郭嘉說：「這種說法是對的。但是主公興義兵，為百姓除暴，誠心誠意地招募天下英雄豪傑，還唯恐他們不來。如今劉備有英雄之名，因走投無路前來投靠，卻殺掉他，這將會使您背上謀害賢才的惡名。若真如此，有才智的人士將各自疑慮，改變心意，另選主人，您還去和誰一起平定天下！因除去一個禍患，而失去天下人的期望，這是關係今後安危的關鍵，您可要想清楚。」

　　曹操聽後笑道：「還是奉孝了解我啊。」便厚待劉備，封豫州牧，撥

第十二章　誰是英雄

給他一些軍隊，讓他重回小沛，收攏舊部，抗衡呂布。

與曹操的雍容大度相比，呂布的氣量就顯得狹窄到令人發笑的地步。得知劉備歸附曹操，按照政治遊戲規則，此時他再也不能討伐劉備了，因為背後站的是曹操，而呂布曾經是曹操的手下敗將。而且以曹操的實力，早已今非昔比，呂布根本無力抗衡。

如果呂布稍微有點頭腦，此時應該派人與劉備和解，就算達不到目的，至少可以緩和一下兩人之間的氣氛。

但呂布再一次用實際行動證明了他的政治覺悟之幼稚，他覺得我既然沒辦法打你，我就罵死你，簡直猶如三歲孩童一般。

在政治軍事鬥爭中，罵人是常有的事，但只是為了打擊對方的士氣，樹立自己政治正確的光輝形象。說白了，罵人也是政治鬥爭的延伸，是一種鬥爭策略。

但呂布罵人的目的很純粹，就是為了給劉備添堵。

呂布唯恐噁心不到劉備，特意找來陳郡人袁渙替他寫一封信，罵罵劉備。袁渙是何許人也？是劉備在豫州時推舉的茂才。

很顯然，劉備對袁渙有恩。或許呂布想用這種手段證明劉備很不得人心，可惜的是天下人並非都像他呂布一樣恩將仇報，袁渙一口回絕了。

呂布再三強迫，袁渙就是不答應。

惱羞成怒之下，呂布拔出劍威脅袁渙說：「你寫了這封信，就可以活；不寫，就得死！」

袁渙面不改色，笑著回答說：「以前只聽過道德可使人感到羞恥，沒聽過辱罵可以讓人羞愧。假如劉備是個君子，他不會因將軍你罵他幾句，就當回事；如他真是小人，自然會回罵將軍，則受到羞辱的是將軍

您，而不是他。我當初跟隨劉備，猶如今天跟隨將軍，如果有一天，我離開這裡，再為別人寫信罵將軍，難道可以嗎？」

袁渙的一席話使呂布感到慚愧，只好作罷。

■ 局外生亂

為了麻痺呂布，曹操親自寫信給他，對他大加拉攏。呂布本來由於受到許都方面的冷落，感到很失落，因此，一接到曹操的來信，遂立即派陳登帶上謝恩的奏章和答覆曹操的信，前往京城。

呂布的目的本是想藉機探聽一下曹操的虛實，但沒想到，陳登反而被曹操收買了，他一到京城，就將呂布的底細和盤托出，並成了曹操安插在呂布身邊的內應。

得知劉備從曹操那裡轉了一圈又回來了，呂布覺得只要劉備還在，自己這個徐州牧就坐得不踏實。建安三年（西元198年），呂布命高順和張遼攻打劉備。

劉備當然知道，要論單打獨鬥，自己肯定不是對手，遂派人向曹操求救。曹操剛招撫了劉備，自然要做個樣子給天下人看，便派夏侯惇前去援救，但還是被呂布擊敗了。沛城被攻破，危急時刻，劉備只得再次出逃，撇下妻子在城裡，淪為呂布的俘虜。

算起來，劉備的老婆這是第二次成了呂布的俘虜。

劉備一路狂奔，在梁國國界與曹操大軍相遇。便與曹操會合，一同進駐彭城。

曹操打算親自攻打呂布，手下諸將都擔心曹操勞師遠征呂布之時，劉表、張繡等人趁火打劫。唯有荀攸堅持說：劉表、張繡他們不敢輕易

第十二章　誰是英雄

有所舉動，也不足為慮，倒是呂布驍勇善戰，又和袁術勾勾搭搭，如果他坐大，縱橫淮河、泗水之間，必然有其他豪傑響應歸附，不如趁他立足未穩，率大軍一舉消滅了他。

曹操聽後，表示很贊同，遂率大軍加快行軍步伐，前往討伐呂布。

其實，荀攸的擔心不是多餘的，當時泰山軍首領臧霸、孫觀、吳敦、尹禮與昌豨等人都已經歸附於呂布。如果曹操再觀望下去，還不知四周有多少人會懾於呂布勇猛，投奔於他。呂布勢力不斷壯大，屆時必然會挑戰曹操，那時候再來決戰，勢必更加困難。

曹操大軍出動的消息很快傳到呂布那裡，陳宮覺得曹軍遠道而來，不如以逸待勞，趁曹操尚未防備，主動出擊，殺曹操個措手不及。

但是呂布不以為然，他對自己的戰鬥力信心十足，他傲慢地對陳宮說：「公臺（陳宮字）你就等著看好戲吧，看我怎麼把曹操趕到泗水中淹死！」

然而，呂布沒想到，他信任的廣陵郡太守陳登此時早已投降了曹操，轉身作為曹操的先鋒，親自率兵趕到下邳。

但呂布並不把曹軍放在眼裡，親自率軍迎敵，沒想到幾次交戰下來，都被曹操打敗，只好退守城池，不敢出戰。

此時，呂布開始有點害怕了。

曹操趁機展開心理戰術，寫信給呂布，對他曉以利害，分析利弊，勸他早日投降，可保富貴。

呂布被曹操的勸降信打動了，意志開始動搖，但是陳宮不同意，他從骨子裡蔑視曹操，便極力勸阻呂布投降：「曹操遠來，勢不能停留過久。將軍不妨率領步、騎兵屯駐城外，我率軍駐守內城，互為犄角，與曹軍對峙。相信不過一個月，曹軍糧食吃光，戰鬥力下降，我們再行反

擊，一定會轉敗為勝。」

呂布聽完覺得可行，便同意讓陳宮與高順守城，自己率騎兵截斷曹軍的糧道。如果真按照陳宮的建議執行，時間一長，說不定呂布真的能迎來策略轉機。

然而，呂布是個耳根子軟、毫無主見之人，別人稍微一攪局，他就會很快改變主意。

陳宮和呂布剛定下戰術方針不久，呂布的老婆便吹起了枕邊風：「陳宮與高順向來不和，眾所周知，由於將軍你在，才能鎮住局面，讓他們同心效力，可一旦你出城而去，他們必然鬧矛盾，萬一出現什麼問題，將軍恐怕連容身之地都沒有了，屆時妾身還指望誰去！」

呂布聽完後有些遲疑了，而老婆接下來的一番話讓他徹底打消了分兵把守的念頭。

「天下誰人不知曹操看重陳宮，猶如父母對待懷抱中的幼兒一樣珍惜他，他還不是照樣拋棄了曹操來投奔我們。我們待陳宮的條件未必比曹操優厚，您現在把整座城池全權託付給他，誰能保證他不會臨陣變心？」

可見呂布夫妻倆都一個德行，眼中除了利益還是利益，他們永遠無法理解這世間除了利益，還有道義！

形勢危急，呂布眼下能想到的唯有一條路可走了，那就是向袁術求救，遂偷偷派許汜與王楷向袁術求救。

袁術還在為呂布當初悔婚而惱火，說：「呂布這是咎由自取，還有什麼臉面來找我？」

許汜與王楷說：「您現在不救呂布，呂布城破之日，您也將快完蛋了，自己也掂量一下吧！」

第十二章　誰是英雄

袁術想想也是，他知道一旦呂布被消滅，曹操下一個目標就是自己，便集結人馬，準備聲援呂布。

此時呂布擔心袁術因為悔婚而不肯發兵救援，火燒眉毛之際，再也顧不了父女情深，他與袁術再次約婚，並直接用絲帛將女兒身體裹住，綁到馬上，連夜親自送女兒出城。

誰知剛出城不久，就與曹兵相遇。曹軍弓弩齊發，呂布寸步難行，只得又退回城中。

呂布被曹操圍困的消息傳來，袁術的援軍還沒到，河內太守張楊坐不住了。說起來，張楊和呂布之間談不上有多深厚的情誼，倒是呂布前後兩次棄張楊而去，或許是張楊此人念及呂布誅殺董卓有功，或者他有英雄情結，對勇猛無比的呂布非常敬慕，當他聽說呂布被困，便決定出兵救援。

但是，張楊自身實力有限，不敢與曹操正面衝突，便派人到野王縣東市虛張聲勢，想藉此呼應呂布，嚇阻曹操。

誰料到，曹操倒是沒被嚇到，張楊自己卻送了命。

權御之術，其奧妙就在於恩威並施，這樣屬下才能對你又敬又怕，死心塌地地為你效命。如果管理過於嚴苛，必然會人心渙散；但統馭部下過於寬鬆，就沒有人拿你當回事，而張楊恰恰就是這樣一個人。

張楊性格寬厚，以寬待人，就算是部下有人叛變，他也只是流淚教訓幾句。如此一來，他的屬下從沒有人因為犯錯承擔過責任，也沒受過懲處，時間一長，就沒有人將他放在眼裡。

所以張楊決定出兵時，部下中就有人表示不滿，畢竟大家都不看好張楊，既然明知不是曹操的對手，幹麼非要為了呂布這種反覆無常之人跟曹操結怨？沒多久，張楊被部將楊醜暗殺，楊醜打算跑到曹操那裡去

請賞邀功，誰料到沒走多遠，就被自己部下眭固所殺。

眭固糾集張楊部下屯軍射犬（河南沁陽西北），打算北上投奔袁紹。

河內突發這一系列變化，出乎曹操的意料，他想無論如何都要阻止眭固投奔袁紹，不然一旦袁紹攪局，本來和呂布的一場區域性戰爭，就將變成他和袁紹的兩雄對決，但他目前還沒有做好與袁紹攤牌的準備。

■ 白門樓

曹操為了避免戰爭外溢，派史渙、曹仁急攻眭固。

眭固本是黑山軍出身，曾經和袁術一起攻打東郡，為曹操所敗，走投無路之下，投奔張楊。由於有這段過節，他不敢向曹操投降，唯有投奔袁紹。

眭固字白兔，他駐紮射犬時，有個巫師曾告誡他說：「將軍字中有兔，這座城名有犬字，兔見犬，能有好下場嗎？勸將軍趕緊收拾一下，早點離去。」

眭固自然不會將巫師的話當真，但沒多久，射犬被史渙包圍，眭固死於非命，餘眾皆投降了曹軍，曹操乘勢吞併了河內郡。

可以說得到河內完全出乎曹操的意料，但如此一來，曹操的勢力範圍擴展到了袁紹的邊緣，袁紹頓時有了危機感，兩人之間的對決看來不可避免地將提前到來。

曹操此時也在與時間賽跑，因為他不想將戰線拉得太廣，對於客場作戰的他來說，時間越久越不利。於是，為了脅迫呂布投降，曹操下令圍繞下邳城挖掘壕溝，做出要引水灌城的架勢。

此時大軍連續作戰時日已久，加上高強度的土方挖掘工作，戰士們

第十二章 誰是英雄

都疲憊不堪。但呂布似乎沒有被嚇倒，沒有投降的跡象，曹操感到有些洩氣，便有撤兵的打算。

因為在外日久，他害怕許都後院生亂。

荀攸與郭嘉都不同意，他們分析道：「現在到了最關鍵時刻，就是拼意志，絕不能退縮撤兵。戰事在消耗我們的鬥志，對呂布又何嘗不是？呂布此人有勇無謀，現在連戰連敗，銳氣已經消耗得差不多了。呂布此人主要依靠陳宮給他謀劃，但陳宮此人智略有餘，變通不足，況且呂布不一定聽他的。再說兩軍交戰，不僅僅是看雙方的軍力和後勤物資保障，更要看雙方主帥的意志，估計現在呂布的意志都消磨得差不多了，只要主公您堅定信心，大敗呂布是遲早的事。」

二人建議曹操，趁著呂布意志薄弱、士氣低落之時，加大對呂布的攻勢。

曹操聽完後，便下定決心，不消滅呂布決不撤兵。

沒多久，曹軍開鑿溝渠工程完成，引沂水、泗水來灌城。下邳城在水中泡了一個月後，呂布熬不下去了，他登上城頭對曹軍喊話：「你們不要這樣逼迫我，我要向明公自首。」

陳宮說：「曹操不過是個逆賊，怎配稱他為明公！現在投降，無疑是拿雞蛋碰石頭，自己送死！」

經過陳宮的一番勸說，呂布總算暫時打消了投降的念頭。誰知，沒多久發生了一件看似不起眼的小事，成了壓垮呂布的最後一根稻草。

呂布部下侯成丟失了一匹好馬，非常痛惜，但沒過多久，卻又找了回來。他自然是大喜過望，對於一個軍人來說，沒有什麼比這件事還令人開心的。曹操大軍圍城數月，城內氣氛非常沉悶，將士們都感到很壓抑，恰好遇到這件事，大家便覺得可以趁這個機會，聚一起樂和一下，

順便緩和一下緊繃的神經。

這本來是人之常情,也沒什麼大不了的。

將領帶著禮品去恭賀侯成,侯成心情愉快,設宴招待大家,當然無酒不成席,免不了喝幾杯。

侯成知道呂布心眼小,酒席之間,沒忘了同時給呂布送去一份酒肉,但他卻不知,自己無意間違反了呂布剛發下的禁酒令。

原來呂布因被酒色所傷,擔心將士們酗酒誤事,耽誤軍情,故下令軍中嚴禁飲酒。所以當他看到侯成送來的酒肉,非但沒有欣慰之意,反而怒火沖天:我再三申明,軍中禁止飲酒,你們這是拿我的話當耳旁風嗎?

如果呂布僅僅停留在這個意思,以違反禁酒令狠狠斥責一番侯成等人,猜想大家就算有點掃興,心中感到不痛快,但因為自知理虧,也就罷了。

因為,無論是呂布還是將士們都知道,如今大敵當前,鬧內訌對誰都不好。

但誰也沒料到,呂布拿這件可大可小之事借題發揮,公然斥責說:「你們私下聚在一起想做什麼,難道在謀劃如何害我嗎?」

這話傳出來,侯成非常害怕。他知道呂布的性格,翻臉不認人,如果他揪住不放,往後恐怕自己性命難保。

建安三年(西元198年)十二月二十四日,侯成與宋憲、魏續等人發動叛亂,捉拿住陳宮、高順,率領部眾歸降曹操。

呂布文靠陳宮,武靠高順,如今這兩人都被劫持去了,等於斷了雙臂,一時間倉皇失措,登上下邳城南門白門樓,遠遠望去,但見城外到處都是曹操的人馬,頓時感到大勢已去,失敗感籠罩在心頭揮之不去,

第十二章　誰是英雄

一時間感到灰心喪氣,便讓手下殺了自己,提著人頭前去歸降曹操。

呂布身邊的士卒都是追隨他多年之人,一時間都難以下手,呂布又沒自殺的勇氣,只好走下城樓,向曹操投降。

■ 縛虎豈能不用勁

呂布被人捆綁住後,押送到曹操面前。

都淪為階下囚了,呂布依然驢死不倒架,自視甚高,一看到曹操,便老遠就衝著曹操喊道:「恭喜曹公,從今以後,天下可以平定了。」

曹操不解,便問他:「為何這麼說啊?」

呂布便大言不慚地說:「您所顧忌的人不過是我呂布。我現已歸順,接下來,我率領騎兵,您自統步兵,我們強強聯合,天下無人能敵。」

曹操被呂布一番話逗得哈哈大笑,此時,呂布看見曹操身旁的劉備,便大聲說:「劉玄德,君為座上客,我淪為階下囚,繩子把我捆得太緊,難道就不能替我說句話嗎?」

曹操再次被逗樂了,大笑道:「像你這樣的猛虎,不捆緊一些能行嗎?」曹操欣賞呂布的勇猛,一時間動了惜才之意,便想把呂布放了。

曹操回過頭來看著劉備,想聽聽他的意見。

劉備不動聲色,只是淡淡說了一句話:「曹公難道沒看見丁原與董卓的下場嗎?」

劉備的一席話立刻讓曹操警醒起來,知道像呂布這種反覆無常之人是不可信的,如果今日因愛才放過了他,他日必為禍患,放虎容易捉虎難,他曹孟德絕不能重蹈丁原與董卓的覆轍。

於是,曹操緩緩點了點頭。

呂布本來從曹操眼神中看到了一絲生機，不料卻被劉備一席話搞砸了，頓時急了，便大聲說：「曹公對大耳朵傢伙的話，且不可信！」

劉備耳朵比常人的要大得多，因此，呂布這樣稱呼他。

曹操此時再懶得聽呂布聒噪，用眼角掃了一圈臺階下的陳宮、高順、張遼等人，其中陳宮算是曹操的故人了，兩人曾經有過一段不錯的共處時光。待到再次相見時，卻已是敵對雙方，曹操念及舊情，不想讓陳宮死，但卻不想直說，想讓陳宮自動求饒，好順坡下驢，遂徐徐對陳宮道：「公臺你平生自以為智謀有餘，現在為何淪落至此？」言語間充滿了揶揄之意。

陳宮聽出了曹操的話外之音，但他是性格剛烈之人，便指著呂布說：「是此人不用我計，才落到這樣的下場。但凡他聽我一言，今天或許又是另外一番景象了。」

曹操碰了個釘子，便想用親情打動他。

「公臺想過你的老母往後怎麼辦嗎？」

陳宮答道：「我聽說以孝道治理天下的人，不傷害別人的雙親，我老母的生死取決於您，而不在我。」

曹操只好退一步說：「那你妻子兒女怎麼辦？」

陳宮答道：「我聽說施仁政於天下的人，不滅絕別人的後代，妻子兒女的生死，您看著辦！」

曹操聽完後，沉默了良久，沒有再說一句話，他知道，陳宮主意已決，無需再饒舌。

雙方就這麼靜默了一段時間，陳宮不想再這麼等下去，他知道再多耗一分鐘，對他對曹操都是一種折磨，便催促快點行刑。

第十二章　誰是英雄

曹操只好點頭同意，陳宮傲然轉身闊步往外走。曹操本以為陳宮的倔強和固執是做給外人看的，至少他內心中還有他的一席之地，因此，他眼巴巴望著陳宮的背影，心中期盼他哪怕是回過頭再看他一眼，都感到稍微欣慰。但他最終失望了，陳宮一直邁步向前，自始至終都沒有回頭。

曹操總算明白了，他在陳宮心中已經徹底死了。那一刻他感到痛心、失落、難過，各種感覺一起湧上心頭，忍不住兩行熱淚滑下臉頰。

與陳宮一樣，高順也沉默不語，只求速死。

曹操沒料到，平日勇猛無比、令天下人膽寒的呂布，面對死亡時卻流露出恐懼和膽怯，不惜搖尾乞憐。倒是陳宮、高順這些平常不起眼的人，臨死前表現得倒像個大丈夫，偉男子！

陳宮、呂布與高順全都被絞死，頭顱被送到許都。

後來，曹操把陳宮的母親召來，贍養她直到去世，又為陳宮女兒操辦婚事，終其一生對陳宮家屬都照顧有加，比當初陳宮跟隨自己時還要豐厚。

前尚書令陳紀與他兒子陳群也在呂布軍中，曹操對他們全都以禮相待，任用他們為官。張遼率領他的部下歸降，被任命為中郎將。

臧霸自己逃到民間隱藏起來，曹操懸賞將他捉拿，尋得臧霸，非常喜歡他。臧霸還給他帶來兩個舊部下──徐翕與毛暉。

兗州之亂時，徐翕、毛暉都背叛了曹操，事後投奔臧霸。曹操最恨叛徒，便傳話給劉備（劉備當時是徐州牧，是臧霸的上司），要臧霸趕緊把人交出來。

但臧霸沒有被曹操威逼嚇倒，反而讓劉備回話給曹操，稱出賣朋友這種事我做不出來。曹操得知後，非但不生氣，反而欣賞臧霸的膽識和為人。

由於臧霸的緣故，曹操非但沒有再追究徐翕與毛暉的罪行，反而讓他們繼續做官。

後來，吳敦、尹禮、孫觀等這些先前追隨過呂布的人，在臧霸的感召下都歸降了曹操。曹操分割琅邪和東海，增置城陽、利城和昌慮三郡，將臧霸等人全都任命為郡太守和封國國相。

煮酒論英雄

建安三年歲末（西元199年初），曹操消滅了呂布，總算是除掉了這一心頭大患。

在這場軍事行動中，曹操有得有失，他作戰手法也發生了很多變化，採用更多心理戰術，比如當年十月曾屠彭城，就是想透過這種大規模屠殺震懾敵人，使得對手喪失抵抗的勇氣。與此同時，他也種種籠絡人才，收買人心，而不是一味地依靠殺戮。

就算是陳宮，雖然寧死也不投降，但對曹操的稱謂也有了微妙的變化，他不再稱曹操為逆賊，而是改稱明公。這其中當然有為身後家人處境考量的因素，但同時，何嘗不是陳宮對曹操的態度有了細微的變化。

所有這些昔日的朋友、今朝戰場上的勁敵，昨天的敵人、今天或許正屬同一戰壕的盟友，都在為重新一統天下較量。而這個過程，必將是血流成海，屍骨如山，那麼，有誰會帶領大家重還一個清平世界呢？

在建安三年（西元198年）的寒冬中，天下格局開始漸漸清晰，世人都覺得，將來執掌天下的，必將在袁紹和曹操之間，而曹操也開始以蕩平四海為己任。

在所有人都認為曹操最大的勁敵是袁紹時，曹操卻隱隱然覺得另有其人，此人便是劉備。

第十二章 誰是英雄

　　至於是什麼原因，曹操一時間也說不準，只是覺得劉備此人看似以仁厚面目示人，但從他那張貌似忠厚仁義的面孔下，曹操讀懂了他的狡詐和野心。

　　劉備說的那句促使曹操下定決心殺掉呂布的話，讓曹操隱隱不安。其實曹操何嘗不明白，劉備這番話表面上是為曹操著想，實則嫉恨呂布從他手中奪走徐州，想借自己之手報一箭之仇。

　　對於呂布這種只懂匹夫之勇的人，曹操並不擔憂，倒是劉備讓曹操捉摸不透。

　　如今徐州已經平定，接下來該怎麼辦？

　　按照邏輯說，呂布是從劉備手中奪走徐州的，如今呂布已死，就該讓劉備官復原職，重新擔任徐州牧。

　　但曹操不傻，費了這麼大勁，才把徐州平定，到嘴的肉豈能吐出來？他知道劉備此人雄心不小，讓他有了地盤，以後比呂布還難對付。

　　那該怎麼辦？

　　殺又殺不得，放又放不得，如何安置劉備，頗讓曹操費神。

　　最後他想出一個既可以說得過去，也可以避免縱虎歸山留下隱患的方法，就是給劉備升官，讓他到京城去做官，將他置於自己眼皮底下，就算他有天大本事，變成無本之木後，還能掀起什麼風浪來？

　　於是，曹操讓車冑出任徐州刺史，留守徐州，劉備被授為左將軍，跟曹操回許都。

　　可以說，曹操此次遠征呂布一舉多得，不但除了呂布這一大威脅，收服了劉備這個隱患，而且擴大了地盤，穩固了後方，以後與袁紹對決之時，再無兩線作戰的顧慮。

回到許都後，曹操對劉備的警惕並沒有放鬆，時不時找劉備來吃飯喝酒，言談之間，近距離觀察劉備，看他是否安穩老實。

對於兩人的這次會談，被寫進了小說《三國演義》中，便是煮酒論英雄的故事，大致是這樣：

車騎將軍董承暗中接到獻帝衣帶詔，要他除掉曹操。事關重大，董承開始主動聯繫人手幫忙，其中就找到了劉備，眾人歃血會盟，然後一起做了個簽名單。

為了麻痺曹操，劉備裝得跟沒事人一樣，回到住的地方種菜，表示自己安分守己，沒有異心。

有一次，曹操請劉備到府喝酒。兩人一見面，曹操便說：「眼下正逢梅子成熟，我用青梅煮了一些酒，請你嘗嘗。」

按照目前的處境，劉備明白宴無好宴，酒無好酒，只好有一搭沒一搭地喝酒，隨口應付曹操。

曹操說：「反正閒著也是閒著，我們不如來討論一下當今誰是英雄。」

劉備謙虛說：「我何德何能，哪有資格討論英雄啊。」

曹操說：「不就是閒聊嗎？何必當真，隨便說說不要緊。」

於是，劉備掰著指頭說：「袁術你看怎麼樣？夠稱得上英雄不？」

曹操搖頭說：「不過是塚中枯骨耳！吾早晚必擒之。」

劉備又說：「河北袁紹，四世三公，門多故吏；今虎踞冀州之地，部下能事者極多，可為英雄？」

曹操輕蔑地說：「袁紹色厲膽薄，好謀無斷，幹大事而惜身，見小利而忘命，非英雄也！」

劉備又接連列舉了劉表、劉璋、張魯、孫策等這些當時的割據諸

第十二章　誰是英雄

侯，都被曹操一一否決。

劉備覺得無話可說了，他不知道曹操葫蘆裡賣什麼藥，便搖頭說：「那就恕我孤陋寡聞，實在想不出是誰了，還望明公不吝賜教。」

曹操用手指了一下劉備，又指了一下自己說：「今天下英雄，唯使君與操耳。」

劉備正準備動筷子，聽了曹操的一番話，頓時拿不穩筷子，筷子掉地下了。

恰好此時天上打雷，劉備就藉口受到雷聲驚嚇，將此事掩蓋了過去，曹操也沒太計較。

但劉備經過此事，開始心虛了，覺得自己無論怎麼掩飾和偽裝，依然沒辦法瞞得住曹操的眼睛，自己的雄心壯志最終還是被識破了，許都看來是待不下去了，應該早做謀劃，逃出曹操的魔掌。

煮酒論英雄這件事，並非是《三國演義》完全虛構，在《三國志》和《後漢書》中都有類似的記載，只不過小說使得這次會面更顯生動罷了。比如《三國志・先主傳》載：

曹公自出東征，助先主圍布於下邳，生擒布。先主復得妻子，從曹公還許。表先主為左將軍，禮之愈重，出則同輿，坐則同席。袁術欲經徐州北就袁紹，曹公遣先主督朱靈、路招要擊術。未至，術病死。先主未出時，獻帝舅車騎將軍董承辭受帝衣帶中密詔，當誅曹公。先主未發。是時曹公從容謂先主曰：「今天下英雄，唯使君與操耳。本初之徒，不足數也。」先主方食，失匕箸，遂與承及長水校尉种輯、將軍吳子蘭、王子服等同謀。會見使，未發。事覺，承皆伏誅。

從這段記載可以看出，曹操無論是出自真心，還是做表面文章，對劉備都禮遇備至。

那麼，曹操為何要對劉備說那番話呢？是英雄惺惺相惜，還是旁敲側擊，暗示劉備要懂得知進退，收斂野心，不要抱有妄想痴念？

對此，歷來有爭議，不少研究者站在不同角度給予各種推測和剖析。但後來發生的事實在是一團迷霧，讓人看不清真相，誰也沒辦法說得清曹操當時的真實想法。

比如說，曹操懷疑劉備的野心，挑明了劉備就是他以後爭奪天下的最有力競爭對手。既然如此，曹操為何不乾脆把劉備殺了，以絕後患，至少要把劉備軟禁起來才是。

但奇怪的是，後來沒多久，曹操還借兵給他，讓他攔截袁術（當時，正值走投無路的袁術準備北上投奔袁紹），這樣做無疑是放虎歸山，難道以曹操的聰明就看不出來，劉備此去無疑是龍歸大海，一去不返嗎？

既然他如此警惕劉備，為何還要放走他？

真實原因究竟為何，我們不得而知，但毫無疑問，放走劉備是曹操一生中所做的最大誤判。

劉備逃出許都，帶著曹操借給他的兵，一回到徐州，就把曹操任命的徐州刺史車冑殺了，自己占據徐州。緊接著袁術也死了，他又少了一個外敵。此時的曹操說什麼都晚了，他還沒來得及討伐劉備，後院就起火了，一場針對他的政變活動正在暗中緊鑼密鼓地醞釀中，許都又將迎來一場血雨腥風。

第十二章　誰是英雄

第十三章　官渡賭局

■ 衣帶詔疑雲

　　劉備之所以著急離開許都，是因為涉嫌參與了一場針對曹操的陰謀政變，但不知何故，劉備提前溜出了許都。

　　但這次政變並沒有因劉備的缺席而擱置，反而還在暗中繼續。

　　此次政變的主要策劃人和發起者是車騎將軍董承，據說他暗中接到獻帝密詔，要他誅殺曹操。

　　這件事的來龍去脈大致是這樣：

　　獻帝遷都許都以後，由於曹操飛揚跋扈，他處處受氣，感覺自己這個皇帝做得實在窩囊，忍無可忍之下，決定鋌而走險，與曹操殊死一搏。

　　但環顧四周，當初共患難的漢室老臣現在都被曹操清洗得所剩無幾，能夠委以重任且可以信得過的，就只有董承了。一來董承曾經跟隨他千里大逃亡，從長安到洛陽一路上忠心耿耿，生死相隨，不離不棄；二來董承是獻帝妃嬪董貴人之父，畢竟是姻親，相對於外人，更靠得住。

　　於是，獻帝密召董承入宮，將帶血詔的衣帶賜給了他。原來獻帝在血詔中歷數曹操的罪惡，要他連繫忠義之士，剷除曹操！董承平素也對曹操不滿，於是暗中去找侍郎王服、長水校尉种輯商議。這兩人都是他的至交，也對曹操獨攬大權表示不滿。讀了血詔之後，即起誓立盟，決心效忠獻帝。

第十三章　官渡賭局

　　正在這時，曹操凱旋。曹操特地上表為劉備奏請軍功，獻帝獲知劉備是中山靖王之後，按輩分該稱他皇叔，有意拉攏他作為剷除曹操的主力軍，就立即封劉備為左將軍，董承等人也覺得劉備將是他們的中堅力量。

　　一天夜裡，董承便帶著衣帶詔見劉備。劉備慌忙迎出，並說：「國舅深夜來此，定有要事。」董承便將衣帶詔一事相告劉備，劉備正好有了反曹的理由，就說：「既然是奉詔討曹，備一定效勞。」從此，劉備便暗中聯繫將士中心腹之人，準備伺機除掉曹操。表面上卻一副胸無大志的樣子，矇蔽曹操。

　　其實，早在劉備開始投奔曹操時，曹操手下就有人建議曹操殺了劉備，以除後患。當時曹操的勢力還不算大，正值他廣收天下人才、收買人心之時，不便殺一個英雄而嚇走天下賢士。此時曹操雖然沒有對劉備下手，但形勢卻已經大不相同。劉備知道曹操疑心很重，因此特別低調。經常在後園種菜，親自澆灌，裝出一副胸無大志的樣子。曹操雖然並不知道衣帶詔的事，但對劉備一反常態、埋頭種菜的舉動，多少有些懷疑。

　　曹操決定煮酒論英雄試探劉備，不想被劉備僥倖掩飾過去了。但劉備事後仍心有餘悸，怕再待下去，必遭曹操毒手。於是便一面與董承等積極籌劃策反，一面暗中與關羽、張飛商量脫身之計。湊巧袁譚從青州去迎袁術，袁術要從徐州經過，劉備就主動提出去截擊，曹操因為劉備熟悉那一帶的情況，就派他前往，劉備立即受命啟程。

　　程昱、郭嘉等人聽說讓劉備帶著關羽、張飛走了，連忙勸曹操萬萬不可放走劉備。曹操心中也非常後悔，馬上派人去追，可是，劉備早已如鳥入天空，魚入大海，逃遠了。

不到一個月，劉備就到徐州殺了曹操派任在那裡的守將車冑，自己做了徐州牧。留關羽駐防下邳，劉備自己據守小沛。劉備有皇叔身分，號召力很強，東海郡及其他郡縣都紛紛背叛曹操，歸降了劉備。其部眾不久就有了幾萬人，劉備便派人到袁紹處締結同盟，共抵曹操。

建安五年（西元 200 年）春，董承聯繫王服、种輯，準備聯合劉備內外夾攻，一舉消滅曹操。不料，計畫洩漏，曹操才知道自己差點被暗算，大怒，立即將董承、王服、种輯等人及其全家老小誅殺。這還不夠，曹操仍怒氣未消，又帶劍來到宮中，命將士把董貴妃推出去斬了。

當時，董貴妃已有身孕，獻帝乞求曹操，希望他網開一面，但被曹操冷酷無情地拒絕了。

很多人把董承事件當作是漢獻帝與曹操關係惡化的一個象徵，其實這種說法並不對。呂思勉在《三國史話》中就對衣帶詔的真實性表示了懷疑。我們來看一看史書記載。《三國志‧先主傳》說：「獻帝舅車騎將軍董承辭受帝衣帶中密詔，當誅曹公。」很多人會誤解為漢獻帝下密詔給董承，可董承自己說的，可信嗎？所以說《三國志》和《資治通鑑》對衣帶詔的真實性都表示了懷疑。而袁宏的《後漢紀》更直接表示否定，連衣帶詔這三個字都沒出現。范曄《後漢書》倒是持肯定態度，《後漢書‧董卓傳》說：「帝忌操專逼，乃密詔董承，使結天下義士共誅之。」《後漢書》成書較晚，在史學價值上不能與《三國志》相比，比較抹黑曹操。董承是牛輔（董卓女婿）的餘孽，是西涼系軍閥，怎麼會是公忠體國的人呢？另外，在曹操迎奉天子初期，他與漢獻帝關係不錯，皇帝怎麼會讓董承殺曹操呢？這不過是曹操與董承的矛盾而已。

曹操平定了宮中的陰謀之後，便要派兵去討伐劉備，將士們都反對，認為應該先除掉袁紹，說：「與明公爭天下的是袁紹。如果我們去東

第十三章　官渡賭局

征攻擊劉備，北方的袁紹趁機打過來，到時該怎麼辦啊？」

曹操說：「劉備胸懷大志，若不及早採取行動，後患無窮。」郭嘉同意曹操的決定，接著說：「袁紹反應遲鈍而性情多疑，即使發動攻擊，也不會太快；劉備剛剛興起，人心還沒有全服，我們如果出其不意，他一定會失敗。」曹操於是率軍東征。

袁紹的謀士田豐聞聽曹操遠伐劉備，必定後方空虛，立即向袁紹建議道：「曹操遠伐劉備，劉備向來處事謹慎而慎思，曹操不可能速勝。此時如果我們揮軍直襲曹操的後路，可以一舉成功。」袁紹卻因為幼子患病正重，不願發兵。田豐對袁紹喪失這麼好的機會而感嘆：「唉！千年難逢的機會竟然毀於一個孩童，真是讓人難以相信，我們大勢去矣！」

■ 何去何從

曹操迅速抵達徐州大破劉備。劉備突出重圍，倉皇出逃，投靠袁紹去了。這時，關羽還守著下邳，劉備的家小也在那裡，曹操又繼續攻打下邳，關羽被逼暫時投降，劉備的家人也成了俘虜。曹操也立刻撤兵，以防袁紹偷襲。

經過一系列的征伐，曹操的軍事實力得到了提升，再加上迅速平定了獻帝的陰謀，他的政治影響力也大幅增加，朝廷內外莫不被他震懾。

劉備在這時候已經有了幾萬兵丁，包括曹操的舊部——東海郡的昌豨等人所帶來的部隊。他可以與曹操一決雌雄，卻忽然怯場，見到曹操的旌旗就下令撤退，棄軍而逃，丟下了妻子兒子，也丟下了固守下邳的關羽。這件事實在窩囊，有損劉備的形象，以至於後世司馬光都覺得這是別人故意汙衊之詞。

但劉備吃了敗仗，確是事實。不僅妻子與關羽都在下邳被俘，張

飛與他的一支官兵也被打得與劉備的主力失去聯繫，逃往汝南郡（今河南正陽一帶），跟黃巾首領劉辟會合。劉備自己帶了少數人，去青州找袁譚。

袁譚是袁紹的大兒子。袁紹是劉備的同學兼老長官公孫瓚的死敵。袁紹殺了公孫瓚，站在劉備的立場來說，袁紹是劉備的仇人，怎麼可以去找他的大兒子袁譚呢？

原因在於，劉備當時的處境太慘。當年，呂布到了天下無容身之地的時候，還有一個河內太守張楊伸出援手。呂布被曹操圍困在下邳，張楊還是帶兵來救，死在途中。但此時的劉備，除了關羽、張飛等一班追隨兄弟外，卻沒有一個地方諸侯可以依靠。

最後，實在無路可走之下，劉備只得硬著頭皮去青州投奔袁紹的大兒子袁譚。在袁紹與曹操兩個仇人之間，袁紹是舊仇人，曹操是新仇人；袁紹是間接的仇人，曹操是直接的仇人。新仇舊恨之間，劉備決定，將命運與生命投送在袁紹的手中。

劉備在做豫州牧時，推舉袁譚為茂才。東漢的茂才比孝廉略為高些，袁譚未必稀罕這個茂才資格，不過劉備推舉他，多少也是一份厚誼。袁譚對劉備的做法，就算沒有好感，至少不會討厭。袁譚聽說劉備想來青州，就立刻帶了步兵與馬隊來迎接。

袁譚向袁紹報告了劉備的情況，袁紹派了大將帶領人馬，來請劉備到袁紹的大本營鄴城相見。

袁紹親自出城郊迎接，建安五年（西元220年）春天的劉備，不過是曹操的敗軍之將，是窮無所歸，覥顏來投舊敵的可憐人，為什麼袁紹要對他如此禮遇呢？

原因是，劉備的物質力量雖小，精神力量卻很大。誰有了劉備，就

第十三章　官渡賭局

足以升高自己的地位，增強自己的號召力。

劉備並非是靠《三國演義》所稱的「皇叔」二字的金字招牌。他和獻帝的血緣，極其疏遠，只不過是遠房本家而已。

劉備的精神力量在於深得人心。他之所以深得人心，一是對朋友有信義，二是對老百姓仁慈。

他無論到了哪裡，關羽與張飛總跟著他，或是雖則暫時分開了，但遲早總會不避千辛萬苦，跑來和他相聚。不僅關羽、張飛如此，此後，趙雲、糜竺、徐庶與諸葛亮也是如此。

龐統、黃忠、張松、法正、嚴顏、馬超、劉巴、李平、馬良等文武人才，只要是和他見了面，都願意和他在一起。他之所以能獲得那麼多人才的愛戴，是由於他秉性真誠，習慣於對朋友推心置腹，無話不談，先向朋友表露了信任，於是就換得了朋友們對他的信任。

他對泛泛之交也很願意幫忙、出力，他救過孔融，也救了陶謙，他甚至收留了呂布這樣反覆無常之人。

劉備對老百姓好，把老百姓的困難放在心裡，努力解決。當年，他在平原當縣令與國相之時，便已做到了「外禦寇難，內豐財施」。

青州的人民，不僅平原國，其他各郡各國，也都很愛戴他；不僅是青州人民，不僅漢人，連幽州的烏桓人與「雜胡」，都願意跟他這位「劉使君」去到海角天涯，加入幾千饑民的行列，奔向徐州，援救陶謙，抵抗曹操。

當時，劉備自己的兵僅有一千左右，加上這幾千饑民以及烏桓、雜胡，聲勢也不小。但這聲勢也只是表面而已，如何對抗得了曹操？

陶謙把屯在徐州、從家鄉丹陽招來的四千名子弟兵都撥給他。劉備之所以名滿四海，人心嚮往，不是沒有道理的。

劉備向袁紹貢獻了一條計策，同時也向袁紹討了一個差使：請袁紹派他到汝南郡，聯繫當地的黃巾軍首領劉辟，襲擊許縣。袁紹同意，交了一些兵給他。這時候，他的舊部軍官與兵士也已經有不少人陸續從徐州輾轉到鄴縣來找他，使得他又有了一支相當像樣的部隊。

他帶著這支部隊與袁紹的兵到了汝南，與劉辟及劉辟的朋友劉邵會合，占領了（臨潁縣東的）隱強縣。其他各縣的人民紛紛揭竿而起，響應劉備，弄得曹操在許縣及其以南各縣的大小官吏都害怕了起來。

曹操派遣曹仁帶騎兵攻打，才把隱強與其他各縣奪回。

劉備不敢和曹仁久戰，離開豫州，到冀州魏郡鄴縣，向袁紹覆命。

■ 一紙檄文

袁紹聽說曹操殺了董承、董貴妃，又把獻帝軟禁起來，立即抓住這個機會命文記官陳琳寫了一篇聲討曹操的檄文，指責曹操威脅天子，殘害忠良，敗法亂紀，驕橫殘暴；還嘲笑曹操出身微賤，是「贅閹遺醜」，號召天下豪傑共討曹操。

陳琳筆桿子非常了得，下筆千言，洋洋灑灑，將曹操祖宗八代都罵了個遍。檄文傳到許都時，曹操正在生病，當他看到陳琳這篇雄文時，不由得出了一身冷汗，驚恐之下，病都好了一半。

再說袁紹那邊，為了擴大戰線，他還派人去遊說劉表、張繡，希望漢他們聯合起來，南北夾擊曹操。不想劉表卻被支持曹操的張羨所困，難以抽身北顧。張繡不但沒有和袁紹聯合，反而聽從了謀臣賈詡的建議，歸附了曹操。曹操為了穩固後方，和他冰釋前嫌，予以厚待接納。

是否馬上與曹操決裂，袁紹內部也出現了激烈的爭論。田豐、沮授

第十三章　官渡賭局

都持反對意見。田豐勸袁紹說：「曹操既然擊敗劉備，則許都已不再空虛。而且曹操善於用兵，變化無窮，兵馬雖少，卻不可輕視。現在不如按兵不動，與他相持。將軍據守山川險固，擁有四州的民眾，對外結交英雄，對內抓緊農耕，加強戰備。然後挑選精銳之士，分出來組成奇兵，頻繁攻擊薄弱之處，擾亂黃河以南。敵軍救右，我軍則擊其左；救左，則擊其右。使得敵軍疲於奔命，百姓無法安心生產，我們沒有勞苦，而敵軍則陷入困境，不到三年，就可坐等勝利。現在放棄必勝的謀略，而要以一戰來決定成敗，萬一不能如願，後悔就來不及了。」

袁紹根本聽不進去，沒有採納。

田豐竭力勸諫，惹怒了袁紹，認為田豐擾亂軍心，給他戴上刑具，關押起來。袁紹通告各州、郡，宣布曹操的罪狀。

建安五年（西元 200 年）二月，袁紹下令進軍黎陽。

極度失望的沮授在袁紹大軍出征前召集宗族，把自己的家產分給族人，說：「人勢則權威無所不加，失勢則連自己性命都保不住，真是可悲！」

他弟弟沮宗說：「曹操的兵馬比不上我軍，您為什麼害怕呢？」沮授說：「憑曹操的智慧與謀略，又挾持天子作為資本，我們雖戰敗公孫瓚，但士兵實際上已經相當疲憊，加上主上驕傲，將領奢侈，全軍覆沒，就在這一仗了。」

天下諸侯對即將到來的袁紹、曹操大戰，基本都保持中立觀望態度。

袁紹自恃兵強地廣，決定與曹操開戰。他命大將顏良、文醜為先鋒，劉備為後陣，自己帶領主力，浩浩蕩蕩殺向許都。

袁紹派大將顏良到白馬進攻東郡太守劉延，沮授說：「顏良性情急躁

狹隘，雖然驍勇，但不可讓他獨當一面。」袁紹不聽。四月，曹操率軍向北援救劉延。荀攸說：「如今我們兵少，不是袁軍的對手，只有分散他的兵力才行。您到延津後，做出準備渡河襲擊袁紹後方的樣子，袁紹必然向西應戰。然後，您率軍輕裝急進，襲擊白馬，攻其不備，就可擊敗顏良。」曹操聽從了荀攸的計策。

袁紹聽說曹軍要渡河，就分兵向西阻截。曹操於是率軍急速向白馬挺進，僅差十餘里之時，顏良才得到消息，大吃一驚，前來迎戰。曹操派張遼、關羽作先鋒，關羽望見顏良的旌旗傘蓋，策馬長驅直入，在萬眾之中刺死顏良，斬下他的頭顱而歸，袁紹軍中無人能夠抵擋。於是，解了白馬之圍，曹操把全城百姓沿黃河向西遷徙。

袁紹要渡過黃河進行追擊，沮授勸阻他說：「勝負之間，變化無常，不能不慎重考慮。如今應當把大軍留駐在延津，分出部分軍隊去官渡，如果他們告捷，回來迎接大軍也不晚。如果大軍渡河南下，萬一失利，大家就沒有退路了。」

袁紹剛愎自用，根本不聽勸告。在渡河時，沮授看著滔滔大河，若有所思地嘆息道：「主上如此狂妄自大，下邊將領只會貪功，悠悠黃河，我們能成功嗎？」

眼看袁紹根本聽不進意見，沮授便想稱病辭職。袁紹知道他是在使性子，所以故意不批准，但心中懷恨，就又解除了沮授的兵權，把他所率領的軍隊全部撥歸郭圖指揮。

贏得時間差

白馬得勝後，曹操認為在白馬的前哨守不住，沿著當時黃河的南岸向西面走，抵達酸棗縣東南一個叫做延津的渡口，在南阪下安營。曹操

第十三章　官渡賭局

派人登上高處偵察，很快便得到彙報：「敵軍大約有五、六百騎兵。」一會兒，又得到報告說：「騎兵逐漸增多，步兵不可勝數。」曹操說：「不必再報告了。」命令騎兵解下馬鞍，放馬休息。

這時，從白馬運送的輜重已經上路，將領們認為敵軍騎兵多，不如回去守衛營壘。荀攸說：「這正是要引敵上鉤，怎麼能離開？」曹操看著荀攸微微一笑。袁紹的騎兵將領文醜與劉備率領的五、六千騎兵先後趕到，將領們請示：「是否可以上馬了？」曹操說：「還沒到時候。」又過了一會兒，袁軍的騎兵更多了，有的已在攻擊曹軍的輜重車隊，曹操說：「時候到了。」

於是曹軍全體騎兵上馬。當時曹軍騎兵不到六百人，曹操揮軍猛擊，大破袁軍，斬殺文醜。文醜與顏良都是袁紹軍中有名的大將，兩次交戰，先後被曹軍殺死，沉重打擊了袁軍的士氣。

關羽因解白馬之圍有功被封為漢壽亭侯，自認為殺顏良幫了曹操的大忙，足以回報曹操的厚待，放棄了全部賞賜並留書出走，重歸劉備。曹操敬慕關羽的忠誠，不許追趕。

隨後，曹操退到濟水以南，在中牟之東的官渡紮營，袁紹留在延津紮營。決定曹操和袁紹命運的官渡之戰，就此拉開序幕。

大戰在即，雙方都加緊備戰，總體來說，袁軍無論兵力還是物資都占優勢，袁軍兵力至少在十萬人以上，而曹操不過約兩萬人。

雙方實力懸殊，給曹軍上下造成了很大的心理壓力。而就在這時，曹營中發生了一次針對曹操的刺殺事件。

從士徐他等圖謀造反，但由於許褚總伴隨在左右，不敢下手。當許褚離開休息期間，徐他等人懷刀進入。但許褚回到家時突然心動，立即返回曹操帳侍衛。徐他等人對此並不知情，所以當入帳看見許褚時皆大

驚，連臉色都變了。許褚看到後立即把徐他等人殺掉。

就這樣，一場刺殺總算有驚無險，但其驚心動魄也可想而知。

不過，曹操率先擊潰劉備，等於在策略上贏得先機，然後搶占官渡，掌握了戰爭主動權，等袁紹反應過來時，雙方已形成對峙之勢。曹操聰明之處就在於很巧妙地搶得了時間差。

首戰告捷，也極大地鼓舞了曹軍的士氣，為下一步戰勝袁紹增強了信心，而軍隊的士氣往往是決定戰爭輸贏的關鍵。

曹操為了牽制袁紹，防止袁軍從東面襲擊許都，派臧霸率精兵自琅邪入青州，占領齊都（今山東臨淄）、北海（今山東昌樂）、東安（今山東沂水）等地，鞏固右翼。令于禁率步騎二千屯守黃河南岸的重要渡口延津（今河南延津北），協助扼守白馬（今河南滑縣東，黃河南岸）的東郡太守劉延，阻滯袁軍渡河和長驅南下。同時以主力在官渡（今河南中牟東北）一帶築壘固守，以阻擋袁紹從正面進攻。

曹操知道袁紹志大才疏、膽略不足、刻薄寡恩、剛愎自用，兵多而指揮不明，將驕而政令不一。因此曹操採取的策略方針不是分兵把守黃河南岸，而是集中兵力，扼守要隘，重點設防，以逸待勞，後發制人，集中數萬兵力抗擊袁紹的進攻。

毫無疑問，以當時的情勢而言，曹操這種部署是得當的。

袁紹兵多而曹操兵少，千里黃河多處可渡，如分兵把守則防不勝防，不僅難以阻止袁軍南下，且使自己本已處於劣勢的兵力更加分散。其次，官渡地處鴻溝上游，瀕臨汴水。鴻溝運河西連虎牢、鞏、洛要隘，東下淮泗，為許都北、東之屏障，是袁紹奪取許都的要津和必爭之地。加上官渡靠近許都，後勤補給也較袁軍方便。

第十三章　官渡賭局

■ 烏巢一把火

沮授雖然被冷落了，但最終還是按捺不住，勸袁紹說：「我軍數量雖多，但戰鬥力比不上曹軍；曹軍糧草短缺，軍用物資儲備比不上我軍。因此，曹操利於速戰速決，我軍利於打持久戰。應當做長期打算，拖延時間。」但剛愎自用的袁紹依然置若罔聞。

正如沮授所料，曹操缺糧，實在無力長期對峙下去。當年九月，曹軍按捺不住，一度出擊，與袁軍交戰，但沒撈到什麼便宜，只好退回營壘堅守。

接下來的日子，雙方開始不斷採取各種方式鬥法。

袁紹構築樓櫓，堆土如山，用箭俯射曹營。曹軍製作了一種有拋石裝置的霹靂車，投石擊毀了袁軍所築的樓櫓。袁軍又掘道地進攻，曹軍也在營內掘長塹相抵抗，粉碎了袁軍的計策。雙方相持三個月，曹軍處境困難，前方兵少糧缺，士卒疲乏，後方也不穩固，曹操幾乎失去堅守的信心，一日見運糧士兵疲於奔命，於心不忍，不禁脫口而出：「卻十五日為汝破紹，不復勞汝矣！」

曹操寫信給荀彧，商議要退守許都，荀彧回信說：「袁紹將主力集結於官渡，想要與公決勝負。公以至弱當至強，若不能制，必為所乘，這是決定天下大勢的關鍵所在。當年楚、漢在滎陽、成皋之間，劉邦、項羽沒有人肯先退一步，以為先退則勢屈。現在公以一當十，扼守要衝而使袁紹不能前進，已經半年了。情勢已然明朗，絕無轉圜的餘地，不久就會發生重大的轉變。這正是出奇制勝的時機，千萬不可坐失。」

於是曹操決心繼續堅守待機，他一方面加強防守，命負責後勤補給的任峻採取十路縱隊為一部，縮短運輸隊的前後距離，並用復陣（兩列陣）加強護衛，防止袁軍襲擊；另一方面積極尋求和捕捉出戰時機，擊敗

袁軍，隨後派曹仁、史渙截擊、燒毀袁軍數千輛糧車，增加了袁軍的補給困難。

十月，袁紹又派車運糧，並令淳于瓊率兵萬人護送，囤積在袁軍大營以北約二十公里的故市（今河南延津境內）與烏巢（今河南延津東南）。

恰在這時，袁紹謀士許攸前來投奔曹操。

曹操、袁紹剛開始交戰時，許攸就曾勸袁紹說：「曹操兵少，而集中全力來抵抗我軍，許都由剩下的人守衛，防備一定空虛，如果派一支隊伍輕裝前進，連夜奔襲，可以攻陷許都。占領許都後，就奉迎天子以討伐曹操，必能捉住曹操。假如他未立刻潰散，也能使他首尾不能兼顧，疲於奔命，一定可將他擊敗。」

可袁紹不同意，說：「我一定要先捉住曹操。」

正在這時，許攸家裡有人犯法，留守鄴城的審配將他們逮捕，許攸知道後大怒，就投奔了曹操。

曹操聽說許攸來了，鞋都來不及穿，跣足出迎，高興地說：「子遠來了，大事可成！」再請許攸入座相談。許攸問道：「貴軍軍糧可以用多久？」

曹操說：「還可以支持一年。」

許攸說：「沒有那麼多，再說一次。」

曹操又說：「可以支持半年。」

許攸說：「您不想擊破袁紹嗎？為什麼不說實話呢！」

曹操說：「剛才只是開玩笑罷了，其實只可應付一個月，怎麼辦呢？」

許攸說：「您孤軍獨守，外無救援，而糧草已盡，這是危急的關頭。袁紹在故市與烏巢有一萬多輛輜重車，守軍戒備不嚴密，如果派輕裝部

第十三章　官渡賭局

隊襲擊，出其不意，焚毀他們的糧草與軍用物資，不出三天，袁紹大軍就會自行潰散。」

曹操大喜，於是留下曹洪、荀攸防守大營，親自率領五千名步、騎兵出擊。軍隊一律用袁軍的旗號，兵士嘴裡銜著小木棍，把馬嘴綁上，以防發出聲音，夜裡從小道出營，每人抱一捆柴草。

路上遇到有人盤問，就回答說：「袁公恐怕曹操襲擊後方輜重，派兵去加強守備。」聽的人信以為真，全都毫無戒備。到達烏巢後，圍住袁軍輜重，四面放火，袁軍營中大亂。正在這時，天已漸亮，淳于瓊等看到曹軍兵少，就在營外擺開陣勢。曹操進軍猛擊，淳于瓊等抵擋不住，退守營寨，於是曹軍開始進攻，營中大亂，大破袁軍。

淳于瓊混戰中被割了鼻子，被樂進虜獲，帶到曹操面前。

曹操問淳于瓊說：「你今天弄成這樣，是什麼緣故？」

淳于瓊答：「勝負乃天所控制的，問我做什麼？」

曹操想要留下淳于瓊的性命，許攸勸道：「以後他照鏡子（看到自己的鼻子被割了），不會忘記今天的（恥辱和仇恨）。」曹操聽完覺得有理，便殺掉淳于瓊。

袁紹聽到曹操襲擊淳于瓊的消息，對兒子袁譚說：「就算曹操攻破淳于瓊，可只要我攻破他的大營，就會讓他無處可歸。」於是，派遣大將高覽、張郃去攻打曹軍大營。張郃卻說：「曹操親率精兵前去襲擊，必能攻破淳于瓊等人。他們一敗，輜重被毀，則大勢已去，請先去救援淳于瓊。」郭圖則堅持要先攻曹操營寨。

張郃說：「曹操營寨堅固，一定不能攻克。如果淳于瓊等被捉，我們都將成為俘虜。」袁紹最終只派輕兵去援救淳于瓊，而派重兵進攻曹軍大營。可曹營堅固，攻打不下。當曹軍急攻烏巢淳于瓊營時，袁紹增援的部

隊已經迫近，曹操左右有人說：「敵人的騎兵逐漸靠近，請分兵抵抗。」

曹操怒喝道：「敵人到了背後，再來報告！」曹軍士兵都拚死作戰，於是大破袁軍，斬殺淳于瓊等人，燒毀袁軍全部糧秣，將一千餘名袁軍士兵的鼻子全都割下，將所俘獲的牛馬的嘴唇、舌頭也割下，拿給袁紹軍隊看。袁軍將士看到後，大為恐懼。

郭圖因自己的計策失敗，心中羞愧，就又去袁紹那裡誣告張郃，說：「張郃聽說我軍失利，十分幸災樂禍。」

張郃聽說後，又恨又怕，就與高覽燒毀了攻營的器械，到曹營去投降。

於是，袁軍驚恐，全面崩潰。袁紹與袁譚等戴著頭巾，騎著快馬，率領八百名騎士渡過黃河而逃。曹軍追趕不及，但繳獲了袁紹的全部輜重、圖書和珍寶。袁軍殘部投降，全部被曹操活埋，先後殺死的有七萬餘人。

沮授來不及跟袁紹渡河逃走，被曹軍俘虜，於是他大喊：「我不是投降，只是被擒！」曹操和他是老相識，親自來迎接他，對他說：「我們處在不同的地區，一直被隔開不能相見，想不到今天你會被我捉住。」

沮授說：「袁紹失策，自取失敗。我的才智和能力全都無法施展，該當被擒。」曹操說：「袁紹缺乏頭腦，不能採用你的計策，如今天下戰亂未定，我要與你一同創立功業。」沮授說：「我叔父與弟弟的性命都控制在袁紹手中，如果蒙您看重，就請快些殺我，這才是我的福氣。」曹操嘆息說：「我如果早就得到你，天下大事都不值得擔憂了。」於是，赦免沮授，並給予他優厚待遇。不久，沮授策劃逃回袁紹軍中，曹操這才將他殺死。

曹操收繳袁紹的往來書信，得到許多許都官員及自己軍中將領寫給

第十三章　官渡賭局

袁紹的信，他將這些信全部燒掉，說：「當袁紹強盛之時，連我都不能自保，何況眾人呢！」

冀州屬下的郡縣多投降曹操。袁紹逃到黎陽的黃河北岸，進入部將蔣義渠營中，握著他的手說：「我把腦袋託付給你了。」蔣義渠把大帳讓給袁紹，讓他在內發號施令，袁軍殘部知道袁紹還在，又逐漸聚集起來。

袁軍將士都搥胸痛哭，說：「假如田豐在這裡，一定不至於失敗。」袁紹對逢紀說：「留在冀州的眾人，聽到我軍失敗，都會掛念我；只有田豐以前曾經勸阻我出兵，與眾人不同，我也感到心中有愧。」逢紀說：「田豐聽說將軍失利，拍手大笑，慶幸他的預言實現了。」袁紹於是對僚屬說：「我沒有用田豐的計策，果然被他取笑。」就下令把田豐處死。起初，曹操聽說田豐沒有隨軍出征，高興地說：「袁紹必敗無疑。」到袁紹大敗逃跑時，曹操又說：「假如袁紹採用田豐的計策，勝敗還難以預料。」

審配的兩個兒子被曹軍俘虜。袁紹部將孟岱對袁紹說：「審配官居高位，專權獨斷，家族人丁旺盛，兵馬十分精銳，而且他兩個兒子都在曹操手中，一定會心生背叛之意。」郭圖、辛評也如此認為。

袁紹就委任孟岱為監軍，代替審配鎮守鄴城。護軍逢紀一向與審配不和，袁紹去徵詢逢紀的意見，逢紀說：「審配天性剛直，經常仰慕古人的氣節，一定不會因為兩個兒子在敵人手中而做出不義的事來。希望您不要懷疑。」袁紹說：「你不恨他嗎？」逢紀說：「以前我與他爭執是私人小事，如今我所說的是國家大事。」

袁紹這才沒有罷免審配的職務。自此以後，審配與逢紀的關係日益親近。冀州屬下一些背叛袁紹的城邑，也逐漸被收復平定。

第十四章　稱雄江北

■ 背水一戰

　　曹操在官渡大敗袁紹後，迅速整頓軍馬，渡過黃河，緊追袁紹。袁紹認為自己仍然據有大片土地，不甘心失敗，為報仇雪恥，又召集河北四州之兵，在倉亭紮寨，準備與曹操決一死戰。

　　袁、曹兩軍對峙，擺開陣勢，開始廝殺。第一次交鋒，曹軍的徐晃軍團出戰，部將史渙死於袁紹第三子袁尚的利箭之下。

　　曹操尚未破袁軍卻先失去了大將史渙，心中好不煩悶，知道不能硬拚，就對眾謀士說：「像這樣對陣相互廝殺，何時才是個頭啊？這樣消耗下去，對我軍不利啊！」

　　謀士程昱獻計道：「昔日秦末楚漢相爭，高祖皇帝運用十面埋伏之計，使項羽自刎烏江。我們何不效法古人？」

　　曹操說：「希望先生詳細講一講。」

　　程昱說：「將我軍退至黃河邊上，背水為陣，伏兵十隊，引誘袁紹追趕我軍。」

　　左右大驚道：「這樣一來，我軍豈不是太危險了？」

　　程昱笑著分析說：「兵法上講，置之死地而後生。我軍沒有退路，眾將士必然死戰以求生，如此，我軍可穩勝袁紹。」

　　曹操認為程昱的計謀可行，就採納了他的意見。立刻將全軍分為左

第十四章　稱雄江北

右各五隊。左列，一隊夏侯惇，二隊張遼，三隊李典，四隊樂進，五隊夏侯淵；右列：一隊曹洪，二隊張郃，三隊徐晃，四隊于禁，五隊高覽；許褚為中軍先鋒。

第二天，左右十隊人馬先行，預先埋伏起來。到了半夜，曹操和許褚率軍前進，佯裝偷襲袁軍大寨。

袁紹早有防備，見曹操率軍前來，大笑著說：「曹操這下跑不掉了。」下令所有五寨人馬全力迎戰許褚大軍。許褚一戰即退，佯敗而逃。袁紹率軍追趕，喊殺之聲不絕。等到天亮，袁紹將許褚逼到河邊。眼看曹軍已無退路，曹操大喊：「後有追兵，前面是大河，我們已經沒有退路，大家不如決一死戰，反有生路！」曹軍聞聽，士氣大振，一齊奮力向袁軍衝殺過去。許褚一馬當先，揮刀斬殺袁軍十來個將領。

袁軍大亂，只好撤退。退了一段路，一聲戰鼓響，左邊夏侯淵、右邊高覽兩支兵馬衝出，袁紹帶領三個兒子一個外甥，死命衝出一條血路。

又跑了十來里，左邊樂進、右邊于禁殺出，殺得袁軍屍橫遍野。又跑了數里，左邊李典、右邊徐晃兩支人馬截殺過來，袁紹父子膽顫心驚，奔入寨門，令軍隊埋鍋造飯，準備迎敵。正要吃時，左邊張遼、右邊張郃，直接前來衝寨。袁紹慌忙上馬，率部奔向倉亭。人困馬乏，正要休息，不料後面曹操率大軍趕來，袁紹拚命逃離。正走間，右邊曹洪、左邊夏侯惇，擋住去路。袁紹大叫：「如果不拚死一戰，我們都要被活捉了！」奮力衝殺一陣，僥倖逃出重圍。

袁紹抱住兒子們大哭一場，長嘆道：「我經歷戰事數十次，從沒有像今天這樣狼狽的！」說完，命令部將回各地整頓軍務，自己帶著袁尚到冀州養病去了。

經此一役，曹軍聲威大震，趁機屢屢北進，終於打敗了強大的袁紹，為統一北方掃清了最大的障礙。

　　建安六年（西元201年）春，曹操把大軍移往獲得大豐收的安民（今山東東平西南）一帶，以解決軍糧問題。同時，想利用袁紹剛被擊敗、不敢輕易南下的時機，掉過頭來攻擊南面的荊州劉表。謀士荀彧卻十分冷靜，勸阻曹操說：「袁紹剛剛吃了敗仗，軍心不穩，人心渙散，應該趁此機會一舉殲滅，以除大患。如果南征，路途遙遠不說，而且糧食運輸是個大問題。萬一袁紹收拾殘餘，趁我們後防空虛，一舉而入，我們將陷入被動。」曹操聽罷警醒，決定暫時不攻南方。

　　曹操為了震懾袁紹部隊，沿著黃河，展示軍威，並擊破駐防倉亭的袁紹部隊。

　　當年秋，曹操回到許都。不久，曹操侵擾汝南，劉備受袁紹之命，親自率軍進攻汝南。劉備難以抵擋曹操大軍，立即棄城去荊州投靠了劉表。劉表聽說劉備來投，親自到襄陽城外迎接，尊劉備為貴賓，增加他的兵力，命他駐屯新野，以防曹操。

　　第二年正月，曹操率軍在故鄉譙縣休整三個月後再度北上，進駐官渡，準備向袁紹的老巢——鄴城進軍，意圖一舉殲滅袁紹。

■ 兄弟鬩牆

　　官渡之戰大敗後，袁紹倉皇撤退。回到冀州後，羞愧、悔恨之下，很快一病不起。建安七年（西元202年）五月，大口吐血而死。

　　袁紹一死，他的三個兒子袁譚、袁熙、袁尚，為了爭權奪利，開始內訌。

第十四章 稱雄江北

袁氏兄弟三人中，袁譚早年被袁紹過繼給早亡的兄長袁基；幼子袁尚儀表俊美，深得袁紹喜歡，所以生前一直想讓他來做繼承人。

按照袁紹的想法，袁譚既然已過繼給兄長，就不能接班，袁尚做繼承人合乎情理，然而幕僚臣屬們卻不這麼看。他們認為袁譚是長子，理應由他來接班，才合乎宗法制度。

為了防止袁譚爭位，袁紹命他去青州擔任刺史。

立袁譚，實在不願意；立袁尚，臣下反對。袁紹一時陷入兩難，遲疑不決。

在袁紹平定河北之過程中，袁譚頗有戰功，但他不會做人，平常都是貴族公子哥做派，飛揚跋扈，得罪了不少人。

袁紹部下也逐漸分成兩派，一派擁護袁譚，一派擁護袁尚，兩幫人馬，為了各自的主子，明爭暗鬥不止。

沮授覺得如此放任下去，定會出亂子。他勸袁紹，應該儘早明確立下繼承人，讓其他人死心，這樣才有利於內部團結。

他打比方說，一萬人共同追逐一隻兔子，肯定會爭個頭破血流，只要有一人逮住了兔子，其他人就偃旗息鼓了。如今，長公子袁譚在外，繼承人之位懸而不決，儲位之爭，歷來是敗亡之始。

袁紹找藉口說：「我這是為了歷練他嘛。」為了顯示公平，又命次子袁熙為函州刺史，外甥高幹為并州刺史，唯獨將袁尚留在身邊。

袁紹死後屍骨未寒，兄弟們就開始同室操戈了。

袁譚聽說父親去世，立刻啟程往回趕，名為奔喪，實為急著爭位。走在半道上，傳來消息，袁尚近水樓臺先得月，已在逢紀、審配等人的擁戴下稱大將軍，領冀州牧，搶先一步上位了。

事已至此，袁譚只好退回黎陽，自稱車騎將軍。

雖然君臣名分已定，但袁尚對自己這位大哥還是不放心，只給他一部分的少量兵力，並將心腹逢紀安插在袁譚身邊，監視他的一舉一動。

袁譚心裡窩火，要求袁尚多給他分點兵力，審配等人認為，袁譚一旦兵力過強，必然會尾大不掉，屆時恐怕會威脅到袁尚，因此堅決反對。

袁譚得知後，勃然大怒，索性下令將逢紀處死。

如此一來，兄弟二人公開交惡了。

冀州的變化很快傳到曹操耳中，覺得趁袁氏兄弟不和之際，出兵北上，可一舉剷除袁氏勢力。

當年九月，曹操帶領大軍渡過黃河，討伐袁譚。

袁尚雖然嫉恨袁譚，但外敵當前，孰輕孰重，還是分得清。得知曹軍前來，他立刻親自引軍趕來支援。

戰爭時斷時續，從秋季一直持續到第二年春。袁軍一方逐漸不敵，落於下風。

袁譚、袁尚兄弟二人苦撐半年後，感到不是曹操對手，遂撤出黎陽，退到鄴城。

曹軍一路追擊，直追到鄴城之下。

將士們摩拳擦掌，準備乘勝追擊，攻下鄴城，活捉袁氏兄弟。

然而，出乎大家意料的是，他們卻接到命令，撤兵返回許都。

眾人實在不明白，眼前多好的機會，為何突然要放棄，這不是前功盡棄嗎？

其實，曹操有他的策略意圖。

第十四章　稱雄江北

就在袁氏兄弟敗退之時，郭嘉面見了曹操。

多年來，郭嘉屢次給曹操出奇謀，無不應驗。因此，行軍打仗，曹操素來很重視郭嘉的意見，對目前的局勢，他很想聽聽郭嘉有什麼看法。

郭嘉認為，經過此戰，袁譚、袁尚兄弟之間的分歧矛盾必然會加劇，各自手下那幫臣子肯定會藉機指責對方，以推卸責任，一場內戰在所難免。

如果這個時候率軍殺過去，無疑會促使他們拋棄前嫌，一致對外。袁氏盤踞河北多年，深得民望，決不能指望一朝一夕之間，將其消滅殆盡。不如暫且回兵，以待時機，等他們發生內訌，自相殘殺之後，再來收拾殘局，豈不是事半功倍？

曹操一聽，掀髯大笑，還是奉孝懂我。

於是，曹操下令，表示要南下征討荊州劉表。

建安八年（西元203年）五月，曹操命部將賈信留守黎陽，自己率軍返回許都，大張旗鼓，擺出一副南征的架勢。

果然不出所料，曹操前腳剛走，袁氏兄弟就開始掐起來了。

先是兄弟二人的黨羽相互拆臺，下套子、使絆子，沒多久，哥倆便刀兵相見。

袁尚繼承了老爹的基業，自然是實力雄厚，兵強馬壯，袁譚哪裡是對手？只好一路潰逃，跑到平原躲起來。但是袁尚依然不肯放過他，本著除惡務盡的精神，親率大軍將平原城團團圍住。

袁譚感到自己命懸一線，危急之時，他派謀士辛評之弟辛毗向曹操求救。

此時，曹操的南征大軍已經抵達西平。

將士們得知袁譚求救的消息後，無不認為，如今袁紹已死，袁氏兄弟惡鬥不已，勢力早已今非昔比，消滅他們，根本不用費什麼勁了。反觀劉表，坐擁荊襄之地，實力雄厚，是目前的主要敵人，只要滅了劉表，回頭再滅袁氏兄弟也不遲。

再說了，大軍已走在南征路上，無功而返，豈不讓天下人恥笑？

正當眾人七嘴八舌之時，唯有荀攸一言不發，默默坐在那裡，等眾人說完後，他方起身說：「我不同意大家的看法。」

荀攸分析道，如今天下，群雄並起，在這關鍵之時，稍有不慎，就有可能滿盤皆輸。劉表此人，徒有虛名，雖然擁有江、漢膏腴之地，但滿足於關起門來過日子，根本沒有爭天下之雄心壯志。反觀袁氏則不然，袁氏據有河北四州，地域遼闊，兼有甲兵數十萬，一旦袁氏兄弟二人分出勝負，重拾民心，再來對付他們，恐怕就沒那麼容易了。

如今之計，應趁著袁氏兄弟僵持之際出手，一舉平定河北。如此良機，不可錯失。

曹操聽後，立即表示贊同荀攸的觀點。

每當關鍵時刻，曹操幕僚中總有一些像郭嘉、荀攸這樣的人，能保持頭腦冷靜，勇於力排眾議，提出正確觀點，能做到這一點的確難能可貴。

曹操不盲目自信，聽得進下屬的意見，尤其是能聽得進與大多數人相反的意見，做出正確判斷。

十月，曹操大軍抵達黎陽。

第十四章　稱雄江北

■ 鄴城之圍

聽到曹操率軍北返，袁尚顧不上繼續攻打袁譚，立刻撤回鄴城。袁尚部下中不少人覺得大勢已去，呂曠、高翔等人紛紛陣前倒戈，向曹操投降。

袁譚雖然投降了曹操，但依然不甘心失敗，只不過是迫於形勢的權宜之計罷了，他私底下和呂曠、高翔等人勾勾搭搭，還給他們送去印信，相約一旦形勢有變，便起事。

袁譚的小伎倆早已被曹操察覺，但他目前的主要對手是袁尚。為了穩住袁譚，他佯裝不知，還與袁譚結為兒女親家，為兒子曹整娶了袁譚的女兒。

攏住袁譚後，曹操決定全力以赴，對付袁尚。

大軍遠征，糧草供應很關鍵。當初官渡之戰，曹軍之所以能打敗袁紹，是因為成功偷襲了烏巢，一把火燒了袁紹的糧食儲備，擾亂了袁軍軍心。

如今要深入河北，遠征袁尚，必須保證充足的糧草供應，這個道理，曹操比誰都明白。但陸路供應，路途遙遠，效率低下，相對而言，最高效的辦法自然是水運了。

建安九年（西元204年）正月，曹操命人攔截淇水，抬高水位，改變河道流向，向北注入白溝（今衛河），如此一來，就可以輕鬆地將糧食源源不斷地送到前方。

就在這危急存亡關頭，袁氏兄弟仍然內鬥不休，袁尚擺出一副不將袁譚消滅，誓不罷休的架勢。

二月，袁尚留下部將審配、蘇由留守鄴城，親自領兵再次圍攻平原。

曹操覺得袁尚在外，後方防守應該空虛，決定先去攻打鄴城。

鄴城守將蘇由早已暗中被曹操收買，他答應只待曹軍攻城，便做內應，裡外夾擊，鄴城必破。

曹操對拿下鄴城充滿信心，只要鄴城一失，袁氏根基動搖，大勢去矣。

誰料就在此時，出現變故，蘇由保密工作不確實，陰謀敗露，再待下去，估計就會腦袋搬家，遂急急忙忙地逃了出來，快馬加鞭，直奔曹營而來。

此時，曹操率領的大軍已經抵達距離鄴城不遠處的洹水。

鄴城經過袁紹數十年經營，城高池深，城防修建得異常牢固，單靠正面強攻，很難攻下。

鄴城城牆異常高大，士卒們如果用攻城雲梯之類的工具，想攀緣到城頭，必然傷亡慘重。為此，曹操想出一個辦法，命令士卒們從郊區搬運土方，堆起一座土山來，然後從山頂發起攻擊。

與此同時，曹軍從城外挖掘道地，企圖從地下突破敵人防線，攻入城內。

但是很快被袁軍發現，道地遭到破壞。

鄴城攻城很快進入僵持階段。曹操算是看出來了，想速戰速決，快速拿下鄴城，根本辦不到。於是，他決定改變作戰方略，命令曹洪繼續圍攻鄴城，自己帶兵攻打鄴城四周州縣。等外圍剪除完畢，鄴城就會變成一座孤城，定然難以長久固守，用不了多長時間，必會不攻自破。

沒費多大周折，曹操就拿下了武安、邯鄲，如此一來，切斷了并州、幽州與鄴城的聯繫，兩地的援軍和糧草再無法靠近鄴城。

第十四章　稱雄江北

易陽縣令韓範、涉縣縣長梁歧認為袁氏大勢已去，便獻城歸降。此時，雙方還處於對峙局面，許多地方還掌握在袁氏部屬手中。如何對待投降之人，爭取人心很關鍵。

對於收買人心，曹操向來很大方，從來不吝嗇爵位，他當即給這兩人賜爵關內侯。

至此，曹操已完成了外圍包抄，鄴城徹底淪為一座孤城。

但曹操低估了審配的抵抗鬥志，就算已是困守孤城，窮途末路，審配依然鬥志昂揚，打定主意，要與城池共存亡。

一時間，曹操也不知如何是好。

許攸久居袁紹帳下，對河北情況很了解，他對曹操說：「鄴城之所以到現在都沒拿下來，主要是依靠目前兵力，無法完全堵死鄴城與外界的連繫。如今之計，唯有在鄴城外圍深挖壕溝，徹底切斷他的一切物資供應管道，才能逼迫他投降。」

曹操覺得有道理，遂命人在鄴城外挖壕溝，溝內引入漳河水。

鄴城太大，一圈下來，壕溝長度足有四十里，工程量很大，所以，挖得不深，許多地方，挽起褲管就可以蹚水過去。

審配站在城頭，看到此景，哈哈大笑，覺得曹操完全是白費力氣，短期內根本不可能完成如此大的工程量，因此也沒太當回事。

其實，這恰恰是曹操為了麻痺敵人製造的假象。

當天夜裡，曹操下令全軍出動，深挖壕溝，等到天明時，一條深寬皆兩丈的壕溝已完成，溝內注滿水，如此一來，鄴城守軍只有死路一條了。

鄴城內出現糧荒，近一半人被餓死，城內到處是死人屍體。

七月，鄴城被圍的消息傳到袁尚耳中，他急忙回兵解圍。

聽說袁尚大軍趕來，曹操手下有些人覺得，袁尚被逼瘋了，這時趕回來拚命，跟他們短兵相接硬拚，屆時城中守軍再殺出來，裡外夾擊，恐怕對己方不利，不如暫且避讓，避開鋒芒。

曹操聽後，想了想說：「如果袁尚率軍從大道正面趕來，說明他底氣十足，要和我們死戰，的確應該避讓一下。如果他是從小道上潛回，就意味著他已膽怯，那麼我們就正面迎敵，爭取一戰活捉他。」

果然，袁尚率軍從西山小道趕回來了，在離鄴城還有十七裡外的滏水邊上，臨河安營紮寨，企圖與城內守軍取得聯繫，對曹軍裡外夾擊。

夜幕降臨時分，袁尚軍營燃起烽火，鄴城守軍看到後，立即在城頭點燃烽火回應。

審配趁著夜色率軍殺出，曹操立刻回擊。

鄴城守軍因斷糧多日，士兵們早就被餓得有氣無力，戰鬥力大大下降，哪裡招架得住，沒幾個回合就被擊潰，審配無奈，只好撤回城內。

曹操擊退城內守軍後，立刻發起對袁尚的攻擊。

袁尚發現自己裡外夾擊的企圖被曹操識破，再無心戀戰，遂希望向曹操投降。

曹操的目的是徹底剷除袁氏勢力，所以根本就不接受袁尚的投降，下令猛攻袁尚大營。

乞降不成後，袁尚只好帶領殘兵敗將連夜逃走，曹軍窮追不捨。

袁尚手下部將馬延、張顗臨陣倒戈，投降了曹操。大將投敵，袁軍頓時一片混亂，許多人四處逃散，袁尚只顧逃命，把能扔的東西全部扔了，輜重物資丟得到處都是，慌亂之中，連自己的印信都丟了，慌慌張

第十四章　稱雄江北

張地逃往中山（今河北定州）去了。

曹操命人將袁尚的印信、頭盔等物帶到城下，展示給鄴城守軍看。

城內守軍一看，立即意志消沉，覺得再守下去已毫無意義，但是守城主將審配不為所動。曹操夜間出來巡視，被審配發現，立刻令人張弓射擊，害得曹操差點被射中，丟了性命。

鄴城已被包圍數月，城內斷糧，外無援軍，絕望的情緒在城內守軍中瀰漫開來。

死其實並不可怕，可怕的是看不到任何希望。

誰都看出來了，再守下去，除了被活活餓死，再沒任何出路。

那麼，堅守到底為了誰？還有何意義？

審配知道，現在軍心不穩，所以關鍵職位還是交給自己人去把守，由他的姪兒審榮擔任東門校尉。

但是，後來的事實說明，在生死關頭，自己人也未必靠得住。

審榮覺得，他堅守了數月，已經盡力了，再不想做無意義的抵抗。八月二日夜晚，審榮偷偷打開城門，迎接曹軍入城，毫無防備的審配被捉。

英雄總是惺惺相惜，哪怕是敵對雙方，也並不影響相互欣賞。審配讓曹操吃盡了苦頭，但是從內心，他敬重審配是條漢子，這樣的人要是為己所用，該有多好！

曹操說：「你忠於袁氏，盡忠職守，我能理解，如果能降我，可以既往不咎。」

但曹操遭到了審配的嚴詞拒絕，那麼，剩下只有一條路可走，就是殺掉他。

雖然處死了審配，但曹操沒有過於為難袁紹家屬。原因很簡單，袁紹一門四世三公，門生故吏遍布天下，尤其是在河北，其號召力不可小覷，萬一處理不好，很容易激化矛盾。

從進入鄴城開始，曹操便派專人把守袁氏住宅，任何人不得隨意滋擾，違令者定斬不赦。

儘管有士兵把守，還是有人沒被攔住，進入了袁府，因為沒人敢阻攔他。

他便是曹操的長子曹丕。

曹丕時年十八歲，正是血氣方剛。他進入袁府，但見府內亭臺樓閣，非常奢華，不過，經過戰亂，到處一片狼藉，一老一少兩位婦人正在瑟瑟發抖，相擁而泣。

老者為袁紹妻劉氏，少者為袁紹次子袁熙妻子甄氏。

曹丕見甄氏生得美豔無比，驚為天人，頓生愛憐之意，後娶她為妻，甄氏後來為曹丕生下一子，即為魏明帝曹叡，這且是後話。

安頓好袁紹家屬後，曹操特意到袁紹墓前致祭，追憶兩人當初一起惡作劇、遊玩的美好時光，誰知如今兩人再次相見，卻是陰陽兩隔，講到動情處，難以自禁，不由得淚流滿面，周圍的人無不動容。

或許有人認為，曹操這是為了收買人心在演戲，不過是虛情假意的即興表演而已。

不能否認有這一因素在裡面，但曹操除了是一個權謀高手，也是一個性情中人，所以臨祭袁紹，多少有一定真情實意在裡面。

第十四章　稱雄江北

■ 東臨碣石有遺篇 ■

最初，曹操攻擊鄴城之時，袁紹的外甥高幹怕曹操會將兵鋒指向自己，遂投降了曹操，曹操任命他當并州刺史；而已投降曹操的袁譚此時卻變了卦，並攻擊袁尚據守的中山，袁尚不能抵抗，北逃幽州，投奔了二哥袁熙。袁譚便把他的部隊全部接收，回軍駐防龍湊（山東德州東北）。曹操寫信給袁譚，責備他言而無信。

次年，即建安十年（西元205年），曹操在一個月之內先殺袁譚，又把袁熙、袁尚趕出幽州，二人不得不逃奔塞外的烏桓部落，於是，幽州也歸曹操了。

已經歸降曹操的并州刺史高幹乘機脫離曹操，想用奇兵襲取鄴城。不料曹操早已有了防備，於是，高幹只好派兵把守壺關（今山西長治東南），提防曹操前來進攻。

建安十一年（西元206年），曹操親自率兵大敗高幹，并州從此也併入曹操的勢力範圍。至此，冀、青、幽、并四州已經全部落入曹操的手中，曹操勢力大大增加。曹操自三十五歲陳留起兵，從最初的幾千人，經過近二十年的南征北戰，終於統一了北方，成為中原地區最大的軍閥割據勢力。

曹操取得冀、青、幽、并四州以後，就與塞外的烏桓直接接觸了。烏桓是北方的一個少數民族，烏桓首領叫蹋頓，勢力很強大。袁紹當初為了籠絡他，曾拜三郡烏桓的首領蹋頓為單于，並把本家的女兒嫁給烏桓的軍事首長當妻子。袁熙、袁尚投奔烏桓後，蹋頓乘勢和袁尚兄弟聯合起來，侵擾河北的邊境。

曹操為了徹底消滅袁紹的殘餘勢力，鞏固河北的統治權，就決定出

兵對烏桓進行反攻。出兵之前，曹操首先在河北地區開鑿「平虜」和「泉州」兩渠，使滹沱河、泒水、白溝、潞水、濡水（今灤河）五條河從河北的饒陽縣貫通到河北的東產縣，以保證以後行軍時糧食運輸能暢通無阻，做到了「人馬未動，糧草先行」。

曹操準備向烏桓部落發動大規模進攻，將領們紛紛反對，認為袁尚等不過是一群漏網之魚，不必興師動眾。加之烏桓貪得無厭，沒有同情悲憫之心，怎麼會輕易受袁尚的利用？如果北伐塞外，劉備一定會趁機說服劉表，襲擊許都，形勢將不利。

曹操認為很有道理，劉備不得不防，正猶豫，而謀士郭嘉卻認為：「烏桓部落仗恃遠在北方蠻荒，一定沒有戒備。我們趁機發動突擊，可以立即擊敗他們。況且袁尚兄弟若獲得喘息之機，布告四州之民起來反抗主公，形勢將大大不利。因為四州人民只因畏懼我們的強大，不得不服。我們一時之間也沒有給他們帶來什麼好處，假定放棄他們，大軍南征，袁尚用烏桓部眾作為資本，號召所有願為恩主效死的豪傑之士，到那時候，烏桓大軍一旦出動，還有胡人，可能會全體響應，這種情勢足以使蹋頓動心，激起他的非分之想。恐怕青州、冀州將脫離而去。劉表並沒有圖謀天下的野心，他沒有能力駕馭劉備，他之所以收容劉備，實在是迫於無奈。所以，就算我們在許都一個兵也沒有，也不用擔心。」

曹操於是下定決心，發動大軍。從沿海出兵，取道山海關，準備直搗烏桓腹地柳城（今遼寧朝陽南）。

當時已逢盛夏，大雨不止，沿海一帶，地勢低凹，泥濘難行，而烏桓部落沿邊嚴守險關，大軍無法前進。曹操十分憂慮，便依照當地名士田疇的計謀，假意向後撤退，然後再突襲。

於是他在泥沼地帶的通路兩旁豎立大木牌，宣稱：「現在天氣盛暑，

第十四章 稱雄江北

道路不通,且等到秋季再行出擊。」果然,烏桓派出的探哨看到木牌,認為曹操真的撤退,就回去報告蹋頓,蹋頓也信了,於是對曹操的防禦也鬆懈下來。

曹操在突襲前,徵詢郭嘉的意見,郭嘉說:「兵貴神速,我軍不如留下輜重,減輕裝備,強行二日路程,急遽挺進,打他們個措手不及。」

曹操會意,立即命輜重在後,輕兵在前,命田疇率領他的部眾充當嚮導,攀登徐無山,向北挺進。逢山開路,遇水搭橋,鑿山、填谷,差不多有五百里,穿過白檀、平岡(今遼寧朝陽),又穿過鮮卑部落王庭,向東直撲柳城。

這時,曹軍離柳城只有二百里了,烏桓蹋頓聞訊,大吃一驚,忙和袁尚、袁熙率領遼東、遼西和右北平三郡烏桓數萬騎兵迎擊曹軍。

八月,曹操率軍攀登白狼山(今遼寧朝陽西南),突然遭遇烏桓軍。烏桓聯軍軍力強大,曹操軍因身著輕裝,只有少數戰士身穿鎧甲,將士們不免心生膽怯。

曹操卻神情安定,登高下望。只見烏桓兵又擠又擁,陣腳散亂,紀律鬆懈,心裡便有了底,於是命張遼、徐晃帶領千餘騎兵,趁其不備,猛衝下去。自己率軍隨後接應。

烏桓聯軍措手不及,兵馬亂作一團。張遼拍馬上前,一刀把蹋頓斬下馬來。袁尚、袁熙見勢不妙,撥馬往回飛奔,曹操乘勝追擊,斬殺二十餘萬人,一口氣占領了柳城。

遼東郡烏桓單于速仆丸跟袁尚、袁熙一同逃亡,投奔遼東郡長公孫康,隨行的仍有數千名騎兵,有人建議曹操追擊。曹操說:「不必,我等著公孫康送來袁尚、袁熙的人頭。」於是班師。

公孫康果然打算取袁尚、袁熙二人的性命作為呈獻給朝廷的一大功勞。於是在馬廄之中，埋伏精兵，然後延請袁尚、袁熙。還沒等他們落座，公孫康就發動襲擊，把二人生擒，立即誅殺，連同速仆丸的人頭，一併送給曹操。

　　將領們驚奇不已，詢問曹操：「我們撤退之後，公孫康為什麼要處決袁尚、袁熙？」曹操說：「公孫康一向畏懼袁尚、袁熙，我們如果急於進攻，他們勢將聯合在一起，拚力抵抗。只要稍為放鬆，他們就會自相殘殺。這是郭嘉臨死前的計謀，如今果然應驗了。」

　　曹操平定了烏桓，派田疇鎮守柳城，自領三軍回撤鄴城。同時還把被烏桓擄去的十餘萬漢人帶了回來，又將邊境上十餘萬烏桓人遷入內地，與漢人雜居。烏桓的騎兵也被編入曹軍，後來隨曹操東征西討，號稱「天下名騎」。

　　曹操班師途中，經過碣石（今河北昌黎北），山上有巨石矗立峰頂，巍然聳立。曹操登高遠眺，只見波濤陣陣，山島竦峙，海面一望無際。便吟出了那首膾炙人口的名篇佳作：

　　東臨碣石，以觀滄海。水河澹澹，山島竦峙。樹木叢生，百草豐茂。秋風蕭瑟，洪波湧起，日月之行，若出其中。星漢燦爛，若出其裡。幸甚至哉，歌以詠志。

　　洪亮高亢的吟誦，摻雜著風聲、濤聲以及遠處隱隱約約相互衝殺的聲音，久久迴盪在天海相接處……

第十四章　稱雄江北

第十五章　決戰赤壁

■ 景升諸子類豬狗

　　曹操統一北方以後，南方還有兩個主要的對手：一是荊州的劉表，一是江東的孫權。荊州位居長江中游，沃野千里，物產豐富，是兵家必爭之地。曹操心裡十分清楚，要想打下南方，統一中國，首先就得占領荊州，這樣才能向東攻擊江東，往西進逼漢中蜀地。

　　建安十三年（西元 208 年）春，曹操返回鄴城，為了準備向南方擴張，他命人挖掘人工湖，命名為「玄武池」，訓練水上部隊。

　　夏季，朝廷撤除「三公」官稱，恢復丞相、御史大夫，任命曹操為丞相。派張既前去遊說駐軍槐里（今陝西興平）的將軍馬騰，許諾他如果放棄軍權，將會在朝廷謀得任職，以解自己的後顧之憂。馬騰接受了建議，帶著全家老小全部遷到鄴城，曹操薦他為皇城禁衛司令（衛尉），他的兒子馬超為偏將軍，繼續率領父親的部隊留守槐里。

　　曹操安置好了內外事務，於是在秋季對荊州開始發動攻擊。當初曹操遠征北方三郡烏桓時，寄居荊州的劉備就勸說劉表襲取空虛的許都。可是劉表正如郭嘉所說的那樣，只會高談闊論，坐保荊州，毫無討伐進取之心。同時對有野心的劉備也不放心，致使錯過大好時機。

　　到了曹操擊滅三郡烏桓回到鄴城不久，這時割據江東的孫權也想統一大江以南，就趁劉表經常生病之際，利用劉表的前部將甘寧襲殺駐守夏口（今武漢漢口）的劉表大將黃祖，屠洗夏口城，劫去男女數萬。

第十五章　決戰赤壁

此時劉表已經病重，曹操恐劉表病死之後，荊州的地盤不是為劉備所得，便是遭孫權吞併，因此向荊州急行軍。

然而，大軍還沒有和荊州軍隊接觸，劉表就已經病死了。劉表有兩個兒子劉琦、劉琮，是同胞兄弟。劉表在他們的母親去世之後，又娶了荊州大族蔡夫人，蔡夫人的弟弟蔡瑁也成為荊州政治上的重要人物。

劉表剛開始因長子劉琦的相貌與自己甚為相像，十分寵愛他。

但後來劉表的小兒子劉琮娶了蔡夫人的內姪女，蔡氏遂特別喜愛劉琮，厭惡劉琦，常向劉表進「毀琦譽琮」之言。劉表寵愛後妻，每次都相信她。蔡瑁與劉表的外甥張允也跟著每天在劉表耳邊說劉琦的壞話，誇獎劉琮。

劉表和蔡夫人打算立劉琮為繼承人，而蔡瑁、張允則為其黨羽。劉琦因蔡夫人的中傷而失寵，最終依從諸葛亮的計策請求出鎮江夏，劉琮因兄長失寵和蔡夫人的影響，很受父親的寵愛，劉表亦打算讓他接手荊州。劉琦和劉琮兄弟之間因而生了仇隙。

在劉表死前數月，劉琦感到處境危險，便離開了荊州這個是非之地，到夏口去補黃祖的缺，當江夏太守。

建安十三年（西元208年），劉表病重，劉琦從江夏回來探望父親。蔡氏弟弟蔡瑁和劉表的外甥張允怕他們父子相見會感動劉表，將劉琦拒於門外，不讓他見劉表。劉表不久後逝世，劉琮在蔡瑁等人擁護之下接任荊州牧。

曹操領兵南征荊州後，面對大軍壓境，蒯越、韓嵩及東曹掾傅巽等遊說劉琮歸降曹操。劉琮仍想反抗，說：「今天與你們諸位據守荊州，守父親的基業，觀望天下轉變，不可以嗎？」

但傅巽說：「逆順有大體，強弱有定勢。我們以臣下抵抗朝廷，是叛

逆之道；以荊州去對抗中原，必定是危險事；為劉備抵抗曹操，是不划算。三項都顯得不足，想抵抗朝廷軍隊，必定滅亡之道。將軍覺得自己與劉備相比如何？」

劉琮如實回答：「不如。」

傅巽便說：「若劉備不能抵抗曹操，那麼荊州就不能自存。若劉備能抵抗曹操，那麼劉備就不再是將軍的臣下了。希望將軍不要再疑惑。」

劉表聽後想想也是，自己沒有力量抵抗曹操。倘若利用劉備抵抗曹操，如果失敗，荊州會受到更大的破壞，自己的身家性命也難保；假使劉備抵抗成功，劉備又不肯心甘情願做自己的部下，服從自己的安排，荊州地盤仍舊不會是自己的。遂接受了他們的建議，向曹操投降。

曹操輕而易舉得到了荊州，他很看不起劉表的這些兒子，輕蔑地說：「劉景升諸子若豚犬耳！」

■ 孫劉聯盟

劉備自從建安六年（西元 201 年）投奔劉表以後，駐在荊州已有八年之久。其間，他拉攏了不少荊州的豪族地主，因此，他後來撤退時，「荊楚群士，從之如雲」。

建安十二年（西元 207 年），經司馬徽、徐庶推薦，劉備三顧茅廬，訪得「臥龍」諸葛亮，有了替自己安邦定策的謀臣，更是如虎添翼；後來又利用清查戶口的機會，招募到不少壯丁補充到自己的軍隊中。劉備在荊州的八年，雖無明顯建樹，但無論在軍事力量、民心，還是在人才方面都有了相當程度的充實。

劉琮並沒有把自己歸降曹操的事告訴劉備，等到劉備發覺情況有

第十五章　決戰赤壁

異，派人去問劉琮時，劉琮才命他的屬官宋忠到劉備那裡，送上正式通知。而此時曹操大軍已經壓境，形勢非常危急了。

劉備於是趕忙把自己的軍隊從樊城向江陵一帶撤退，追隨他的部眾多達十萬餘人，輜重車輛數千輛。因此行動十分遲緩，每天只能前進十餘里。

劉備派關羽率領船艦數百艘，約定在江陵會師，然後再做打算。有人向劉備建議說：「行軍向來以迅速為重，所以應先保守江陵。我們的部眾雖多，可有鎧甲的士兵太少，如果曹操大軍追及，如何抵禦？」劉備說：「創立大業，百姓為本，他們是追隨我，我怎麼能忍心捨棄？」

曹操獲悉江陵儲存大量糧草武器，唯恐被劉備得到，於是放下輜重，率輕裝部隊先到襄陽。聽說劉備已經南下，立即特選精銳騎兵五千人，緊急追擊，一天一夜急行三百餘里。

此時正是驕陽似火，行軍路上都是荒山野嶺，找不到一滴水。兵士們都渴得有氣無力，行軍速度大受影響。這對行軍極為不利，況且還要追擊劉備，如此下去，難以成功，幸虧曹操利用「望梅止渴」之計，才解了燃眉之急，使大軍得以繼續行進，終於在當陽長坂坡追上劉備。

劉備部眾崩潰。劉備拋棄妻子兒女，跟諸葛亮、張飛、趙雲等，在幾十名騎兵護衛下逃走。所有部眾及輜重，悉數被曹操所得。

曹操於是占得江陵，任命劉琮當青州刺史，封侯爵，蒯越等人封侯，另任命一批荊州名士擔任荊州地方官，以此順從民心。同時取得荊州的江北四郡，收編荊州軍七、八萬人，艨艟鬥艦千餘隻，軍用物資不計其數。艨艟鬥艦機動性很高，來去如飛，敵艦無法靠近。曹操得此艦千餘隻，又加上荊州軍士素習水戰，於是，對順江東下攻擊孫權信心大增。

劉備自當陽被曹操擊潰以後，向漢水方面撤退，正好與關羽率領的自漢水而下的水軍會合。渡過漢水之後，又碰到劉表長子江夏太守劉琦，兩下會合，有軍隊約兩萬人，於是就退到夏口。夏口在江北，劉備仍認為不安全，又從夏口退到鄂城的樊口。當劉備在當陽長坂坡的時候，孫權曾派魯肅去和他聯繫；因此，劉備到了樊口，也派諸葛亮和魯肅一起去見孫權，表示願意組成聯軍，共同抵抗曹操。

曹操南征荊州之時，孫權正屯兵柴桑（今江西九江）。諸葛亮晉見孫權，分析時局說：「現在全國一片混亂，將軍在江東起兵，而玄德公（劉備）在漢水以南集結部眾，欲與曹操爭奪天下。如今，曹操士軍已擊破荊州，聲威大振。四方英雄豪傑已無用武之地，玄德公向南撤退，還望將軍量力收容。將軍如果有決心和能力，以吳越的人力與朝廷抗衡，就應該趁早跟曹操斷絕關係；如果自認為不能，不如趁早收起武器，脫下鎧甲，向北方歸降吧。當今，將軍表面上服從朝廷，內心自有打算，遲遲不能做出決定。此等緊急時刻，卻優柔寡斷，將軍不怕大禍臨頭嗎？」

「為什麼劉備不自己去歸降曹操？」孫權沒好氣地問。

諸葛亮早就料到孫權會反問這麼一句，於是正色說：「田橫，齊國的一個壯士，還能堅守大義，不肯屈辱，何況劉豫州皇家苗裔，蓋世英才，志士對他的仰慕，如同流水歸向大海。如果大事不成，只能是天意，怎麼能當曹操的部屬！」

孫權當時年方二十七歲，正值血氣方剛之時，被諸葛亮這麼一激，勃然大怒說：「我不能把吳國的故土，十萬士兵，拱手奉送給別人，受制於人。我決心已定！不必再說了。我知道非劉豫州不能抵抗曹操，可是劉豫州最近連連挫敗，怎麼能擔當此任？」

諸葛亮心裡知道孫權已經有了聯合抗曹的意願，便獻上對策：「劉豫

第十五章　決戰赤壁

州雖然在長坂坡遭到挫敗，但集結部眾，加上關羽水軍，還有精銳一萬人，劉琦所屬也不在一萬人之下。曹操勞師遠征，身心俱疲。加上不熟悉水戰，荊州將士大多並不心服。將軍如果真能派一位猛將，率軍數萬人跟玄德公合作，一定可以擊破曹軍。曹操軍敗之後，定向北撤退。如此，荊州與江東勢力強大，定會奠定鼎足三分的形勢，還望將軍早拿主意。」

孫權聽後，便召集部屬，商議接下來該怎麼應對曹操。

■ 黃蓋詐降

曹操見孫權對形勢抱觀望態度，不敢得罪自己，便躊躇滿志，雄心勃勃，認為只要揮師東下，孫權一定會懾於自己的聲威，獻地投降。

「不見得！」謀士賈詡提醒曹操保持冷靜，說：「丞相平定了北方，今天又降伏漢南，聲名遠播，如果此刻能利用荊州四郡資源，休整部隊，安撫百姓，時機一到，江東就會不戰而服，不要急於一時。」

此時，曹操已被自己的實力所迷惑，根本聽不進賈詡的話，他寫了一封信，派人送給江東孫權，信中說：「近來奉天子之命，討伐叛逆，軍旗到處，劉琮降服。現在，我親率軍八十萬，希望跟將軍在吳國故地狩獵。」

孫權接到曹操這份充滿傲慢和挑釁的信後，讓部屬傳閱，眾人無不震驚。長史張昭首先發言：「曹操挾天子以令四方，我們抵抗他，名不正，言不順。再說，我們憑藉的是長江天險，如今曹操占了荊州，長江天險早就失去了屏障作用。如果曹操水陸並下，敵強我弱，我們如何抵擋？不如歸順朝廷。」

眾人紛紛表示贊同。

只有魯肅一人不發一言。稍後，孫權起身出去，魯肅追到走廊上，孫權會意，拉起他的手問：「子敬（魯肅字），我看你一言不發，必定早已有了主意，說吧。」

魯肅答道：「剛才眾人的議論可能會讓將軍誤入歧途啊！像我魯肅可以歸降曹操，或大或小可以再謀得一個職位。而將軍卻不可以，請將軍早日做出決定。」

孫權嘆息說：「眾臣所言，使我失望，你的睿智分析跟我的想法完全相同，看來只有你子敬了解我啊。」

魯肅勸孫權召回周瑜，共商大事。

周瑜返回後，對孫權說：「曹操名義上是漢朝丞相，其實是想篡位的奸賊，天下人人得而誅之。將軍英雄蓋世，又繼承父兄的基業，據守江東廣大土地，擁有充足的精銳部隊，自當橫行天下，為漢王朝清名正位，怎麼能投降？」

周瑜緊接著分析道：「目前，北方尚未完全平定，西北有馬超、韓遂，仍駐屯關西，始終是曹操的後患，他卻強行南下，這是他的失策。曹軍向來善於野戰，而疏於水上用兵，如今竟然捨棄馬匹，改用船艦，跟吳越士兵在江河爭鋒，豈不是自尋死路？現在正是嚴冬，千里冰封，戰馬吃不到野草，曹操又驅逐這些北方部隊盲目地投入錯綜複雜的河川湖泊之間，水土不服，疾病必定流行，曹操卻不顧一切貿然前來。將軍請撥付給我數萬精銳，挺進到夏口，保證為將軍擊破來敵。」

孫權聽了，又感動又高興。猛地站起，慷慨激昂地對眾人說：「曹操老賊早就打算顛覆朝廷，自己篡位，只是顧忌袁紹、袁術、呂布、劉表以及我孫權。如今，其他英雄都已消滅，只有我還在，我跟曹操老賊勢不兩立。你主張迎戰，正合我意，公瑾真是上天賜給我的將才啊。」說

第十五章　決戰赤壁

罷,抽出佩刀,向桌案砍去,堅決地說,「誰要是再敢說迎降,跟這個書案的下場一樣!」

當夜,周瑜再次晉見孫權說:「大家看到曹操的書信,被他的水陸兩軍八十萬嚇得驚慌失措,不能正確分析其虛實。其實曹操所統率的直屬部隊不過十五、六萬,而且經過長途跋涉,早已疲憊;新接收的荊州部隊充其量也不過七、八萬,而且並沒有完全臣服。用疲憊的將士統馭軍心不穩的部眾,人數再多,也難以凝聚力量。我只需五萬人的精銳部隊就足以克制敵人,請將軍不必擔心。」

孫權非常感動,拍著周瑜的背親切地說:「知我者,公瑾也。你的見解跟我的相同。五萬人一時難以集結,現在已徵調三萬人,糧草、船艦、武器都已經準備齊全,你跟魯肅、程普先行出發,我在後方繼續集結部隊,作為你的後盾。」

於是命周瑜、程普負責左右翼總司令,魯肅任贊軍校尉,率軍北上,與劉備合兵一處,共同對抗曹操。

曹操率水陸兩軍自江陵出發,沿江東下,到達赤壁(湖北赤壁西北),與周瑜、劉備聯軍交鋒。這時,曹操的軍隊中所傳染的疫病已非常猖獗,所以曹軍和孫劉聯軍才一接觸,就打了個敗仗,退到北岸烏林,與孫劉聯軍隔江對峙。

當時已經是十二月了,長江之上寒風凜冽,艦船被波浪顛簸得七歪八扭,而騎慣了馬、不習慣坐船的曹軍將士,再加上生病,在船上一直嘔吐不止。這個時候曹操就想了一個辦法,把這些艦船連起來,把小船聯合在一起變成一艘大船,它就不顛簸了。

這個主意是誰出的?不知道是曹操自己想出來的,還是曹操的謀士想出來的,沒有記載。《三國演義》說是龐統獻的連環計,但肯定不是

龐統。根據《三國志・龐統傳》的記載，龐統根本就沒有參與這場戰爭。

但是此做法給了孫劉聯軍可乘之機。周瑜的部將黃蓋就對周瑜說：「今寇眾我寡，難以持久。然觀操軍船艦首尾相接，可燒而走也。」

曹操除了把水軍艦船連成一片駐紮在北岸以外，他的陸軍也已經抵達了，把營寨紮在岸上。黃蓋說：現在敵人多，我們少，這樣僵持下去不是辦法，但是我看他們把船連成一片了，那就有辦法了。乾脆就放它一把火，把他燒走。

周瑜採納了黃蓋的計策。於是黃蓋詐降，詐降是真有其事，也派人送了詐降書，曹操也把送信的人抓來盤問了一番，最終還是確定是真投降。

得知曹操上當了，周瑜和黃蓋準備了幾十艘船，船上都裝滿了柴火，又澆上了油，然後在這些柴火上蒙了一塊布把柴火遮掩起來，船上再插上旗子，大船後面繫了些小船，備逃跑時使用。

一天，東南風大作，黃蓋帶領十艘艨艟鬥艦，直奔北岸曹營。曹操官兵只以為黃蓋來降，都聚集在江邊和船頭觀看，向江心指指點點，歡聲雷動。

當黃蓋的船隊將要靠近北岸時，黃蓋命人點燃柴火，確認每隻船都已經點燃後就解開備用小船，安全撤離了。風助火勢，十艘船如離弦之箭衝向北岸，衝入曹操艦群。剎那之間，曹操船隊都燃起了大火，不一會兒又蔓延到岸上的營寨。一時間，只見江心和岸邊烈焰沖天，曹軍士兵與馬匹，或被燒死，或墜入長江溺死。曹軍哭號之聲聞於天，死傷難以數計。

曹操一看這沒救了，下了道命令，放火把沒燒著的船都燒了。反正要走人了，這船不能留給劉備和周瑜。

第十五章　決戰赤壁

■ 都是驕傲惹的禍 ■

江北情況很快被報知周瑜，於是他下令立即擂動戰鼓，並率輕裝艦艇隨後趕到，戰鼓雷鳴，曹操大軍頓時崩潰。曹操在硝煙瀰漫中難以收拾局面，帶著殘部由小道向西逃跑。

沿途泥濘不堪，路又阻塞，天際突然颳起狂風，隊伍幾乎不能前行。曹操命令老弱殘兵去背草填路，騎兵部隊才勉強通過，而那些背草鋪路的老弱殘兵，很多被人馬踐踏，倒在泥漿中，死亡者不計其數。劉備、周瑜水陸並進，在後追擊，一氣追到南郡。

曹操大軍慘敗之後，又兼糧草不濟和瘟疫橫行，人馬傷亡過半。曹操害怕失敗的訊息傳回許都，朝廷會發生變故，所以不敢在荊州多做停留，留下大將曹仁、徐晃守江陵，樂進守襄陽，自己引軍北還。

周瑜進攻江陵，其間經過了一年多的時間，終於將城攻下，迫使曹軍退守襄、樊。在此期間，劉備將少數兵力派往長江南岸協助周瑜攻江陵，主力部隊則南下攻占了荊州長江以南的四個郡，趁機發展壯大了自己。此時局面正如諸葛亮在戰前分析給孫權聽的一樣，三國鼎立之勢初具雛形。

曹操向來心胸開闊，氣度恢宏、禮賢下士，對屬下的意見也是耐心分析、虛心接受，使人甘願為他效勞。縱然與張繡有深仇大恨，一聽張繡來歸降，也立即握手言歡，封賞有加；陳琳的檄文何等惡毒，因為人才難得而予以寬恕。正是他這種管理方式和用人心態才有了無往不勝、節節挺進的局面。

然而，勝利使人頭昏，權力使人糊塗，接連的勝利終究使得曹操迅速膨脹，以為天下人都不如他，終致赤壁之戰大敗。一代雄才的曹操尚不能避免頭腦發熱，世間的英雄豪傑又怎能因小小失誤而求全責備、妄

自菲薄呢？逆境之中能保持謹慎清醒者又有幾人？一旦順境，最易出的錯便是得意忘形。曹操因此而致使天下三分，這是他至死都悔恨不已的吧？

曹操撤退時途經華容道，北風凜冽，道路泥濘，人馬難行。曹操只好下了一道命令，讓老弱病殘者負草填路。路還沒有完全填好，曹操的騎兵就衝過去了，結果這些負草填路的贏兵被曹操的騎兵踏在泥濘裡面，死於非命，非常之慘。

這件事情反映了兩點，一是曹操逃亡得很狼狽，什麼都顧不上了；二是曹操這人確實心太狠了。曹操沒有人道主義觀念，他為了自己的成功從來是不惜犧牲別人的生命的。

曹操在赤壁之戰中究竟犯了哪幾個致命的錯誤呢？曹操又是如何一步步從具有絕對優勢到大敗而逃的呢？

裴松之說：「赤壁之敗，蓋有運數。實由疾疫大興，以損凌厲之鋒；凱風自南，用成焚如之勢。天實為之，豈人事哉！」按照裴松之的這個觀點，曹操之所以在赤壁之戰吃了這麼大一個敗仗，第一是由於他的軍隊遇上了「非典」或者「禽流感」，得了一場我們現在說不出名字來的大規模感染流行性傳染病；當然，第二是他做夢也沒有想到，一貫刮西北風的冬天會颳起東南風來，實在是運氣不好。

其實曹操的失敗，主觀原因還很重要。曹操發動這場戰爭，本來是有優勢的，有什麼優勢呢？第一，曹操挾天子以令諸侯，諸侯不敢與之爭鋒，這個叫做政治上有優勢。第二，曹操奪得荊州威震四海，許多人聞風喪膽，曹操有心理上的優勢。第三，曹操奪得荊州勢如破竹，軍心振奮，以振奮興盛之師戰聞風喪膽之軍，有氣勢上的優勢。第四，曹操人多勢眾，孫劉聯軍相對人數較少，曹操有軍事上的優勢。

第十五章　決戰赤壁

曹操原本仗著這四大優勢，才敢順江東下來打劉備和孫權。那麼為什麼失敗了呢？

根本的原因在於曹操的策略目標不明確。他當然主要是想打劉備，也起了心思順便打孫權一下，胃口太大了，貪得無厭。

他這個時候正確的做法應該是把目標鎖定在劉備身上，如果把目標鎖定在劉備身上，應該在當陽大敗劉備以後乘勝追擊。曹操從北邊通過宛城、義縣往南進軍，到了新野的時候劉琮就投降了；然後劉備在樊城慌慌張張渡水到襄陽，然後往南跑，帶著很多人，一天走十幾里。曹操五千輕騎兵一日一夜三百里追上來，在當陽大敗劉備，此時應該留著劉備不放才是，他跟劉備居然分手了。之後劉備斜趨漢津，跟著魯肅、諸葛亮、張飛、趙雲，還有前來接應的關羽一起到夏口去了；曹操卻往南跑，到江陵去了。

如果把目標鎖定在劉備身上，他應該乘勝追擊，在劉備跑到夏口之前把他滅掉，順便應該把魯肅也俘虜了，但他沒有這樣做。

他可以在到了江陵以後馬上掉轉頭再去追，至少可以趕在孫劉聯盟形成之前把劉備滅了。他也沒有這樣做，他到了江陵以後就停下來了，安撫荊州投降的人，做思想政治工作。

賈詡建議曹操說，你這個時候不要順江東下，你應該把這個地方安撫好，採取懷柔政策，讓荊州的士民都真心誠意地歸順你，到時候江東就會不戰而降。他不接受，兩個月以後又上路了。壞就壞在這兩個月，如果停留的時間短，他可以擊破劉備與孫權的聯盟；如果停留的時間長，他可以做好充分的準備，等來年開春以後，不刮北風、不生病的時候再去打。他在一個錯誤的時間點，發動了一場錯誤的戰爭。

就算這些都做不到，他其實還有一個辦法，就是自己在江陵待著，

派曹仁等人率步兵進攻夏口，即便不能把劉備消滅，也能把劉備堵住，或者逼著劉備往南跑去投奔蒼梧太守吳巨，那也比他投奔孫權好啊。

或者率領部隊來到夏口，甚至可以進軍樊口，把這個地方扼守起來，對孫權也是一種威懾，說不定孫劉聯盟就無法結成了。即便結成聯盟，他的軍隊也不會來到赤壁啊。這些事情曹操都沒有做。為什麼沒有這樣做呢？

以曹操這樣一個軍事大家怎麼會犯這樣一系列的錯誤呢？很多學者的結論是驕傲輕敵。由於驕傲輕敵，他對孫劉聯盟的猜想不足，他總認為孫權會像公孫康一樣把劉備的人頭給他送過來，他沒想到孫權不是公孫康，此時也不是當時。曹操前期之所以能在中國北方連續取得勝利是因為當時群雄割據，互相爭鬥，曹操收了漁翁之利。現在他把這些諸侯都收拾完了，只剩下劉備和孫權了，他們能不聯合嗎？他們不聯合就是死路一條啊，他們必定是鐵了心聯合起來對付自己，曹操沒有猜想到這一點。

所以說曹操之敗在於驕傲，孫、劉之勝在於聯盟。赤壁之戰的時候，孫權二十七歲，諸葛亮二十八歲，周瑜三十四歲，魯肅三十七歲，曹操五十四歲，吳晗先生說赤壁之戰是被進攻的打敗了進攻的，哀兵打敗了驕兵，年輕人打敗了老頭子。其實吳晗先生還有一個人沒有算進去，就是劉備。劉備當時多少歲呢？四十八歲，如果把劉備加進去，那麼孫劉聯軍這邊的首腦人物的平均年齡是多少呢？三十四歲，正是周瑜的年齡，赤壁之戰可以說是周瑜打敗了曹操，也就是三十四歲的打敗了五十四歲的。

不過曹操雖然老了，敗了，但是笑傲江湖的英雄本色依然故我。曹操從華容道衝出去以後又笑了。大家問他：「丞相為什麼要高興啊？」曹

第十五章　決戰赤壁

操說：「劉備，吾儔也。」劉備確實是我的對手，可惜的是，他動作總是晚了一點，他如果在這個地方埋下伏兵堵起來，再放一把火，我們這些人連骨灰都沒有了。

曹操雖然失敗了，但依然不忘自嘲，表現了他的樂觀主義。

■ 得隴不望蜀

赤壁之戰的大敗使曹操明白，他一時之間無法解決孫、劉兩家，只有努力使北方保持相對安定的環境，加強農業生產，累積力量，等到具備了戰勝孫、劉的經濟基礎後，才能獲得策略上的優勢，才有勝利的可能。曹操決定把這一策略作為大的策略方針，於是決定首先鞏固自己的後方，統一關中，然後乘機奪取漢中，進攻巴蜀。

此時關中還處在割據分裂的狀態之中。割據的將領中最強的是馬超和韓遂。其他一些將領雖無大志，但兵馬強悍，且關中地形複雜，疆域寬廣，易守難攻，平定關中談何容易。況且這些割據勢力名義上還接受朝廷的任命，如果驟然用兵攻擊他們，實在是難以令天下人信服。

曹操於是先揚言要奪取漢中，討伐黃巾軍的餘孽——張魯領導的農民軍。這樣曹操的大軍就可以名正言順地經過關中，而這些地方的將領必會出兵阻擋，到那時曹操便可正式下令對他們進行討伐了。

建安十六年（西元211年）春，曹操命駐紮洛陽的司隸校尉鍾繇率大將夏侯淵等打著征討張魯的旗號進兵關中。關中割據各處的將領果然立即警覺，紛紛採取行動。馬超、韓遂、侯選等十部人馬，聯合叛變，推馬超、韓遂為總領袖，率部眾十萬，據守潼關。曹操命安西將軍曹仁率領大軍繼續前進，但不可與對方交戰。

七月，留曹丕、程昱守鄴城，五十七歲的曹操親率大軍西征。很

快，曹操大軍抵達潼關，此時關中各處軍閥紛紛向潼關集中，以阻止曹軍西進。曹操手下的將領們建議迅速出戰，但他要大家耐心等待，讓敵軍多多聚集，以便一戰解決。

馬超來陣前挑戰，曹操下令固陣堅守，不要出戰。與此同時，曹操暗中命徐晃、朱靈率步騎混合兵團四千人，從蒲坂津（山西永濟西黃河渡口）渡過黃河，在黃河西岸建立基地。

閏八月，曹操突然從潼關北渡黃河，士兵先乘船過去，曹操單獨跟虎賁武士一百餘人，留在南岸斷後。最終，曹操涉險過河，抵達對岸。

曹操抵達蒲坂後，再渡黃河而西，然後沿著黃河修築夾道，向南推進。馬超等人退到渭口潼關。曹操為了吸引更多的敵人，並沒有和馬超軍團正面接觸，而是派出小股軍隊四處游擊，使馬超等無法判斷他的真正意圖。

一天夜裡，曹操派士兵乘船進入渭水，迅速搭建浮橋。到了深夜，部分主力部隊已在渭水南岸築下營寨，設好埋伏。等到天亮，馬超等才發現曹操大軍正在渡過渭水，對自己構成了極大威脅。於是匆忙出擊，被早已埋伏好的曹操部隊擊敗。馬超等只好放棄潼關，撤退到渭水之南。馬超以願割讓黃河以西土地為條件與曹操講和，曹操佯裝答應，實際上大軍繼續前進。

九月，曹操大軍主力全部渡過渭水，馬超為了給立足未穩的曹軍以迎頭痛擊，屢次主動挑戰，曹操卻重施故技，嚴守營壘，不予回應。馬超等摸不清曹操的意圖，心中不免忐忑不安，不敢貿然進攻。

曹操雖然表面沒有動靜，卻在暗中運籌帷幄。他接受了賈詡的建議，最終採用離間之計使得馬超跟韓遂互相猜疑，無法合力迎敵。曹操猜想兩人已貌合神離，於是定下日期決戰。先用輕裝部隊突擊，一陣廝

第十五章　決戰赤壁

殺，然後再突然投入主力部隊，馬超與韓遂難以抵擋，各自帶著人馬逃奔涼州，其餘將領也死的死，散的散，關中聯軍至此潰滅。

關西平定了，曹操率軍回到長安。將領們這才向曹操說出心中疑問：「當初，敵人主力據守潼關，渭水北岸沒有敵軍兵力，我們不從河東直接攻馮翊（今陝西高陵），反而把重兵壓在潼關之下，然後再北渡黃河，為什麼多此一舉？」

曹操說：「敵人據守潼關，我們重兵一旦進入河東，敵人一定沿著黃河布防，嚴密把守渡口，我們就無法強渡。所以我把重兵集中在潼關城中，吸引敵人主力，黃河兩岸的防備自然鬆懈。徐晃、朱靈兩位將軍才能輕易取得西河（今陝西北部）；然後，我從潼關北渡內河。後來敵人之所以願意割讓西河，就是因為有兩位將軍的大軍已先進入，我們用車輛和樹木，沿著黃河，向南修築夾道。一方面是為了安全，一方面是向敵人示弱。渡過渭水後築營，敵人猛攻而不應戰，目的在於驕敵，讓其以為很快就會結束戰鬥。他們果然沒有做長期相持的準備，而一味割地求和，我滿口承諾，一切接受，在於使他們自以為獲得安全保障，不再警惕我們養精蓄銳。攻擊一旦開始，正是所謂『疾雷不及掩耳』。策略技術，變化莫測，不能固執。」

這一仗，幾乎完全是按戰前曹操說的那樣進行，主動權牢牢控制在他手裡，顯示了曹操高超的軍事才能。

韓遂逃到涼州後不久就被部下殺死。馬超退到隴上，攻打涼州未成。先投張魯，再投劉備。

馬超被趕跑，韓遂也死了。曹操算是基本平定了西北地區，再加上大將夏侯淵又占領了隴右，至此，關隴地區盡歸曹操，北方算是基本統一。

第十六章　一步之遙

■ 生子當如孫仲謀

　　本來曹操要接著攻打漢中，無奈在河北自己的腹地發生了以田銀、蘇伯為首的農民起義，曹操聞訊迅速把關中大軍抽回到河北，然後來到鄴城。此時，田銀、蘇伯已被擊潰，形勢剛剛穩定下來，曹操害怕匆匆出兵西北會再次導致局勢失控，更加擔心孫權會趁機騷擾自己的後方，並且認為東吳是自己平定天下的首要之敵。於是率兵四十萬，直指東吳。想用強大的軍事力量震懾孫權，使他不敢輕易對北方用兵，然後他就可以專心經略西北了。

　　此時已是建安十七年（西元 212 年），曹操在朝野內外的聲望達到了頂峰。正月，漢獻帝下詔特許曹操「贊拜不名，劍履上殿，入朝不趨」。曹操看到了權力帶來的榮耀，於是權力之欲更加膨脹。

　　十月，曹操欲東征孫權。臨行前，曹操和文武大臣歡宴，眾人免不了對他頌揚一番。尚書董昭說道：「丞相櫛風沐雨幾十年，其間，盡掃群雄，為民除害。自古以來，人臣拯救國家，能有丞相這樣功績的有幾人？以您這樣偉大的功業，不可能長久屈居臣屬地位，您深以為德行趕不上古代，內心不免忐忑，您願意保持自己已有的名聲節操。然而，您身為大臣，如果使人在大事上對您有所懷疑，就不可不多加考慮了，建議您晉級『公爵』，加『九錫』，以此表彰您對國家的特殊貢獻。」

　　眾人紛紛附和稱是。曹操聽了，心中暗喜，不禁有點飄飄然。什麼

第十六章　一步之遙

叫「九錫」？「錫」即「賜」的意思，加「九錫」，就是要皇帝賜給九件特別貴重的東西，這是古代大臣少有的最高榮譽，通常也是舊王朝的喪鐘，新王朝的新生。

「萬萬不可啊。」在旁一直不說話的荀彧突然開口了，荀彧向來與眾人難以合群，剛直不阿，實話實說，這次也不例外，「丞相本是打著拯救朝廷的旗號起兵，常常以忠貞不貳、輔佐朝廷、安定國家為己任，忠貞誠懇，謙恭退讓。君子愛人，應磨礪他的品德，若輕易加『九錫』，恐讓天下人不滿，不宜採取這種行動。」

曹操聽後雖然心中不悅，但又不便發作，只得表面答應不「加錫」，把稱魏公的事暫時擱著。

曹操大軍出發之後，曹操還想著怎麼把荀彧除掉，以掃清自己做魏王的障礙，便寫信要求荀彧到前線勞軍。荀彧到譙縣才趕上大營，曹操讓他以侍中、光祿大夫身分擔任丞相府軍事參議官（參丞相軍事），荀彧只得隨軍。曹操大軍推進到濡須（今安徽無為）時，荀彧稱病留在壽春，曹操無奈只好同意了。荀彧前思後想，覺得曹操要對自己不利，憂慮成疾，竟然一病不起。

一天傍晚，荀彧正躺在床上休養，忽報曹丞相派人來慰問。來人帶了一盒食品，說是主公丞相的心意，一定要收下。荀彧疑惑地打開盒子，裡面什麼也沒有，原來是個空盒！荀彧明白了，這表示自己對曹操已經沒有任何價值。五十歲的荀彧兩行熱淚奪眶而出，在極度憂鬱病苦之中服毒自盡。

曹操得到荀彧自殺的消息，嘆了一口氣。雖然感到有些懊悔，但畢竟已經無法挽回。便下令厚葬荀彧，又追封他為「敬侯」。

建安十八年（西元 213 年）正月，曹操在濡須口擊破孫權的江西（長

江西岸）大營，孫權親率七萬江東部隊抵禦。僅持一月有餘，其間，曹操視察東吳的船艦、武器以及軍隊陣容，見各自陣容嚴整，頗有章法，不免慨嘆：「生子當如孫仲謀！」

後來，孫權寫信給曹操，說：「春季已到，江河水勢將漲，北軍不習水性，閣下應該迅速撤退，以免出現不測。」另附一小紙條：「足下不死，我不能安枕。」曹操閱後，對手下將領說：「孫權還真不欺騙我啊！」於是下令撤退。

五月，獻帝將土地肥沃、人口眾多的冀州十個郡封給曹操作采邑，因曹操長期駐紮鄴城，而鄴城又是十郡之一，又是魏郡太守的治所，故稱此冀州十郡為「魏國」，加封曹操為魏公，兼任丞相和冀州牧，加「九錫」。

七月，曹操在魏國開建天地祭壇（社稷）和曹姓祖先祭廟。曹操為了更好地控制漢獻帝，強迫漢獻帝納自己的三個女兒為妃，並作為妃嬪第一級「貴人」。從此，曹操在朝廷裡更是一呼百應，群臣唯唯諾諾，不敢違逆。

劉備乘曹操與孫權交戰之機攻入益州（今四川成都），取代劉璋做了益州牧，又命關羽鎮守荊州四郡，至此，蜀中盡歸劉備。

■ 神權王國的覆滅

初平二年（西元 191 年），張陵孫子張魯在漢中地區建立政教合一的農民政權，張魯稱「師君」。此時中原大亂，軍閥混戰，且忙著征剿黃巾軍，根本無力討伐張魯。因此，這裡成了漢末亂世中的一片淨土，民眾自願投奔者達數萬家。

面對張魯政權這個異數，等中原混戰結束後，任何當朝執政者都是絕對不允許的。此時，曹操已完成殲滅黃巾軍，剷除各路中原軍閥的

第十六章　一步之遙

工作，漢廷已經形同虛設，曹操大權獨握，便將劍鋒指向蝸居漢中的張魯。

建安二十年（西元215年）三月，曹操親征張魯。

曹操大將張郃、朱靈部隊擊破武都郡氐人，過陳倉（今陝西寶雞東北），出散關，抵達河池（今甘肅徽縣）。七月，大軍進抵陽平關（今陝西勉縣西北）。

張魯自割據漢中以來，久未經歷戰爭，得知曹軍大舉來犯，便打算投降。張魯弟弟張衛死都不肯，並沿著山勢築造長達十里的城牆，帶數萬人據險而守。

據張魯陣營向曹操投降的人所言，陽平關下，南北兩山相距很遠，難以持久據守。他們勸曹操儘早兵發陽平關，曹操從之。可是，等到兵臨關下，卻發現完全不像那些人說的那樣。敵軍早已嚴陣以待，無奈之下，曹操下令進攻陽平山上各城。可惜山陡如削，無法攀登，一時難以攻下，士卒傷亡慘重，糧草又不濟，曹操心情沮喪，打算派少數兵力切斷山下通道，自己班師而回。

曹操性格堅毅，一生經歷戰爭無數。可以說自他陳留起兵，近三十年以來，幾乎每年都在作戰，他遭遇比這次攻城更艱苦、更驚險的境地也不是一次兩次了，為何這次能夠接受無功而返，準備班師呢？也許他是真的感到累了，無能為力了，誰知道呢！

於是，曹操命令大將軍夏侯惇、將軍許褚傳喚已攀登上山的部隊撤退，想不到前鋒部隊在夜中迷失道路，竟誤入了張衛的另一大營。張衛將士不知真假，以為曹操趁機來劫營，紛紛逃竄。夏侯惇、許褚得到報告，知道這是誤打誤撞，馬上報告曹操，曹操趁機下令向張衛大營總攻，一舉擊破了張衛軍團，攻下了陽平關。

張魯聽說陽平關失守，也無意再戰，不久便向曹操投降，曹操遂占有漢中。丞相主簿司馬懿建議曹操：「劉備剛得益州，蜀民還沒有心服，他又正遠在江陵與孫權爭奪土地，這個機會不可錯過，我們占據漢中，益州震動，如果大軍壓境，他們一定瓦解。聖人行事，既不可以違背天時，也不可以不順應時機。」

　　謀士劉曄也認為若不及時乘勝占領蜀地，劉備、諸葛亮定會遍施恩澤，安撫百姓，等到人心穩定，那時便不易攻取了。曹操聽了，沉默良久說：「人最痛苦的是不能自我滿足。我們既得到隴地，卻又在盼望得到蜀郡，實在是不應該呀。」於是下令班師。

　　其實，劉備此時剛剛得到益州，尚無恩德加於百姓，未免人心浮動。若曹操此時趁機兵發劉備，很有可能取得勝利，可惜他錯過了良機，再也沒有機會了。

借刀殺人

　　赤壁之戰後，孫權占了江東，劉備向孫權「借」了荊州，接著又占領了益州，對孫吳構成威脅，孫、劉兩家的矛盾便逐漸尖銳起來。孫權派人向劉備討還荊州，劉備豈肯答應？雙方爭執不下。後來，劉備聞聽曹操要進攻漢中，威脅益州，這才慌忙同意平分荊州，以緩和矛盾。

　　孫、劉關係稍稍緩和，劉備便集中兵力與曹操爭奪漢中。建安二十四年（西元219年）正月，劉備大將黃忠在陽平定軍山斬殺曹軍大將夏侯淵，大敗曹軍。曹軍士氣受挫，到了五月，曹操不得不退出漢中，撤回長安。劉備趁機占領漢中，自稱漢中王。

　　早在劉備在荊州三顧諸葛亮於草廬之中時，諸葛亮就曾對劉備說：「如果掌握荊州、益州，據守險要，要安撫接納境內外的所有外族，和

第十六章　一步之遙

平共存。再跟孫權敦睦邦交，締結盟好，就能做到對內清明政治，對外縱觀全域性。一旦有變，即可命令一員上將率領荊州之軍，攻向宛城、洛陽，將軍則帶領益州大軍出秦川，攻向長安，這樣一來，天下必定平定。」這就是著名的〈隆中對〉，也可以說是劉備的長遠規劃。

劉備在攻克漢中後，就立刻開始按照計畫實施了。他命駐防荊州的關羽進兵襄、樊，北向宛、洛，以攻曹操。

七月，關羽進攻樊城，曹軍由征南將軍曹仁防守樊城，聞聽關羽率大軍前來攻打，先派于禁、龐德等七軍屯於樊北，與城內互為掎角，以待關羽。此時正值雨季，大雨不斷，漢水暴漲，關羽用計水淹七軍，降于禁、殺龐德，很快包圍了樊城。曹仁知道難以抵擋，只好帶領將士堅守待援。

這時曹操正在洛陽，聽到于禁被擒，樊城被圍，心中不免驚慌，他召集文武百官商議，準備暫時放棄許都，避開關羽的勢頭。

遷都不僅勞民傷財，而且政治影響深遠。曹操面對關羽的強勢進攻，竟然首先考慮這樣做，可見曹操此時已無當年的銳意進取之心。此時距他去世僅有兩個月。

謀士司馬懿竭力勸阻遷都，他說：「樊城被水淹了，但是對我軍並沒有造成重大的策略影響。劉備、孫權雖然表面和好，實際矛盾很深，關羽得志，孫權必定忌憚。我們何不派人去勸說孫權，講明事成之後，可以將江南封給他。讓他趁關羽後方空虛，襲擊其後方，關羽必定回救，這樣樊城之圍便不攻自解了。」

曹操一聽，覺得有理，便一面下令曹仁堅守城池，一面派人去策動孫權。同時，又故意把這個計畫洩漏給關羽。

曹操派來的使者向孫權說明來意，孫權大喜。既可擊敗關羽，揚名

天下，又可擴大自己的領地，實在是天大的好事。於是立刻派呂蒙領大軍沿江而上，前去偷襲關羽後方的江陵及南郡。

同時，曹操也派徐晃領援軍去救樊城，徐晃見東吳開始偷襲關羽後方，於是開始對關羽進行反攻。關羽與徐晃相持，很快南郡、江陵失陷，關羽只得從樊城撤退，一路上軍隊逃散者眾多，整個荊州都空掉了。

關羽無處可逃，只得退到麥城。呂蒙率軍包圍麥城，關羽從麥城逃出，路上被呂蒙所殺。

曹操這一次利用孫、劉矛盾消滅了關羽，不但解除了襄、樊的暫時威脅，而且在策略上來說，使蜀漢失去了荊州根據地，諸葛亮的策略計畫遂告流產。

孫權殺了關羽，奪了荊州，害怕劉備找自己麻煩，就想栽贓曹操，沒想到被曹操識破奸計，沒有得逞。

■ 要做周文王

朝中大臣多次要求曹操稱帝，曹操都予以婉拒，並把自己和周文王相比，因此屢屢推辭。

周文王三分天下有其二，但仍舊做著殷朝的臣下，他兒子才滅了殷做了王，就是周武王。曹操說自己要做周文王，潛臺詞裡已經表明，他這一生做魏王就可以了，讓他的兒子去做皇帝。

其實，曹操很早就有這樣的想法。早在進兵關隴之前，他曾在鄴城的銅雀臺召集文武百官，登臺擺宴歡慶，席間表明了自己大權獨攬的野心。

第十六章 一步之遙

銅雀臺瀕臨漳河，臺高十多丈，左面有玉龍臺，右邊有金鳳臺，各高十丈，上有雙層橋相通，金碧交輝，雄偉壯觀。為什麼取名「銅雀臺」呢？「銅雀」是一種名貴的酒器。「雀」又寫作「爵」，有「爵位」、「爵祿」的意思。曹操自從迎帝遷都以來，挾天子以令諸侯，權勢越來越重，但又怕被人說專權，因而便藉著「銅爵」的因由，在鄴城大興土木，建造銅雀臺，以顯示他高貴的爵位，並以此作為自己晚年的最大享樂，表明並無其他奢望。

當天，曹操頭戴嵌寶金冠，身穿綠錦袍，玉帶珠履，居高而坐。文武百官依次侍坐兩側。曹操先命武官曹休、文聘、曹洪、張郃、夏侯淵、徐晃、許褚等比武取樂，隨後又命文臣王朗、鍾繇、王粲、陳琳、阮籍等即席賦詩。平日，大家都知道曹操諸子能詩善文，這時，紛紛要求他們一展文才。曹植首先應聲而起，於眾人面前，揮筆成章，片刻之間，寫成一篇〈銅雀臺賦〉：

從明後而嬉遊兮，登層臺以娛情。見太府之廣開兮，觀聖德之所營。建高門之嵯峨兮，浮雙闕乎太清。立中天之華觀兮，連飛閣乎西城。臨漳水之長流兮，望園果之滋榮。仰春風之和穆兮，聽百鳥之悲鳴……

曹操在一旁聽他誦讀著，連連點頭，眾人也無不稱讚。接著，文官們都爭著賦詩作文，大多稱頌曹操的功德巍巍。曹操一一閱畢，笑著說：「諸公稱譽過甚。想當初，我剛舉孝廉，年紀很輕，又非知名人士，恐怕被世人看作平庸無能，故決心辦好地方政教來樹立名譽。不想沒多久，便招來禍端，只得稱病回鄉，春夏讀書，秋冬狩獵，只想等到太平之日，再做一番事業……」

「丞相雄才大略，怎能長久埋沒深山……」左右笑道。

「不想朝廷任命我為典軍校尉。不過,當時我只想為國家討賊立功,死後能在墓碑上寫一句『漢故征西將軍曹侯之墓』,也就心滿意足了。後來討董卓、剿黃巾、除袁術、破呂布、取袁紹、擊劉表,直至身為丞相,人臣之貴已極,有什麼不滿足的呢?如國家沒有我這個人,真不知會有多少人要稱王稱帝呢!」

「即使周公也比不上丞相啊!」眾人齊聲稱頌。

「可是,」曹操面色一下凝重起來,語氣也更懇切,「總有人說我勢力強盛,又生性不信天命,說我有稱帝的野心。胡亂推測,使我常常感到不安。我常讀史書,見齊桓、晉文、樂毅、蒙恬等人,雖然皆兵勢強大,可都堅持君臣大義,我總被感動得流淚。我之所以說出這些肺腑之言,是恐怕別人不相信我啊。」

曹操的語氣更加懇切而堅決道:「想讓我放棄所統領的軍隊回到武平侯國是不可能的。為什麼呢?我確實怕放棄了兵權,就會被人謀害,既要替子孫打算,也要考慮國家穩定安危。天下還不太平,我不能讓位,至於封地,我願退讓。現在我把陽夏、柘、苦三縣兩萬戶的封地交還國家,只享受武平縣一萬戶的租稅,以此減少別人對我的誹謗,同時也稍稍減輕我的責任。」

「丞相英明,丞相高慮。」百臣眾口稱讚。曹操笑了笑,便命呈上美味佳餚,大家開懷暢飲。文武官員輪番敬酒,一時觥籌交錯,頌辭不斷。曹操興趣更濃,連飲數杯,命人取來紙筆,當即賦成一首〈短歌行〉。

對酒當歌,人生幾何!譬如朝露,去日苦多。慨當以慷,憂思難忘。何以解憂?唯有杜康。青青子衿,悠悠我心。但為君故,沉吟至今。呦呦鹿鳴,食野之苹。我有嘉賓,鼓瑟吹笙。明明如月,何時可

第十六章　一步之遙

掇？憂從中來，不可斷絕。越陌度阡，枉用相存。契闊談讌，心念舊恩。月明星稀，烏鵲南飛。繞樹三匝，何枝可依？山不厭高，海不厭深。周公吐哺，天下歸心。

詩成，曹操便命歌伎譜曲入樂，當場唱了一遍，歌聲慷慨奔放，感情深沉，表達了曹操感慨人生短促和思賢若渴的心情。這首詩是自《詩經》之後，四言詩中難得的優秀篇章。眾人聽了無不動容。

「丞相思賢若渴的心情，我們都可理解。不過如今丞相身邊，文武齊備，天下賢士，莫不歸心，哪裡還用得著這番焦慮呢？」眾人在一旁勸慰道。

「不，不，天地間，人為貴。自古以來，開國和中興君主，哪有不是得到有才能的人和他共同治理天下的呢？當初他們得到人才時，難道是偶然碰到的嗎？不都是當政的人訪求來的。當今天下尚未平定，正是訪求人才最迫切的時刻。你們想一想，現在難道沒有穿著粗布衣服，懷有真才幹像姜子牙那樣在渭水邊釣魚的人嗎？難道就沒有像陳平那樣蒙受盜嫂受金的汙名，還未受到重用的人嗎？」曹操說到這裡，越加激動起來，「你們要幫我發現那些地位低下被埋沒的人才，要『唯才是舉』，即使那種被認為不孝但有治國用兵才能的人，都要把他們推薦給我，不能有遺漏！」眾人聽了連聲稱是。曹操求才若渴、憂國憂民之心情，由此可見一斑。

奪嫡之爭

建安二十一年（西元 216 年）五月，漢獻帝晉封曹操「魏王」。

當初，中尉崔琰推薦楊訓給曹操，曹操以禮相待。等到曹操晉封王爵，楊訓上書歌功頌德，引起朝中部分人的不滿，就譏笑楊訓只會阿諛

世俗，虛偽浮誇，不做實事，還藉機挖苦崔琰竟然推薦這種人。崔琰向楊訓要了奏章草稿觀看，寫信給楊訓說：「呈遞奏章是一件好事，不過要注意影響。」當時，和崔琰有仇的人乘機向曹操檢舉道：「崔琰態度傲慢，怨恨誹謗，悖逆不遜。」曹操聽後非常惱怒，不分青紅皂白，立即逮捕了崔琰，將他剃光頭髮，罰當奴工。

所謂牆倒眾人推，有人見檢舉有利可圖，進一步向曹操揭發：「崔琰當奴工，常常手捻鬍鬚，兩眼直往前看，好像對誰有怒氣。」曹操聽信讒言，下令賜死崔琰，崔琰最終在獄中自殺。

尚書僕射毛玠對崔琰無辜冤死獄中哀嘆不已，又有人到曹操那裡去告發毛玠對崔琰的死似有同情之心，對曹操表示不滿。說他看到犯人的妻子被罰為官家的奴婢，曾說：「天之所以久不下雨大概是因為有冤屈。」

曹操聞聽大怒，立即逮捕毛玠入獄。侍中桓階、和洽苦苦請求曹操一定要掌握真實情況再做決定，曹操沒答應。直到當了魏王之後才放毛玠回家，不再任用。

至此，曹操已經少有當年聞過即改、媚言不進、明察秋毫的特質。此時，他已是六十幾歲的老人，對權力的迷戀也許使他喪失了部分理智——這也是沒有辦法的事情，因為越有權的人，越害怕因失去它而使自己死無葬身之地，這是曹操內心最糾結的。

建安二十二年（西元217年）四月，漢獻帝下詔，魏王曹操可設置天子旌旗，出入戒嚴，限制行人，清街道。十月，命魏王曹操官帽中佩掛十二旒穗（即古代君王皇冠上前後垂下的玉石串珠），乘黃金裝飾的車輛，駕馬六匹（古代只有天子可駕六匹）。曹操封了魏王，妻子卞氏封王后。眼見自己年事已高，立太子的大事被提上日程。

最初，曹操娶丁夫人，沒有兒子。妾劉氏生大兒子曹昂，卞氏生了

第十六章　一步之遙

四個兒子：曹丕、曹彰、曹植、曹熊。劉氏早死，曹操請丁夫人養育曹昂，而曹昂在南征張繡時戰死。丁夫人悲痛哭泣，難以自拔，曹操惱羞成怒，跟丁夫人「離婚」，把她送出府門，由卞氏繼任夫人。卞氏所生小兒子曹熊早死。次子曹彰從小就很有力氣，勇猛善射，武藝高強。曹操曾對他說：「你不讀書，不懂聖賢之道，只會騎馬射箭，這是一夫之勇，有何可貴？」

曹彰說：「男子漢就應該馳騁疆場，建功立業，讀那麼多書有何用？」曹彰長大以後，跟隨曹操南征北戰，果然驍勇善戰，屢建奇功，頗得曹操的歡心。

因為曹彰的鬍子是金黃色的，曹操就叫他「黃鬚兒」。有一次，他立了大功，曹操要召見他，大哥曹丕對他說：「你雖然立了功，但不要太過驕傲，應多提攜別人，總結自己的不足，這樣父親會更加欣賞你的。」曹彰見了曹操，果真像曹丕說的那樣，把功勞都推給手下的將領，反而說自己還要繼續努力。曹操聽了大喜，捋著鬍子說：「黃鬚兒真是天才啊！」但是，曹操對他始終不放心，怕這個黃鬚兒只是有勇無謀，難成大事。因此，從沒立他為太子的想法。

長子曹丕和三子曹植都是才子，但曹操更喜歡曹植。曹植機敏而多智，學識廣博而反應敏捷，十幾歲就讀遍了經書子集，詩詞歌賦都超過曹丕很大一截。有一次，曹操看了他寫的文章，問他：「是不是叫人代寫的啊？」曹植立即跪下說：「孩兒向來出口成章，下筆成文，如若不信，請父親當面出題！」曹操當即令他作文，果真揮灑自如，一氣呵成。從此對他特別厚愛，要求也更加嚴格，其實他這是打心眼兒裡想讓曹植做太子。

建安十九年（西元214年），曹操帶領曹丕一起出征，讓曹植留守鄴城。臨出發前，曹操告誡曹植說：「我二十三歲的時候任頓丘令，回想自

己那一時期的所作所為，真是獲益匪淺；現在你也二十三歲了，更應該努力上進。」從這一側面也說明了曹操對他確實寄予厚望。

曹操雖然很看重曹植，但是要立他為太子，必須拿出充足的理由，否則難平眾怨。曹植身邊的一些文人，如丁儀、楊修等也早已看出曹操對曹植的喜愛之情。他們見太子久久未能確立，便在曹操跟前竭力誇獎曹植，想為以後扶搖直上下賭注。

有一次，丁儀對曹操說：「三公子天性仁厚，文章辭賦又名揚天下。當今天下賢才君子，不論老少，都願與之相交。這真是魏王的福分啊！」

「哪裡哪裡！」曹操聽了很受用，臉上笑呵呵地客氣道，「子建（曹植字）確實文采非凡，機智敏捷，但還沒有你說的那麼好……」

曹操心中對曹丕、曹植難以定奪，便用不計名的方式向外界探聽眾人對兩個兒子的印象。結果發現陳群、賈逵、華歆等人都主張立曹丕，反對曹植；而且崔琰還公開表態：「按照《春秋》大義，法定繼承人應屬於長子。而且五官中郎將曹丕深有仁愛、孝順之心，人又聰明，應該繼承正統。」

人事管理官（東曹掾）邢顒則回答道：「廢長立幼是古代最大的禁忌，請殿下多多考慮。」曹操見反對立曹植的不少，只好暫停議論此事。

有一天，曹操令退左右侍從，徵求謀士賈詡的意見，賈詡沉默不語，曹操說：

「我跟你說話呢，你怎麼不作聲啊？」

「我心裡正在考慮一件事，所以沒有聽到，請魏王恕罪。」

「哦？！正在想什麼事啊？」

「正在想袁紹父子和劉表父子！」

第十六章　一步之遙

曹操聽完點頭沉默不語，表情複雜，但心中已經對冊立曹植為太子有所動搖。

曹丕見父親喜歡三弟曹植，對自己時常非常冷淡，因此深感不安，於是派人請求賈詡賜教怎樣得以自保。賈詡說：「還望將軍培養德行，放寬胸襟，努力學習學業，不違背做兒子的行為規範，這樣就夠了。」曹丕採納，從此更加嚴格要求自己。

朝歌（今河南淇縣）縣令吳質是曹丕的密友。曹丕經常把吳質藏在裝綢緞的竹筐裡，用車載到家裡，祕密交談、議事。這件事被曹植的支持者楊修得知，報告給了曹操。

曹丕得知後非常害怕，馬上通知吳質，讓他小心。吳質說：「沒關係，我來想辦法。」第二天，曹丕又命人將裝載綢緞的車輛駛入家裡。楊修又向曹操報告，曹操立即派人去查，卻又沒有結果。曹操從此懷疑楊修，對楊修稱揚曹植的話也有所提防。

有一次，曹操出征，曹丕、曹植都來送行。曹植歌功頌德，出口成章，左右都十分驚訝，曹操也非常高興；曹丕則悵然若失，高下立現。吳質附到曹丕耳朵邊低聲說：「大王出發，在人前只要表現出父子之間的親情就可以了。」等辭別時，曹丕下拜，泣涕滿面，曹操跟左右也都有些傷感，於是大家都認為曹植雖然文采華美，但不如曹丕忠厚敦義。

才高者難免有縱意任性的脾氣，曹植也是如此，並且常常難以克制。而曹丕善用權術，知道樹立自己的形象，於是王宮中人跟曹操左右都對他稱讚有加，曹操就逐漸改變了對曹植和曹丕的看法。

建安二十二年（西元217年），發生了一件事，終於使曹操完全下定決心。

曹植由於從小養成了放縱不羈的性格，所以向來難免恣意行事。一

天,天高氣爽,正是遊樂的好時節,曹植便約了幾位好友,駕了一輛車,向洛陽大街飛駛而去。

車子經過東漢的王宮。他想,當初皇上從這裡進進出出,肯定非常威風!現在父王喜歡我,我早晚要從這裡經過,何不今天就來試一試。於是趾高氣揚地對守門人說:「快給我打開司馬門!」

司馬門是王宮的外門。在宮牆內有司馬官守衛,除了皇帝使用,平時是絕對不准打開的。獻帝雖早已遷往許都,但洛陽的王宮仍然是東漢王朝的象徵,所以平時仍有官員把守。司馬官見曹植要私開宮門,便勸阻道:「請公子原諒,私開司馬門,我們不好交代⋯⋯」「什麼擔當不起,馬上打開城門,快!」

縣官不如現管,守門官只好開了門。曹植快馬加鞭,得意地駛出了宮門,同時發出一陣不羈的笑聲。

擅闖司馬門可是重罪,曹操第二天就知道了,大為震怒,把曹植狠狠地訓斥了一頓。他說,私開司馬門,有殺頭之罪,何況,這不僅僅是違反禁令那麼簡單,更主要是因為曹植的這一行為會授人以柄,讓其他人認為曹家有篡漢的野心。

他見曹植如此輕率行事,怕他以後再做出什麼出格的事來,於是決定盡快冊立太子,以免二子繼續爭鬥。

處理完「司馬門事件」後不久,他下了一道〈立太子令〉,正式確立曹丕為太子。

王宮左右女官(御女)齊向卞夫人致賀說:「將軍被封為太子,天下人都非常高興,夫人應該大行賞賜啊。」

卞夫人卻說曹丕本來就應該被封為太子,只不過自己教導沒有出現差錯,讓他順利冊封而已,實在不值得大肆慶祝。曹操對曹植卻日漸疏遠。

第十六章　一步之遙

　　曹植跟楊修友好，一直主動跟楊修交往，楊修不敢拒絕。因為曹植思慮不周，於是楊修揣摩曹操的心意，預先寫好若干問題的答案，交給曹植，對曹植說：「等大王手令送過來，參考問題性質回答。」於是，常常曹操給曹植的問題剛剛下達，答案已送回案頭。如此幾次，使曹操對曹植敏捷的反應大為驚奇。

　　經過調查，得知真相後，曹操對曹植更加疏遠，對楊修則萬分厭惡，加上楊修又是袁術的外甥，以至於到後來，曹操找了個藉口將楊修逮捕並處死了。從此，曹植心灰意懶，天天狂歡無度。

　　到了建安二十四年（西元219年），又發生了一件事，更加深了曹操、曹植間的嫌隙。當時曹仁在樊城被關羽包圍，曹操令曹植急速帶兵前往營救。不想，曹植竟被曹丕存心灌醉，躺在床上，爬也爬不起來。

　　曹操對曹植非常失望，只好改派徐晃前往。曹植更加失意了，再加上曹丕的猜忌與打壓，以致終生鬱鬱不得志。

　　曹操為了魏國的根基穩固放棄了曹植，對這位才高八斗的文學才子是個極大的打擊，使他終生都難以振奮，只能借詩言志，實在可惜。

■ 真假曹操墓

　　關羽水淹七軍，包圍樊城，曹操設計解圍，隨後回到洛陽。由於曹操長期過著軍旅生活，不免緊張疲勞，落下了頭風病的病根。這次剛回洛陽就舊病復發，請醫服藥，仍不見好轉。

　　一天晚上，他突然感到全身不適，頭痛得特別厲害。想起被自己殺害的華佗，不免有些後悔。第二天仍不見好轉。到了第三天，他知道自己來日無多，就召集心腹大臣曹洪、賈詡、華歆、陳群、司馬懿等人來到榻前，對他們說：「我依法嚴厲治軍，這是我取得成績的基礎，這一點

是正確的。至於我的那些失誤和過失，你們都應該盡量避免⋯⋯」

不等他說完，華歆在一旁輕聲說：「大王一生以法治軍，說不上有什麼大過失。望大王靜心養病，別的不必憂慮⋯⋯」

「不，讓我說完，要不然恐怕沒機會說了。」曹操很吃力地說：「現在四方還沒有安定，不能遵照古代喪葬的制度，那樣太奢侈。我死後，穿的戴的就像活時一樣，不必另做新衣服。文武百官來殿中弔唁的，只要哭幾聲就算了。安葬以後，眾官員就可以正常生活，不必搞得太鋪張。駐防各地的將士，不必為了給我奔喪而離開自己的職位，官吏們也要各守職責。我死後就埋葬在鄴城西面的山崗上，跟西門豹的祠堂離得近，也不要用金玉珍寶陪葬⋯⋯」

說到這裡，卞氏和一群婢妾、歌舞伎人一邊抽泣，一邊跪在曹操榻前。曹操看了看她們，斷斷續續地對左右大臣說：「她們都很勤勞，我死後，要把她們安置在銅雀臺，好好對待她們。」然後又對妻妾們說道：「妳們要在銅雀臺的中央安放一個六尺長的床，掛上靈幔，供上祭物，每月初一、十五，妳們應向靈帳歌舞。平時，妳們要常常登上銅雀臺，看望我的陵墓。」接著，又對卞夫人說：「我遺下的薰香可以分給各房夫人，不要用香來祭祀。各房的人沒事做，可以讓她們學著紡織絲帶和做鞋子賣，換些錢用⋯⋯」

說到這裡，曹操忽然呼吸急促起來，卞夫人要他別再說話。她知道曹操一生主張節儉，有時衣服、蚊帳破了，不准換新的，而要縫補了再用；坐墊茵褥，只要它溫暖，從不鑲邊和繡花，他的姬妾都不准穿著錦繡。曹植妻子就因為穿了繡衣，被他知道，勒令退回娘家，並逼她自殺。她生前僅做了送終的四季衣服，裝在四個箱子裡，箱子分別標上了春夏秋冬的字樣。

第十六章　一步之遙

曹操早就提倡「薄葬」。建安二十三年（西元 218 年），他頒布了一道〈終令〉，明文要求死後不要厚葬，要將自己埋葬在瘠薄的土地上，依照地面原有的高度作為壙基，陵上不堆土，不植樹。一年後，他甚至還為自己準備了送終的四季衣服，並留下遺囑說：「我如果死了，請按當時季節所穿衣服入殮，一概不要金玉珠寶銅器等物隨葬。」

卞夫人雖然知道這些，但仍然問，是不是還要做些衣服。曹操掙扎著說道：「不用了，只要那四個箱子即可，其他一概不要放。我歷年做官所得的各種綬帶，以及一些衣服，都放在府庫裡，如果留著沒用，可以讓孩子們分掉……」

說到這裡，一生馳騁疆場的曹操就與世長辭了，時年六十六歲。此時為建安二十五年（西元 220 年），正月二十三日。

曹操一生奸詐多疑，生前無人能敵。為了防止自己的陵墓被盜，在力主和實踐「薄葬」的同時，竟然讓人打造了七十二口棺材，死後採取了「疑塚」的措施。在安葬他的那一天，七十二具棺木從東南西北四個方向，同時從各個城門抬出，可謂智餘身後。其奸詐秉性，至死不渝。

曹操死後，曹丕繼承父親的位置，為魏王、丞相，尊父親為魏武王，母后卞氏為王太后。十月，曹丕便廢掉了漢獻帝，正式稱魏文帝，追尊他父親為武皇帝。

第十七章　賞罰分明

■ 執法如山敢碰硬

曹操本人雖然奸詐多疑，但卻有著崇高的威信和權威，使得眾將領對他深信不疑。這也是由於他在軍中推行嚴肅風紀、嚴令治軍的結果。

曹操作為一名不世出的軍事家和政治家，深知法制的作用與威力。在他剛剛執掌洛陽城北治安事務時，即執法如山，勇於碰硬。為了擴大影響面，他還拿皇帝身邊的紅人——宦官蹇碩的叔父開刀，終於肅清了洛陽的治安問題。他擔任濟南相時，又將胡作非為的地方官和豪強惡霸嚴厲懲治了一番，濟南國國內一時間吏治清明，百姓稱頌。

透過在不同職位上的政治實踐，曹操充分意識到法治的重要性。因此，曹操起兵以後，把法治同軍事家的嚴肅軍紀結合在一起，形成嚴格執法，賞罰分明的治軍法則。自陳留起兵，至建安二十五年（西元220年）去世的三十餘年間，曹操制定並頒布了一系列軍規法令。這是他之所以能夠以弱勝強、不怕強敵的重要因素。所以即使是曹操的敵人，在對曹操咬牙切齒的同時，也不得不讚嘆曹操的治軍能力。

曹操治軍軍令嚴明，他帶兵打仗靠的是治軍的智慧，他給曹魏留下了一套嚴明的管理制度，所以魏國才不像蜀漢一樣靠人治才能得以維持。從這一點來講，曹操不愧是一個真正的政治家。

曹操有著超越同時代人的法制觀念。他親自制定各種軍令、法令等，並帶頭嚴格施行。其中，行軍作戰的具體條例有《戰船令》、《軍

第十七章　賞罰分明

令》、《步戰令》等。

在《戰船令》中規定，登上戰船前擂第一通鼓開始做準備；擂第二通鼓，什長、伍長先登上船，整理好槽槳，戰士再持兵器上船，各就各位；擂第三通鼓，大小戰船依次出發，前後左右不得隨意交叉。違令者要斬首。

在《軍令》中規定，將士在行軍中可以張弓偵錯，但不准搭箭，而在軍營中，不准拉開弓。行軍開始時，要舉直矛戟，展開旗幟；擂鼓後走出三里，才可以斜拉矛戟，捲起旗幟，停止擂鼓。軍吏不得在軍營中殺牲口出賣。行軍時不得隨意砍伐百姓的樹木等。違令者量刑予以處罰。

在《步戰令》中規定，臨陣時不准喧譁，要靜聽鼓音，指揮旗指向哪裡，就要衝向哪裡；有部隊受到敵軍攻擊時，其他部隊要前去救援；沒有將軍的命令，不得在軍陣中隨意走動；戰士在將要作戰時，不准搶奪牛馬衣物。違令者要斬首。

由此可見，曹操對行軍作戰的一些規定是明確且具體的，而不是籠統抽象的，這樣便於將士們掌握。在其他方面的軍令條例，基本上也是如此。

曹操頒布的這些法令，並非是表面上的虛文，而是每一項都要嚴格執行。在實際執行中，他的態度也是非常認真的。他曾這樣說：「我沒有聽說過，讓無能的人和不勇敢作戰的士兵得到俸祿和賞賜，就可以建功立業，使國家昌盛。所以賢明的君王是不會這樣做的。和平時期可以崇尚德行，但戰爭時期要獎賞有戰功的人。」他說到做到，被他獎賞的有名事例非常多。

曹操還曾這樣明確表示：「只獎不罰不是國家的正法。將領帶兵出征，打了敗仗的要按律治罪，造成損失的要罷官和削去封爵。」這對那

些隨大流、恃功而驕的將領來說，無疑是有效的約束。

曹操在《孫子兵法》注中總結說：「對待士卒不能一味地施予恩惠，也不能一味地進行懲罰，是獎是懲要按律嚴格執行。如果不這樣，他們就像被嬌慣的孩子，不服管教，這樣反而害了他們，不能有效地策動他們。」

曹操在宛城被張繡打敗以後，夏侯惇屬下的青州兵乘勢下鄉，劫掠民家。平虜校尉于禁下令，有見到青州兵胡作非為者立刻殺掉，毫不留情，以此安撫鄉民。青州兵流著淚向曹操訴苦，都誣陷說于禁要造反，要把青州軍馬趕盡殺絕。曹操聽後非常震驚。不一會兒，夏侯惇、許褚、李典及樂進都到了。曹操和眾人商議，若于禁果真造反，必須刀兵相見，不得手下留情。

于禁見曹操等都到了，乃引軍射住陣角，開始安營紮寨。有人對于禁說：「青州軍在丞相面前說將軍你造反，現在丞相也在，你為什麼不前去澄清，讓丞相明察，還要先安營紮寨？」于禁說：「張繡的追兵在後，離我們很近，若不先準備，怎能禦敵呢？澄清是小事，退敵才是大事，要分清事情的輕重緩急。」剛剛紮好營盤，張繡的軍隊就從兩路殺到了。于禁起身先出寨迎戰，張繡急忙退兵。左右諸將看見于禁向前，都率兵追趕，張繡軍大敗，被一路追出百餘里。張繡無法抵擋，只好領著敗兵投靠劉表去了。

曹操收軍點將，這時于禁才入帳叩見曹操。詳細說明了青州兵肆行劫掠，大失民望，因此自己才下令誅殺的經過。曹操說：「你不來跟我說明情況，而先安營紮寨，這又如何解釋？」于禁隨後詳細做了解釋。

曹操聽後很高興，說：「將軍在匆忙之中，能整兵堅壘，任謗任勞，使我軍反敗為勝，古代的名將也不過如此啊！」於是賜以金器一副，封

第十七章　賞罰分明

益壽亭侯；同時釋出命令責備夏侯惇治軍不嚴之過。

論功行賞，大功大獎，小功小獎，有特殊貢獻的給予重獎，這樣分級獎勵，才會激勵將士們盡力做出更大的貢獻，賞和罰的手段是相輔相成的。要處罰就要迅速執行紀律，及時教育。因為賞罰的目的是鞭策警示他人，一旦時過境遷就失去了效用。

曹操之所以能一人掌控全域性，就在於他高超的統馭能力。他知道，高明的君主只要能控制刑與德的權力，即可掌控群臣。對人處罰即為刑，對人封賞即為德。作為大臣，都害怕受刑罰而喜歡得獎賞。因此，只要掌握了獎懲權，大臣們就會敬畏他的管理權威而努力使自己趨獎避罰。

曹操獎得既誠懇，又大方；罰得也鐵面無私，不分親疏，公平公正，令人信服。

曹操的三子曹植才華超群，稱得上曹操諸子之英，深受曹操寵愛。但由於臨戰前醉酒不能受命，被曹操罷免了所有的官職。曹操對兒子的要求如此之嚴，在當時確實難能可貴。

曹操以法治軍，賞功罰罪，也確實收到了提升軍隊戰鬥力、以弱勝強的效果。他訓練了一支無往不勝的軍隊，為曹氏集團統治秩序的穩固起到了決定性的作用。實際上，由於曹操嚴格執行法令，他的軍隊在作戰時步調一致，行動一致，具有較強的戰鬥力，保證了他在軍事上的勝利，而軍事上的節節勝利又促使他的政治地位逐步提升。

■ 以身作則

《論語》中說：「其身正，不令而行；其身不正，雖令不從。」這條千年古訓證明了一條放之四海而皆準的真理：人，特別是有影響力的人，

自身的品行對他人有巨大的影響力。曹操雖然不是皇帝，但實際上卻比皇帝還要權威。他為什麼可以令出必行，讓人心服口服呢？究其原因，其嚴於律己、身體躬行的作風有了至關重要的作用。

在曹操之前，除《孫子兵法》外，可參考的軍事理論書籍並不多，他常常對兵書加以評說。曹操自登上政治舞臺，戎馬倥傯三十多年，從來手不離書，這十分難能可貴。試想，他把那麼多的文人志士聚在自己的周圍，卻能寫出那麼多獨具特色的「建安風骨」篇章，這是何等優秀？

曹操雖然生性奸詐多疑，但其手下眾將領對曹操深信不疑。縱觀曹操征伐的三十多年，他手下的名將領很少在其危難之際背叛，這種對主公的忠誠之心，不能不說與曹操平日一視同仁、賞罰分明有關係。

曹操為了學習怎樣治軍，不僅對部下不偏不倚，公正對待，他還在熟讀前人經典的基礎上，親自寫了十多萬字的兵書，並用以指導軍事行動，這本身就足以奠定他的軍事統帥地位；大凡按照他的命令打仗，往往勝多負少，其在三軍中的威望自然就樹立起來了。曹操理論連繫實際，不斷將豐富的政治、軍事實踐上升為理論，又用理論指導實踐。因而，與同時代許多優秀人物相比，讓人產生了更多的服從感、敬畏感和敬重感。與同時代的群雄相比，這也是他有更高超領導藝術的重要證明。「一代之治，始於一代之學。」不同的時代有不同的實際情況、不同的難題。曹操順應時代的要求，開一代學風，創一代業績的史實，對我們當有深刻的啟迪。

在中國歷史上，外戚專權、後宮干政、衙內非為而導致一個政權衰亡的例子實在不少。曹操非常注重吸取歷史上的教訓，按照「欲治其國，先齊其家」的古訓，從嚴治家，以治好自己家庭的實際行動，來推動整個國家的治理。曹操一生娶妻納妃甚多，有名有姓的就有十幾個。

第十七章　賞罰分明

對於眾多的妻妃，曹操管理得很有條理，一不讓她們亂干預朝政，二不讓她們揮霍浪費。

曹操的幾個兒子，有的文采出眾，有的武藝超群，都與曹操手把手地調教有關。除了幾個早亡的外，其餘都上疆場衝殺鍛鍊，有的戰死在陣地上。這也是曹操管教有方，以身作則，才使他們個個脫離了公子王孫的聲色犬馬，得以青史留名。

曹操對曹植曾抱有極大的希望，在曹植二十三歲那年，他專門給曹植寫了一封戒信，以自己年輕時的經歷啟迪曹植積極進取。曹操從嚴治家的事蹟，至今不失現實的意義。

曹操十分崇尚嚴明的法紀，講究以法御軍治國。他一生主持制定了很多法律和其他規定，一經頒布，他就帶頭身體力行，以自己的模範行動帶動千軍萬馬。

曹操有「逆氣病」，睡覺以後時常發作，開始用銅器盛水置床頭備著喝。但水會變味，就改用銀做的一個小方器來盛水。有人不解，誤認為曹操愛財，曹操聽說後，立即又改用木器。曹操如此謹小慎微，為的是不給下級造成不良影響。按照那時的風俗，像曹操這樣的大人物去世，送終埋葬的排場該是相當盛大，曹操對此很反感。他在死前，專門做出了薄葬命令，為了保證他的遺令落實，還在生前自己製作了簡單的葬衣。

曹操具有治軍的智慧，也有一顆公正的心，他的治軍原則是以正確與否為標準。在事實面前，人人都平等，自己也從不例外。正因如此，他的部下平日也都勇於尊重事實，據理力爭，不能不說這一切都與曹操平日的訓練有關。

曹操注重自身修養，雖居高位仍然以身作則，以自身的「正」來影

響下屬、激勵下屬。這種行為上的躬身垂範必會給予人心理上的極大激勵。這樣的人帶出來的隊伍，在關鍵時刻才能爆發出超常的戰鬥力來。

曹操以身作則、嚴於律己的行為，很大一部分來自其統一天下、圖成霸業的強大抱負，對當下的我們來說，有很大的借鑑意義。

■ 遵守軍紀無差異

當今社會競爭激烈，誰要想在社會中站穩腳跟，就必須嚴格要求自己，不能置之法外。曹操生活在「刑不上大夫」的時代，已經很好地在這方面做出了表率。

曹操為了取得戰爭的勝利，統一天下，極力爭取天下民心。因為他懂得「民為邦本」的道理，所以他每次出征，都嚴明軍紀，防止擾民。

在一次兵伐南陽張繡的途中，曹操一路上見麥已熟，而百姓因為大兵將到，所以都逃避在外，不敢回家收割麥子。曹操派人四處尋訪遠近的父老鄉親以及各處守境的官吏，並發出命令：「吾奉天子明詔，出兵討逆，與民除害。方今麥熟之時，不得已而起兵，大小將校，凡過麥田，但有踐踏者，並皆斬首。軍法甚嚴，爾民勿得驚疑。」百姓知道後都歡喜稱頌。官軍經過麥田，都下馬用手扶著麥子，互相傳遞而過，不敢踐踏。看著他們遠去的背影，百姓也都紛紛在路邊拜謝。

一天，曹操乘馬正在行軍，忽然田中驚起一隻麻雀。曹操的戰馬突然受到驚嚇，竄入田中，踐踏了一大塊麥田。於是，曹操把行軍主簿找來，擬議自己踏麥之罪。行軍主簿說：「丞相是軍隊首領，豈可議罪？」曹操說：「我自己制定的法令，自己卻違犯了，如果不懲治，何以服眾？」隨即拿起劍就要自刎，眾將急忙攔住。郭嘉說：「《春秋》上說：法不加於尊。丞相總領大軍，怎能自戕？」曹操沉吟良久，說：「既然

第十七章　賞罰分明

《春秋》有法不加於尊之義,那我暫且免死,但也要有所懲罰。」於是用劍割下自己的頭髮,扔到地上說:「割髮以代首。」並派人將此事傳告給三軍:「丞相踏麥,本當斬首號令,今割髮以代。」

曹操割髮代首的事傳開後,全軍上下無不震動,十分佩服曹操這種精神,紛紛更加自覺遵守紀律。軍隊繼續前進,經過麥田時,大家更加謹慎了。曹操這種嚴於律己的行為,產生了很大的影響,加強和提升了曹軍的戰鬥力。

曹操這個割髮代首的故事是用一個小小的計謀實現了大大的目的。當自己的戰馬踐踏麥田時,曹操感到很為難:一方面要嚴守軍紀,另一方面要保全自身。當郭嘉說出「法不加於尊」的古訓時,曹操順著臺階下,適時演出了割髮代首這精采一幕,以嚴肅法令。

其實曹操完全可以寬恕自己,但他並沒有這樣做。而是將自己的頭髮割下來擲在地上,表示自己受了髡刑。髡刑是古代剃去頭髮的一種刑罰。在封建社會,人們認為身體髮膚是父母給的,毀傷了它就是不孝。因此,割髮被列為一種刑罰。曹操的割髮,有以髮代首的意思。在封建時代,統治者宣揚「刑不上大夫」、「罰不加於尊」的情況下,曹操能夠表示自己不置身於法外,確實難能可貴。

對曹操的割髮代首,後人多認為這是曹操的詐術,用以收買軍心民心,這實在讓人不敢苟同,這是他不以己廢法,不以情廢法的品格。

曹操能割髮代首,既說明了曹操的軍紀嚴明,自己犯了法也不饒恕,也表明了他圖霸天下的決心,這確實是難得的。

曹操出身於官宦家庭,後經自己的不斷努力才走向權力頂峰。因此,他對於形形色色的人物,尤其是基層人員的心態很了解。曹操知道,決定勝敗關鍵的不僅僅是幾員將領,更重要的是手下數以萬計的官

兵。正所謂火車跑得快，全憑車頭帶。為了凝聚官兵之心，曹操始終把自己與官兵放在同一個標準上，這種做法是曹操的過人之處。

■ 優待下屬籠人心

《孫子兵法》中提到：「賞罰是軍隊管理的重要手段。」後世的軍事學家也指出，賞罰有效與否在於是否公開、公平。然而，賞罰的手段有很多，曹操的賞罰手段與眾不同，他將賞罰與一個將領的榮譽結合起來，創新了賞罰形式。他深知，處於亂世，大家都是為了「居有屋，食有粟」，所以，凡有功者必大加封賞，並盡可能讓每個軍士明白一個簡單的道理：勇敢向前衝，絕對有好處。他的這種做法，在群雄並起的紛亂時代，確實達到了很好的效果。

當年，曹操初登銅雀臺，掛袍比箭，本是為了歡慶一番。當曹休射中靶心並且引發了一場將軍之爭時，臺上的曹操並沒有因為眾將失態而生氣，相反地，他抓住機會，出乎眾人意外地對眾將均有賞賜。依常理，登臺喜慶，大家高興即可，對於突然發生的爭袍之事，不能不說有失曹操本意。但是曹操對事情的處理方式，可謂高明之舉，不僅沒有冷了眾將領的心，相反卻籠絡了人心，鞏固了自己在眾將領中的地位。

仔細分析爭袍之事，曹操掛袍，眾將相爭，說明在眾將心目中曹操的地位非比尋常；曹操看眾將爭來奪去，雖行為粗魯，有失自己的本意，卻也顯示出曹軍人才輩出，這讓曹操非常高興；曹操遍賞眾將說明他不受常理約束，不但不責怪眾將，相反能把這種事情轉化為眾人皆大歡喜的局面，曹操的機智聰明和善於掌握大局的能力可見一斑。

戰爭是不得已而為之的事情，有戰爭就會有傷亡。人都有趨吉避凶的本能，所以戰爭中難免有貪生怕死者，有臨陣脫逃者，有進攻時後退

第十七章　賞罰分明

者，要制止這些現象的發生，贏得戰爭的勝利，就要靠嚴厲的懲罰手段。

曹操認為懲罰是軍令的基礎，是指揮員號令三軍的權威所在，因此，無論治政還是治軍，都必須做到賞罰分明，分清是非善惡，這樣才能令行禁止，指揮有度。

曹操奉行有功者必賞的原則。最集中的一次，是建安十二年（西元207年）的大封功臣。曹操下了一道《封功臣令》說：

「從我起義兵討伐叛亂，到現在已經有十九年了。每戰必勝，這難道是我個人的功勞嗎？實在是文武官員獻策出力的結果啊！天下還沒有完全平定，我還要和文武官員一起去平定，若獨自占有這些功勞，我怎能安心呢？現在要趕快給大家評定功勞，進行封賞。」

在這個令文中，曹操意識到從中平六年（西元189年）起兵討伐董卓到現在，十九年間所取得的輝煌成功，並不是靠他一個人的力量，而是靠眾多謀士、武將們共同努力的結果，未來的統一大業還需要靠大家的共同奮鬥。功勞不能自己獨貪，要由大家分享。因此，論功分別封賞了很多文武官員。

曹操進行封賞的態度是嚴肅的，也是認真的，有功勞該封賞的，本人不接受也要想辦法讓他接受，因為他要貫徹論功行賞的原則。

曹操遠征烏桓，田疇立了大功，曹操要論功行賞，表封田疇為亭侯，食邑五百戶。田疇認為自己逃到徐無山中避難，沒有替自己在幽州的舊主劉虞報仇，是不義的行為，不應該享受榮譽，堅決不接受封爵。

曹操非常體諒田疇的心志，暫時沒有勉強其接受。可是等曹操南征荊州回來後，覺得這樣做不合適，又釋出了〈爵封田疇令〉，令中說：「田疇言辭懇切，一再辭讓。歷經三年，一直未能封賜。這雖然成全了一個人的高尚聲名，卻嚴重違背了論功行賞的國家制度，損失是很大的。應

該按照前表封賞，不要使這個過失一直延續下去。」

後來，田疇還是堅辭不受，曹操又多次說服。儘管最後田疇還是沒有接受封賞，但這說明曹操對執行論功行賞的原則，在態度上是認真嚴肅的。

建安八年（西元203年），荀彧對於自己被封為萬歲亭侯堅決推辭。於是曹操寫信給荀彧說：「與荀彧共事以來，建立朝廷，您輔助糾謬輔政，幫著舉薦人才，還幫著提出計策，並進行周密謀劃，已經做得太多了。立功不一定非得在戰場上。希望您不要推讓。」

荀彧見曹操如此懇切，才接受了封爵。當建安十二年（西元207年）給荀彧增封時，荀彧反覆辭讓多次，曹操又寫信給荀彧說：「您的計策和謀劃不只是表奏（〈請增封荀彧表〉）中所說的那兩件事。您前後反覆謙讓，想學戰國時的魯仲連先生嗎？這實在不是節操上通達的聖人所看重的啊。您的周密謀劃，安定眾人，使我多次獲得榮譽，用表奏的兩件事來報答您，您還推辭不接受，為什麼還要多次謙恭推讓呢？」

在這封信中，曹操不僅肯定了荀彧的功勞，對他過於謙讓的態度也提出了批評。最後荀彧才接受了增封。

有功必賞，既有力地執行了國家的封賞制度，也極大地籠絡了軍心，讓將士們行軍打仗有了盼頭，同時也藉此穩固了自己的權威地位，何樂而不為？

戰鬥中樹立威望

曹操從起兵反董卓到最終登上魏王寶座，前前後後經歷了無數生死戰。曹操在戰役中常常身先士卒，勇敢殺敵，贏得了將士的尊崇。在曹操心中，亂世中的人心可以說是最浮躁而讓人捉摸不定的，其進退行止

第十七章　賞罰分明

帶有很大的隨機性且情緒化。因此，曹操懂得，在亂世統領人心不一的人馬，如果不能從自身的角度加強修煉，嚴以律己，以身作則，有錯必糾，將很難令眾人信服，他人的支持也會大打折扣。

威信，就是威望和信譽，是領導者必須具備的素養。有威信的領導者，其計畫、指令、任務容易被下屬接受。他的指示、意見令下屬信服，他領導的團體就像是一部運轉正常的機器，能快速、高效地工作。否則，絕不會有所作為。樹立威信的要素很多，首要條件就是嚴於律己。古人云：「人非聖賢，孰能無過。」其實聖賢也不一定無過。像諸葛亮這樣比較全能的人不也有失誤嗎？關鍵是能不能像曹操那樣有自知之明，有自我檢討的勇氣。

在曹操的官宦生涯中，威信與人情始終是一對不可調和的矛盾，要立威當然就要鐵面無私，而鐵面無私就會給人一種不近人情的感覺。這也是為官做人的兩面性，不可避免。但曹操始終銘記這一點：將帥的威信只有從嚴肅紀律中獲得，才能得到大家的真心服從。這是一個看似淺顯其實深奧的道理。

曹操常說：「身不正則令不從，令不從則生變。」對於胸懷天下的曹操來說，有了這種威信，就有了感召天下、不怒自威的力量泉源。

古語說得好，「上行下效」、「上梁不正下梁歪」。只有自己這根「棟梁」行得正、站得直，才能讓下面的軍士沒有鑽軍令空子的機會，這樣的隊伍才能是鐵板一塊，才有征服天下的實力。

曹操始終明白，腐敗往往是從統治者的內部開始的，風氣的敗壞是從上層漸至下層的，所以榜樣的作用十分重要。榜樣有兩個方面，一是好的，可以催人奮進；一是壞的，可使世風變壞。我們常說榜樣的力量是無窮的，如果給自己樹立一個能鼓幹勁、可添豪氣的榜樣，這確實是

一種自我激勵的好方法。

曹操西征關中時，在與馬超對戰的渭水之戰中，為了在戰術上對敵人形成掎角之勢，同時也為了穩定渡河軍隊的軍心，他不顧危險，親自斷後督軍，結果引來了馬超的全力攻打，險些送了性命。多虧許褚奮力殺敵，加上丁斐施計才使他得以抵達對岸。將士們看到曹操這般躬身退敵，怎能不感動，以一當十奮力拚殺？

作為軍隊的最高統帥，曹操完全有理由不冒這個險。但他經過比對敵我雙方的實力，再出於對當前嚴峻形勢的考量，知道自己必須親自去督軍振奮軍心，才有勝利的希望。再加上一向詭計多端的曹操，往往會把事情做到舉一反三，他要讓全軍將士都明白這一點：我曹操都這樣做了，大家看著辦吧。果然，他的這一行動不僅穩定了軍心，更讓自己在軍隊中的威信得到空前提升，最終順利完成了渡河的預定目標，完成了對敵人的策略部署，極大地推進了戰爭的進展。

渭水一戰，曹操幾乎喪命，縱然是有不得已而為之之嫌，但在統帥作風上，堪稱一代風範。由此可見，只有上下一心，同甘苦，共命運，這樣的隊伍才永遠不會被打垮。

曹操此舉雖然冒了不小的風險，但不僅在短期內完成了策略部署，而且從長遠看，自己的威望確實提升了不少，他的這一行為對他而言真的是「投入少，產出多」，是完全值得的。

由於曹操在治理軍隊、治理國家時嚴於律己，所以其在軍民心目中有極高的威信，做到了有令必行，有禁必止，軍隊的士氣旺盛、戰鬥力強。這恐怕也是他最終獲得成功的重要原因！

第十七章　賞罰分明

不念舊惡能容人

　　俗話說：「宰相肚裡能撐船。」對領導者來講，謀略和大度是兩個優良的特質，二者相輔相成，若能理性運用，必能高人一等。有謀略而不能寬容待人，則顯得太過殘忍；空有大度而無謀略，往往難以有大的建樹。曹操這兩點都做到了，所以他成為一個成功的政治家和謀略家。曹操在用人方面能夠寬厚待人，不翻舊帳，從而贏得了手下人為他拚死賣命的忠心，敵方投靠者也不在少數。眾多人才各盡其能，最終聯合打造了一個高效運轉的團隊，為曹操開疆拓土立下汗馬功勞。

　　曹操用人不念舊惡。有一次攻下敵人城池後，從袁紹的圖書案卷中翻檢出一束書信，皆是曹營裡的人暗中寫給袁紹的投降書。當時有人向曹操建議，嚴肅追查這件事，把凡是寫了密信的人通通抓起來殺掉。然而曹操卻有著更高的眼光和更寬廣的胸懷，他說：「當袁紹很強大的時候，我自己都不能自保，何況其他人呢？」於是下令把這些密信付之一炬，一概不予追查。用人不疑，疑人不用，是用人的一個重要原則。而那些私通袁紹的人何嘗不感念曹操的恩，不死心塌地地為曹操賣命呢？曹操因而迅速穩定了軍心。

　　曹操為何不對這些人嚴加鎮壓，而是採取如此寬宏大量的措施呢？這是因為這樣做有兩個好處：

　　一則避免誤傷忠臣。曹操既然已掌握了與敵人私通書信的名單，他對這些人已心中有數，只要以後謹慎運用，仍可發揮作用。這樣，曹操對他們就掌握了主動權。而這些人與敵人私通書信，原因各不相同，其罪有輕有重，不能一概而論。如果不問青紅皂白，都加以嚴懲，將擴大株連，造成不必要的內部混亂。

　　二則不自砍臂膀。此時，群雄並起，天下大勢未定，正在用人之

際。曹操燒了這些書信，以示寬容，那麼這些與敵人私通書信的人將會對曹操感恩戴德，忠貞不貳，死心塌地地為曹操賣命效力。事實也正是如此，這些人中有很多以後都成了曹操的得力幫手。

張繡是董卓四大將之一張濟的姪兒，年輕時只是一個縣吏，因打敗了一次黃巾軍的暴亂而聞名於當地。後來，他拉起自己的隊伍，投奔了叔叔張濟。當時司徒王允與呂布等人設計殺了董卓，董卓的四大將領趁機起兵，打著為董卓報仇的旗號，壯大自己。張繡隨軍參加了對呂布的戰爭，並因軍功升為建忠將軍，封宣威侯。後來，張濟在一次戰爭中身亡，張繡便接替了叔叔的位置，駐屯宛城，並與劉表結為聯盟。

曹操迎獻帝都許後，揮師南征張繡，大軍殺至宛城，張繡自知不敵，於是投降。一開始雙方歡宴終日，氣氛倒很融洽，沒想到曹操坐收了一支大部隊，有些得意忘形，竟然收了張繡的嬸嬸為妾。

張繡無法面對這種侮辱，於是發動了對曹操的突襲。曹操猝不及防，大敗而逃。長子曹昂、姪兒曹安民被殺，自己也中了流矢，險些遇害。曹操緩過氣來，興兵報仇，張繡與劉表互相援助，雙方攻戰幾年，各有勝敗，曹操一時奈何不得張繡，只得咬牙切齒，望城興嘆。

後來，曹操要去對付更大的敵人袁紹。官渡之戰前夕，曹、袁都來爭取張繡這支生力軍。在這節骨眼上，張繡聽從了謀士賈詡的意見，再一次向曹操投誠。賈詡準確分析道：「曹弱袁強，投曹才會受重視，且在此緊要關頭幫曹操一把，可消除昔日宿怨。」

果不出所料，曹操聽說張繡來降，異常歡喜。並讓自己的兒子曹均娶了張繡的女兒，冤家變成了親家，還拜張繡為揚武將軍。在官渡之戰中，張繡果然為曹操出了大力，打了袁紹又接著攻打袁譚。曹操對他的封賜也特別大方，封他的地比諸將都多。兩親家誓將袁家趕盡殺絕，又

第十七章　賞罰分明

一起並肩出征烏桓，追殺袁尚。

賈詡曾經給張繡出謀劃策，差點兒將曹操殺死，曹操也不計前嫌，還親自迎接，拉起他的手說：「有小過失，勿記於心。」此後，賈詡還成了曹操帳下重要的謀士，為曹操的征伐立下大功。

對於那些反對過自己，甚至辱罵過自己的人，只要有真才實學，肯轉變態度，曹操也能夠寬大為懷，不予追究。陳琳在官渡之戰前夕為袁紹起草了一篇討伐曹操的檄文，歷數曹操的種種「罪惡」。還說曹操的祖父曹騰是宦官，父親曹嵩是領養的，而曹操則是「贅閹遺醜」，揭曹操出身的老底，這是明顯的人身攻擊。

陳琳罵曹操罵到父祖，比罵本人在感情上讓人更難接受。但是，曹操對於陳琳如此的「惡毒攻擊」，在打敗袁紹後抓到陳琳時，卻只是責備陳琳說：「你過去為袁本初寫檄文，罵我也就行了，怎麼往上牽扯，罵到我父親、祖父的頭上去了呢？」

陳琳趕緊向曹操賠罪，說是箭在弦上，不得不發，是不得已而為之。曹操愛才，不但沒有殺他，還任命他為司空軍謀祭酒。這是曹操不念舊惡的有名事蹟。

能夠做到「得饒人處且饒人，不記他人小過失」的人確實難得，而為了雄韜偉略放棄個人恩怨更是難能可貴。由此看來，曹操還真是一個寬宏大量的英雄。

一個軍事指揮如果心胸狹窄、鼠目寸光，為了一點小事就不能容人而打內戰；發現自己的部下有一點與自己不一致的地方，就使出一套整人的權術，其結果必然是不能成大事的。

第十八章　唯才是舉

■ 廣納良士為我用

　　天下之爭，其實就是人才之爭。諸雄爭霸，最後的勝利者，往往不是最勇猛的，而是最善於用人的。其中最著名的就是劉邦，他自己既無大才，更無大德，卻能善用張良、韓信一干人等，以至於奪取天下。

　　曹操是一位富有遠見的政治家，而且頗有學識，從古人的經典著作中學到了不少經驗與教訓，因此他更加重視人才的收羅和善用，這是曹操能作為英雄流傳千古的原因之一。

　　曹操最初起事時，其集團尚小，他可以親自處理具體軍政事務，此時他既是統帥又是謀士。待到後來兵多將廣，不可能面面俱到，他便把自己置於統帥的地位，而把自己手下的將領置於將才之列。統帥和將才的區別在於：前者下達命令，後者執行命令。此時，他便更加清楚籠絡人才、招賢納能的重要性和急迫性。事實上，曹操之所以能滅袁紹、呂布等大小軍閥，威逼江東、取西涼，成就大業，一個主要的原因是：他比劉備、孫權更能蒐羅人才，善用人才。也就是曹操勝在「謀其人也」。

　　曹操始終把網羅人才作為一件大事來對待，每得一人才，往往忘乎所以，甚至比打了勝仗還要高興。

　　建安十三年（西元208年），曹操占據荊州後，論功封賞，蒯越等十五人被封侯。蒯越字異度，原為大將軍何進的東曹掾。曾勸何進誅宦官，何進猶豫不決，蒯越知其必敗，出奔劉表，成為劉表的重要謀士。

第十八章 唯才是舉

像曹操這麼愛才的人，早就想得到蒯越了。平定荊州後，即任命蒯越為光祿勳，並高興地說：「不是因為得到了荊州才這麼高興，而是因為得到了蒯異度啊。」由此可見，曹操把得到人才看得比爭奪地盤更重要，所謂「得一城一池容易，得一人才難」。

此外，荊州名士韓嵩也得到了重用。韓嵩字德高，官渡之戰時曾和蒯越同勸劉表歸附曹操。劉表拿不定主意，決定派韓嵩先到曹操那裡探聽一下虛實。韓嵩推辭說：「將軍如真有打算歸附曹操，派我前去可以。如果沒有拿定主意，只是探聽曹操的口風，最好不要派我去。因為我到許都後，如果朝廷給我一官半職，我將不得不從命，這樣一來，就不能再為將軍效力了。希望將軍慎重考慮！」

劉表仍堅持要韓嵩去，果然，韓嵩到許都後，被任命為侍中、零陵太守。劉表要殺韓嵩，但韓嵩有言在先，加上眾人求情，最後只把他關押了起來。曹操到荊州後，立即把韓嵩從監獄中釋放出來。韓嵩在養病期間，曹操就已經將大鴻臚的印綬授給他，並請韓嵩品評荊州士人優劣，凡韓嵩推舉的一律加以任用，可見曹操對韓嵩的重視和信任。

由此可見，曹操對人才的渴求是第一位的。隨著地盤擴張、人才聚集，對眾多能人賢士的有效管理便成了當務之急。曹操注意發揮東曹、西曹（也就是人事部門）的作用。曹操「唯才是舉」用人方針的順利執行，東、西曹的官員功不可沒。

崔琰是第一個被曹操選中的掾屬。崔琰博通經學，秉性耿直。他先跟隨袁紹，袁紹死後託病不出來輔佐袁尚、袁譚，被關進監獄。曹操平定冀州後，任命崔琰為別駕從事。他揚揚得意地對崔琰說：「我昨天查看了冀州的戶籍，估計可得三十萬兵眾，真可算是個大州啊！」

崔琰聽後，沒有迎合曹操，而是痛心地說：「如今天下混亂，冀州百

姓的屍骨還暴露在荒野。我沒聽到我軍士慰問百姓，解救生靈於塗炭，明公卻在這裡算計收穫，這難道是百姓所盼望的嗎？」曹操聽了，收斂起得意的面容，向崔琰表示歉意和感謝。

崔琰德才兼備，而且正直清廉、知人善用。曹操做了魏王後，提拔崔琰為尚書，全面負責中央的人事工作。

毛玠向曹操提出「奉天子以令眾臣，修耕植以蓄軍資」的建議，並被曹操採納。他清廉公正，也是一個德才兼備的官員，曹操很賞識他，把他安排在東曹掾的職位上。

毛玠辦事公正，認真履行職責，不徇私情。他和崔琰一樣，選用了不少具有真才實學而又清廉正直的人。毛玠還特別強調為官要清廉，提倡節儉。他管理下的滿朝官吏沒有不以廉潔節儉自律的，連曹操都感慨地說：「把人管理到這種地步，使天下的人都恪盡職守，自己管好自己，我是無事可做了！」

崔琰和毛玠在人事部門的工作可謂有聲有色，沒有辜負曹操的期望，可見曹操選賢任能的眼光和能力是非常突出的。可以說，他們的成功，是曹操用人成功的一個縮影。

唯英雄不問出處

曹操唯才是舉，對那些「汙辱之名，見笑之行，或不仁不孝而有治國用兵之術」的人才，他一概予以任用。

東漢時期，朝廷但凡選才用才，首先注重名節德行、家世族親，而不是是否對國家有用，這就造成了很多名不副實的人入朝為官，人浮於事者大有人在。除了名氣大，沒有一點兒政績，對國家毫無貢獻。曹操看透了這種現象帶來的後果，於是在他釋出的幾個「求賢令」中提出了大

第十八章　唯才是舉

膽出格的用人標準。《三國志・武帝紀》中記載：「若必廉士而後可用，則齊桓其何以霸世……唯才是舉，吾得而用之」；「夫有行之士，未必能進取，進取之士，未必能有行也」；「不仁不孝而有治國用兵之術，其名舉所知，勿有所遺。」

曹操用人的核心是唯才是舉，就是無論其德行高低，只要有才就一律加以任用。這在當時確實顛覆了傳統，具有超前的意義。曹操的這種用人思想，正好切合了非典型時期——亂世不拘一格的選人用人方式，說明他確實是一個善識時務、因時而變的英雄。

唯才是舉的用人政策確實為曹操彙集了不少人才。他的主要將領，有的提拔於行伍之中（如于禁、樂進），有的曾經效力於敵手（如荀彧、郭嘉），有的發現於降軍之中（如張遼、徐晃）。可謂來源廣泛，不一而足。

郭嘉字奉孝，潁川陽翟人，剛開始在袁紹帳下效力，沒想到袁紹鼠目寸光，而且優柔寡斷，善於謀事卻又難以做出決斷，很難成就一番大事業。跟著他等於葬送了一生抱負天下的願望，於是郭嘉毅然離開了袁紹，在荀彧的推薦下投靠了曹操，做曹操的謀士。曹操很器重他，因他屢屢出奇謀妙計，扭轉局面，使戰爭的局勢對曹軍有利。可惜，不幸染病早死。以致赤壁之戰失敗後，曹操曾痛哭道：「如果奉孝（郭嘉的字）在，不至於如此大敗。」可見曹操對象郭嘉這樣的人才之難得及不幸早死的痛惜之情。

為了網羅人才，曹操曾多次下「求賢令」。建安十一年（西元206年），曹操下令要求各地地方長官推薦人才，要求無論是像姜太公一樣懷著「美玉的」奇才，還是像陳平那樣落魄的能人，都可以輔佐治理國家。英雄不嫌出身低，只要有能力，他都表示會量才任用。

這個法令頒布後，孔融、禰衡等有才華的人紛紛而來，為曹操獻計獻策。曹操還下令分發「意見表」，以此鼓勵大家多提意見，廣納良言。

建安十四年（西元209年）十二月，曹操又下了他的第二道專門針對「唯才是舉」的法令：《敕有司取士毋廢偏短令》。其中對「有才而無德」的功利主義用人方針做了進一步的闡述：真正的「人才」都會有各式各樣的缺點，絕不能因其「德行一般」而荒廢了才能。

曹操還具體舉例說明：蘇秦在歷史上一直被傳統儒學之士所不齒，主要在於他的家世不好，品德可謂惡劣。但是曹操卻公開表示這樣的人是當前急需的人才。

建安二十二年（西元217年）八月，曹操再下《舉賢勿拘品行令》，繼續奉行「重才能而輕出身」的用人方針。

才德兼備固然最理想，但戰亂時期不同於和平時期，退而求其次，「有才無德」的人只要善於運用，也可為國效勞，為何不好好利用呢？這樣的人在特殊時期仍被委以重任，更會珍惜知遇之恩，鞠躬盡瘁。曹操對「不仁不孝而有治國用兵之術」的人委以大任，展現了他「為達目的，誓不罷休」的一貫風格。

這三道求賢令一道比一道具體，求賢的心情也越發迫切。究其原因，一方面，曹操的年齡越來越大，完成國家統一大業的任務卻看似遙遙無期（東吳和蜀漢）。因此，他的這種心情就在求賢令上淋漓盡致地展現出來。另一方面，三國都對人才非常重視，不斷爭奪人才，再加上時間的推移和戰爭的摧殘，人才越發難以被發現。這就不得不讓曹操下令要所有部屬盡力地發現人才、舉薦人才，特別是舉薦、發現以前因為這樣那樣的毛病而不用、現在隱藏在民間的那些奇才，其最終目的就是最大限度地開闢人才資源，以滿足不斷擴張的人才需求。

第十八章　唯才是舉

當然，曹操的「唯才是舉」並不是真的放棄傳統，沒有底線，完全不顧德行和個人素養。初平三年（西元192年），曹操入主兗州，當了州牧後，曾任命東平人畢諶為別駕，後來張邈叛變，扣押了畢諶的母親、弟弟、妻子、兒女等親屬。

曹操打算遣還畢諶，說：「您的老母親在張邈那兒，您可以離去。」畢諶頓首向曹操表明自己沒有二心，曹操感到很欣慰，並為他涕泣流淚。可曹操離開後不久，畢諶就逃回了東平。等到呂布被破，曹軍生擒了畢諶，大家都為畢諶擔憂，曹操說：「能孝順親人的人，不也會忠於君主嗎？這正是我所需求的啊。」

於是任命畢諶擔任魯國相。可見，曹操用人還是非常重視傳統道德的。

凡此種種，我們不難發現，曹操的唯才是舉方針在現實中得到了認真的貫徹實行。就這樣，一大批出身低微，甚至反對過曹操的人都聚集在曹操周圍，成為曹操重要的智囊和將領。不僅加強了曹操的實力，而且推動了制止大族地主壟斷政權，使更多的中下層開明人士得到參與政治的機會，加快了北方統一的發展。

■ 手段百出挖人才

越是能人，越不輕易拋頭露面。但這些人卻是推動事業向前的關鍵力量。所以擁有他們無疑會對事業有所幫助。曹操是個目的性很強的人，在這方面，他也有自己的手腕。

曹操自從「挾天子以令諸侯」以後，就有了廣徵天下賢士的政治優勢。袁渙、張範、涼茂、國淵、田疇、邴原、毛玠、徐奕、何夔、鮑勛、華歆、王朗、程昱等人，皆徵辟署職。

荀彧善於識人，他對建構曹操智囊團有了不可或缺的作用。荀彧前後所舉，「命世大才，邦邑則荀攸、鍾繇、陳群，海內則司馬宣王，及引致當世知名郗慮、華歆、王朗、荀悅、杜襲、辛毗、趙儼之儔，終為卿相，以十數人。」

曹操辟司馬懿，司馬懿藉故不出。建安十三年（西元208年），曹操再辟為文學掾，敕使者曰：「若覆盤桓，便收之。」司馬懿懼怕曹操的威勢而就職，為丞相東曹屬，轉主簿。曹操辟阮瑀，阮瑀逃入山中，曹操「使人焚山，得瑀，送至，召入」，辟為司空軍謀祭酒，與陳琳共管記室。雖然強徵士人是古代司空見慣的獲得人才的方法，但曹操的所作所為確實展現了他愛才之決心。

東漢末年，戰亂不斷，「智慧之士思得明君」。慧眼識主，主動投靠曹操的天下智慧奇士也不少。

官渡之戰前，曹操力量尚且薄弱時，郭嘉、桓階、賈詡等人紛紛投奔而來。荀彧、郭嘉兩位大才，都是從兵強馬壯、地廣人多的袁紹營壘中投奔過來的。郭嘉初見曹操，就傾心悅服，對人說：「真吾主也。」桓階遊說長沙太守張羨反對劉表，賈詡勸說張繡投曹操，都是在官渡之戰相持，且袁強曹弱之時。他們深邃的洞察力也是其高深智謀的表現。曹操得到這些智士的效力，怎能不興旺！

另外，曹操還使用一些「詐術」來奪得人才，最有名的是「計挣徐庶」。

徐庶，字元直，與諸葛亮交往甚密，其才氣與諸葛亮相當。劉備在新野得到了徐庶輔佐，因其出謀劃策，幾次打敗曹操。曹操忙問部下是誰為劉備劃策。程昱向曹操彙報說：「此人是穎川的徐元直，他從小好學擊劍，中平末年，曾經為別人報仇殺過人。披髮塗面躲避官府追拿，後

第十八章　唯才是舉

來被捉住，被官吏綁在車上遊街示眾，後為同伴所救，更名為單福。此後更加勤奮好學，遍訪名師，學得一身匡世之才。」曹操又問程昱：「徐庶的才能比你如何？」程昱說：「強我十倍。」曹操懊惱地說：「可惜這樣的賢士被劉備所得，這可怎麼辦呢？」

程昱大笑著說：「主公不必擔心，我自有辦法讓他來投奔主公。徐庶為人至孝，從小沒了父親，只有老母健在，他的弟弟徐康也死了，老母現在無人贍養。可把他母親抓來，令她寫信召回兒子，那時徐庶必然來了。」

曹操非常高興，於是按程昱說的辦法，派人把徐母抓至曹營。然而，徐母不僅不為曹操寫信，還拿硯臺怒打曹操，罵他是漢臣賊子。無奈之下，曹操只好讓人模仿徐母的字型給徐庶寫了一封信，大意是：我現在被曹操關押，只有你來投降，我才能得救，你要速速前來，以全孝道，以後我們再想辦法回家耕作，免遭大禍。

徐庶見信後，痛哭流涕，遂辭劉備來曹營侍奉老母。結果到了曹營徐庶才知自己被騙，而忠於漢室的徐母將其痛罵一頓之後自縊身亡。

曹操雖然把徐庶留在了自己身邊，但是徐庶為母親自縊而死抱恨終身，心灰意懶，萎靡不振，從此一身的才氣不得施展。

對於這一故事後人爭議頗多，有人說是曹操奸詐的表現，有人說是曹操愛才的典型，是非難辨。但足見曹操求賢若渴，為了爭奪人才，不擇手段。

■ 人盡其才

一個人就是精力再旺盛，他的時間和精力總是有限的，不可能事事躬親。這就要求在其用人過程中，必須學會適當授權。尤其是處於高層

的領導人物，他們的主要職能已不再是做事，而在於成事。授權就是用人者成事的分身術。

授權，具體說，是由用人者授給使用對象一定的權力和責任，讓權力的行使有相當的靈活性。越是高明的領導人，越願意授權給下級。特別是對於遠離指揮中心、獨當一面的負責人，更應該透過授權這一手段，來充分發揮他的獨立負責作用。古語中的「將在外，君命有所不受」就是這個道理。

然而，授權不是交權，失去對權力的控制。曹操對這一點非常有分寸，拿捏得非常到位。看一看曹操用人的授權經過，對於我們加深對這個問題的認知很有益處。

張郃本是袁紹部下，後投降曹操，建安二十年（西元215年）跟曹操去漢中征討張魯。

張魯知道曹操一生以招降納叛出名，也許對他不僅不懲罰，反而會升他的官。因此，張魯早有降曹的打算。但是，他的弟弟張衛堅決反對。張魯拗不過張衛的意思，就准許張衛姑且抵抗一下。

張衛選定了陽平關作為防禦陣地，曹操攻了三天竟然攻它不下。後來曹軍的前鋒部隊走錯了路，走進了張衛的軍營裡。曹軍的一個中級軍官高祚想把自己的部隊集合起來，以免零零落落地在敵人營中被消滅，於是大擂其鼓，大吹其牛角製成的「號」。這一來，竟然引起張衛大恐慌，以為曹軍有一大批人衝了進來。結果，張衛大敗。

張魯聽到張衛失利的消息，立刻就想出來投降。部下閻圃勸他不可如此性急。這個時候投降，一定會被曹操看不起。閻圃建議張魯不妨做出一副抗拒到底的姿態，然後派人向曹操談和平解決的條件。

果然，張魯投降後曹操拜張魯為鎮南將軍，仍然有統領軍隊的權

第十八章　唯才是舉

力。並封他為閬中侯，食邑一萬戶。張魯的五個兒子與閻圃，也都被封為「列侯」。

張魯投降後，與夏侯淵一起鎮守漢中。張魯投降了曹操，這對劉備很不利，於是劉備親率精兵來爭奪漢中。這一戰，劉備的大將趙雲在定軍山將曹軍統帥夏侯淵殺死，劉備軍團士氣大振。統帥一死，曹軍將士非常恐慌，唯恐劉備乘機殺來。就在這危急關頭，夏侯淵的司馬郭淮站出來說：「張郃將軍是我們魏國有名的大將軍，就連劉備也怕他三分，今日事急，非張將軍不能安定。」遂和眾將士一同推張郃為主帥。

此時曹操遠在大後方的長安，知道這個消息後非常震驚。擔心張郃大權在握會出什麼亂子。但曹操很快鎮靜下來，並採取了緊急措施，以掌控形勢：首先，立即派人去漢中前線，正式承認並批准了諸將對張郃的擁戴，並授予他生殺予奪的大權。二是宣布自己要親自去漢中，安排下一步的軍事行動。

這裡有人可能會提出疑問：既然已經授權給張郃，前線肯定會安定下來，那麼前線的一切事務由他處理即可，曹操何必再親去漢中呢？其實這正是曹操善於用權的高明之處。因為，第一，從當時各軍對張郃的推戴情況和張郃的才能來看，只有授權張郃才能穩定局勢；第二，失去了統帥夏侯淵，曹軍遭到挫敗，雖然軍心暫時穩定下來，但在進還是退的重大決策上，張郃是難以做出決定的。若自己遲遲不去，前線軍隊必然處於進退維谷的境地，內部矛盾也會集中爆發，難免引起新的混亂。

果然如上分析，正在張郃進退維谷之際，曹操到了前線，他審時度勢，迅速穩定了局勢，然後果斷下達了退兵令，全軍順利撤回。

在這一過程中，曹操的授權有三點值得稱道：一是授得果斷（雖有不得已而為之之意）；二是授得適度（只限於斬殺違令士兵，穩定局勢）；

三是及時收回（曹操親自去前線指揮，當然局勢就由他掌控了）。這三點掌握得從容不迫，有板有眼，一場大亂就這樣被曹操的放權、收權一套動作化解於無形。

用人不疑

曹操在使用人才的時候所奉行的原則就是「疑人不用，用人不疑」。一旦認定是人才後，就開始大膽任用，有魄力、有作為的領導者都能大膽用人。曹操在用杜畿作為河東太守的問題上，對荀彧和杜畿就是言聽計從，充分證明了他對杜畿的信任。

三國時，河東混亂，曹操聽從謀士荀彧的建議，派杜畿到河東接任太守，河東原太守王邑不願被徵調離職，他聽到消息，一邊派兵封鎖了杜畿前往河東的要道，一邊派部下范先、衛固去找鍾繇談判，表達民意，要求取消這次徵調。被鍾繇拒絕後，王邑一氣之下，帶著印符，跑到許都找漢獻帝評理去了。曹操知道後，非常惱怒，欲派夏侯惇征討，杜畿忙阻攔說：「出兵征討會給全郡的百姓帶來災難，不利於明公的恩澤惠及他們。現在請讓我自己去，只要我在河東待上一個月，問題就可以迎刃而解。」曹操非常信任杜畿的才能，這才息下怒火，派杜畿前去河東。

杜畿繞道偷偷進入河東，范先、衛固就殺了郡官三十多人，給杜畿來了個下馬威，想以此威脅杜畿。杜畿神色自若，不為所動。並對他們兩人說：「你們兩個才是河東的真正掌權者，我還要依靠二位的勢力才能當好這個太守，所以郡裡的大事還要我們三人商量後才可定奪。」

於是，杜畿假意任命衛固為都督，管理郡政，范先仍統兵，麻痺對方。自己卻放手不管，裝作無心政事的樣子，只是到各縣去走訪。實際

第十八章 唯才是舉

上是去拉攏人脈,發展自己的勢力。

沒過多久,杜畿知道郡內諸縣悉數已被自己掌控,便趁機徵兵攻打衛固。曹操也趁機派兵配合杜畿內外夾擊,從而迅速解除了衛固的大權。杜畿這才開始真正掌控河東郡的實權,才能得以發揮。

杜畿治理河東,政策務實而行事溫厚。鼓勵耕種,發展畜牧業,老百姓日子過得很富足;他還注重教育,興辦學校;重視選拔人才,加強習武練兵。治內一片欣欣向榮的景象。河東地區在他的努力治理下,逐漸安定下來。

杜畿治理河東十幾年,使河東成為關中最殷實安定的一個郡。他的名望也達到了很高的程度,當時曾經一度流行一句話:治理河東,唯有杜畿。

曹操識人用人一向膽大而心細,從來都是謹慎使用人才,但也不放過任何一個有用之才。例如,他俘獲張遼後,先要他投降,張遼不肯降。曹操於是命人將他推出斬首,張遼臨死不懼,曹操就此判斷此人絕對是一名非常忠誠的將才,於是立即叫停,並親自揮劍斬斷了捆綁張遼的繩索,讓張遼坐在自己旁邊,為他倒酒壓驚,並曉以大義,表明自己愛惜人才的誠懇之心。張遼深受感動,最終投降於曹操,日後果然成為曹操手下的得力大將。可見,曹操不僅對人才以禮相待,盡力納之,而且也很會識人。

做人對己寬、對人嚴的弊病在於不能平等地對待人和事,這就是韓愈文中所說過的那種人——嚴於律人,寬以待己。這樣做的結果就是,既不能給人施加正確的影響,對人疑神疑鬼,又不能使人與人之間的關係和諧融洽。所以,正如曹操所說的那樣,任何一個政治集團上臺,要想取得長期穩定的發展,必須先求穩定、安民心,待鞏固大局之後再循

序漸進地施行改革措施。

曹操成功地任用了杜畿,這既是對杜畿的信任,也是對自己的嘉獎,還是對荀彧的嘉獎。一個是大膽推薦了賢才,一個是危急時刻勇於用人,一個是以自己的智勇和能力深得厚望和敬重,何樂而不為呢?

人才推薦制是中國古代朝廷獲得人才的主要形式之一,特別是在六朝以前,朝廷把它作為選拔人才的基本形式。許多賢能之士都是由別人推薦而得以著稱於世的。在這裡,薦才是用才的前提,能夠大膽任用才是關鍵。

曹操就是一個鼓勵部屬大膽薦才,同時也勇於對人才委以重任的人。他手下的人才一大部分是由他人推薦而得來的,而被推薦的人又推薦新人,這樣,就形成了一個人才來源的良性管道,使人才從四面八方源源不斷地匯聚而來。加上曹操都能不計高低貴賤,大膽選用,使人盡其才,從而擁有了一個強大的智囊團和一批英勇的將領。

曹操之所以能夠雄霸天下,一是靠他有眾多的人才,二是靠他對人才能夠各用其長並能互相配合的結果。衡量一個領導者是否高明,不僅要看他攬集了多少人,更要看他如何合理地加以利用。聚才不是目的,用好人才是根本。人才再多而不善用,不是造成怨聲載道,就是反使內耗叢生。這樣,人才越多,反作用越大,不僅沒有幫到自己,反而會壞大事。

曹操對人才的使用可謂手段多樣,靈活機動。有的放心大膽地任用,有的則有所控制;有的讓他獨當一面,有的則是數人組成一個團隊,恰似一個團結的整體。這樣,曹操對人才合理調控任用,措施得當,使不同的人都能發揮出各自的效能。

曹操所採用的策略就是「仁者用其仁,智者採其智,武將任其勇,

第十八章　唯才是舉

文職盡其能,擇人任事,最大限度地用人之長」。曹操對合肥會戰人事的精心安排,就說明他確實是一位知人善任的領導者。

建安二十年(西元215年),曹操準備西征張魯,他料想孫權可能趁他西征攻打合肥。於是就在臨行前,寫了一封密信交給合肥護軍薛悌,在信封上特別註明:等吳兵來攻時再拆開看。等到曹操去遠了,孫權果然率兵來攻打合肥。

危急中大家拆開密信,只見信上寥寥數語:「若孫權至者,張、李將軍出戰;樂將軍守,護軍勿得與戰。」諸將疑惑不解。首先明白曹操意圖的是張遼,他說:「曹公的意思是,他遠征在外,如等他來救,我們早就被打敗了。現在,只有趁敵人立足未穩,我們攻防結合,打敵人個措手不及,才有勝利的機會。是勝是敗,在此一戰!」

聽了張遼一席話,李典恍然大悟。於是立即出兵,結果殺得江南兵人人驚恐,甚至江南小兒聞張遼大名,也不敢啼哭。

曹操對這次戰役的人事安排充分展現了他知人善任的能力。這次戰役曹操安排了三個主將張遼、樂進、李典,三人都是曹操手下的大將,無論是資歷和能力,三人都相差無幾,況且都立有大功。因此三人向來誰都不服誰,關係鬧得很僵。安排這樣的三人守城,確實有一定的難度。

曹操之所以如此安排,是因為對三人有充分的了解。正如曹操所料,張遼見信率先表態,慷慨激昂地表示決一死戰,緊接著附和的便是李典。《三國志・李典傳》有這樣的記載:「遼恐其不從,典慨然曰:『此國家大事,顧君計何如耳,吾何以私憾而忘公義乎!』乃率眾與遼破走權。」

一個隊伍只有團結才會有戰鬥力。曹營內戰將雲集,有的性如烈

火，視死如歸（如典韋、龐德等），每有大戰惡鬥，曹操總是派他們披堅執銳，衝鋒陷陣；有的智勇雙全，文武兼備（如曹仁、張郃等），曹操平時把他們放在重要職位，遇有戰事，放手讓他們統率諸軍，獨當一面；有的膽識不足，優柔寡斷，曹操就因人制宜，將他們搭配在合適的主帥營中，當好配角。

細細分析，這正是曹操用人的超常表現。三駕馬車，各有自己的方向，這樣絕無戰鬥力可言。如把互不和睦的三人撐在一起，必先有兩人攜手。由此可見，用兵之法，目的在於才盡其用，將帥只有用人不拘一格才能夠打勝仗。

不同性格、性情的人適合做不同的工作。作為領導者必須掌握手下的不同性格特徵，全面衡量，因人而異，量才而用。

對有特殊才能的人，一定要盡可能給他們最好的條件和待遇。特殊人才，特殊待遇，這是我們應該遵循的原則。

對能力很強的人，可採取多方面任用的方法，既能夠讓他們發揮多方面的、更大的作用，又可以調動他們樂於貢獻、繳出更多成績的積極性。

人之長處固然值得發揚，而從人的短處中挖掘出長處，由善用人之長發展到善用人之短，這也是用人藝術的精華之所在。尺有所短，寸有所長。長與短都不是絕對的，任何時候都沒有靜止不變的長，也沒有靜止不變的短，關鍵要學會怎樣充分利用。

曹操就是這樣靈活地掌握並任用屬下的人，會用才，並取得了出人意料的效果，我們不得不佩服他的用人智慧。

三國時期，曹操的實力最雄厚，也最善於籠絡人才，卻無法夠打動關羽，這是為什麼呢？因為和劉備的義氣在關羽看來更崇高。所以，從

第十八章　唯才是舉

關羽的掛印封金而去，曹操也懂得了：那些為了利益而來的人才，與那些為了道義而來的人才相比，後者更死心塌地，更忠誠。所以，曹操用人對於道義方面更加重視。

我們待人接物有時難免以利益為重，但利益相誘卻並不總是有效的，因為天下講義氣的人，他們看重的並不僅僅是利益，而是對自己的尊重。

當年，袁紹派遣大將顏良攻打東郡，曹操調董昭擔任魏郡太守，跟隨曹操征討顏良。顏良死後，曹操包圍鄴城。

當時袁紹同族人春卿擔任魏郡太守，他的父親元長在揚州，曹操派人將其迎來。董昭寫信給春卿說：「我聽說孝順父母的人不會為了獲得功利而背離他們，仁義之人不會為了謀求私利而背棄君王，有志之士不乘時局動亂而僥倖獲取成功，聰明者不會以虛假奸詐之道而危害自己。您的父親過去躲避戰亂，不得已去了南方的百越一帶。這並非疏遠兒女，而是陶醉於吳會的山水。

「賢明的人常常見識深遠，認為這樣做是很恰當的。曹公憐惜他堅守志向，離群索居，所以特地派使者前往江東，迎來送往，現在快到此地了。即使你現在處於最安全的地方，依靠的是有仁義道德的人，位置也像泰山一樣穩固，身體像松樹那樣挺拔高健，從道義來說，仍然應當離開百姓而去侍奉雙親。況且郲儀父開始同隱公結盟時，魯人雖褒獎他，卻沒有爵位。可見未經君王下令，不能尊以爵位，這是《春秋》所闡明的大義。何況你現在所依託的是一個危機之國，接受的是假託的命令呢？

「如果與作惡的人為伍，而對自己父親的安危卻不能體恤，不能說是孝；忘記祖宗所尊幸的是漢朝，安於擔任不是正道的偽職，很難說是忠。忠孝都被廢棄，說不上是智。再說你曾經受到曹公以禮相召，你親近同

族人而疏遠父母，依附袁紹而遠離朝廷，為了不當俸祿而背叛知己，遠離幸福而接近危亡，拋棄道義而蒙受奇恥大辱，不是很可惜嗎？如果你能迅速改過，輔佐皇帝，奉養父親，跟隨曹公，既能忠孝兩全，也有顯赫的功名。你應該考慮長遠計畫，早日拿定主意。」

這是一番明大義、識大體的勸慰之詞，讀來讓人怦然心動。

自古以來的領袖，他們對人們的影響一般側重於社會道德、道義責任、國家安危，其用人之謀皆為經天緯地的大智謀。

歷史上很多能人賢士出來做事，許多時候不是因為被重金收買，而是出於大義和歷史責任感。因為能人賢士的境界並非庸碌之輩能猜度的，若仍以世俗的一套對待他們，反而顯得可笑。任天下之智力，爭天下之歸心，最值稱道的，還是曹操能正確對待反對自己的人，善於將對自己不利的人心，凝聚為對己有利的力量。

曹操起兵時，只有家族的幾個兄弟和姪子做骨幹，人馬也不多。他曾經想留用劉備，雖然未獲成功，但在任用的方式上確實是非常正確的。只能說劉備同曹操一樣是個放眼天下的英雄，不肯屈尊而已。正確的用人觀使他在短短的幾年內，造就了「謀士如雲，戰將如林」的龐大隊伍。

荀彧和郭嘉，是三國時大名鼎鼎的智囊人物，都曾是袁紹的幕僚。荀彧「度紹終不能成大業」，率先棄袁投曹，曹操得荀彧，高興地稱他是「吾子房也」；郭嘉看透了袁紹「未知用人之機」，也跑到曹操營壘，嘉曰：「真吾主也。」

官渡大戰時，袁紹的重要謀士田豐、許攸，大將張郃、高覽等人，除田豐被袁紹殺死在獄中外，都臨陣倒戈，投靠了曹操。

此外，曹操在除掉呂布後，還得到了許多有用之才，臧霸就是此時

第十八章　唯才是舉

投降的。曹操還透過臧霸收降了徐翕和毛暉。徐翕、毛暉原為曹操部將，後來背叛曹操投奔了臧霸。曹操讓劉備給臧霸傳話，讓他把這兩個人的頭顱割下送來。臧霸不同意，對劉備說：「我之所以能夠自立，就因為我不肯去做這不義的事情。我受曹公生全之恩，不敢違命，但有意建立王霸之業的人應該以義相告，不宜威迫，希望將軍能夠替我去說明一下。」

劉備將臧霸的話原封不動轉告曹操，曹操大為感嘆，立即召見臧霸，並對他說：「這是古代大賢才能做到的事情，而您卻做到了，這正是我所希望的啊！」於是不僅不再追究徐翕、毛暉的罪過，還任命他們為郡守，加以重用。

其實，很多志向高遠之士，都是可以用道義感召的。道義自古以來就是做人的根本，也是從事任何事業所必不可缺的一項美德。曹操正是抓住了道義的精髓——正義和真理，於是就站在了成功的一側。

「名不正，言不順。」許多戰爭說是正義與非正義之戰，其實都是為名義而戰。曹操之所以能夠「挾天子以令諸侯」，就沾了名正言順的光，做任何事都打著朝廷的名義，自然得到了民心，這也是人才紛紛歸順的重要原因。

物以類聚，人以群分。對於那些志趣相投而又有共同志向的英雄，曹操從來都是惺惺相惜，十分敬重。他雖然在政治和軍事上對敵常常耍詐用謀，但對於朋友、義士和敬重的人，從來都是敞開胸懷，以誠相對的。

曹操一直以來用利益和情意兩副紐帶維繫著他的團隊，而他尤其重視以情義作基礎建立起來的親密關係。在曹操看來，人品之高下，從氣節即可判斷。成就天下者，所憑藉的就是一股勇氣和義氣，以及凜然屹立在天地間的正氣，因此天下英雄必然賞識有氣節的人。曹操敬重有氣

節的人，也很好地為自己塑造了重氣節的英雄形象。

沮授是袁紹的謀士，是個非常忠誠的人。官渡之戰後被捕，大喊：「我死不投降！」面不改色，從容就死。曹操非常欽佩他對舊主的忠誠，為他建墓並親筆題詞：「忠烈沮君之墓。」

曹操雖然不得已殺了陳宮、沮授，但曹操的心裡對他們充滿了敬佩之情，同時也為他們的死感到悲痛，並分別厚待了他們的親人。這表達了曹操對他們的尊敬之情和憐惜之意，使得身邊的將士無不為之感動。

有一次，平虜將軍劉勳因犯法被處死，抄家時搜出一封河東太守杜畿的信。劉勳原被曹操寵信，威震朝野。他曾向杜畿索取河東特產，於是杜畿就寫了這封表示拒絕的信。曹操得知這事後，對杜畿不媚權貴的做法大為讚賞，說：「杜畿可稱得上是『不媚於灶』的人了。」意思就是「杜畿是在眾人中挑出來的賢人，可以作為大家的表率，希望大家好好向他學習」。

建安十八年（西元 213 年）十一月，曹操任命杜畿為魏國尚書。關中平定後，接下來就是如何鞏固統治的問題，進取漢中的軍事行動也隨即提上議事日程，河東的地位和作用仍不可忽視。於是曹操決定仍由杜畿留在河東，並專門為此下了一道手令：「昔蕭何定關中，寇恂平河內，卿有其功。間將授卿以納言之職，顧念河東，吾股肱郡，充實之所，足以制天下，故且煩卿臥鎮之。」

所謂「納言」，就是負責傳達天子命令的官名，後稱為尚書。「臥鎮」，即借重杜畿在河東的威望來鎮守此處。這有一個來歷：西漢武帝時汲黯任東海太守，經常病臥室內，但該郡卻治理得很好。後召他為淮陽太守，他以病辭，漢武帝說：「我就是要借重你的威望，讓你躺著治理淮陽。」曹操認為杜畿有蕭何安定關中、寇恂平定河內那樣的豐功偉業，

第十八章　唯才是舉

因此要把重要而又富庶殷實的河東郡交給他繼續治理。

杜畿沒有辜負曹操的厚望，把河東治理得政事和順、百姓富足。後來曹操徵漢中時，杜畿派遣五千人運送軍糧，由於工作做得細緻，運糧的人互相勉勵說：「人生有一死，不可負我府君。」沒有一人逃亡，圓滿地完成了支援前線的任務，可見杜畿的個人魅力和威望之高，這樣的人得到曹操的賞識也在情理之中。

曹操以仁心對待別人，敬重並學習有氣節的人。曹操看到他人比自己優秀的地方、比自己賢能的地方，不是一味遮掩、打壓，以顯示自己的高、大、全，而是能夠做到隨時稱讚他人的長處。對那些有才能而又感念舊主、不肯歸降的賢士，不僅充分表達惋惜之情，還盡可能地顧念其家小。其實，這種行為本身就是讓那些賢士歸附自己的最好證明。讓自己日益進善、日益進德，何樂而不為？

■ 小有瑕疵又何妨

曹操看到東漢末年的人才選拔任用制度以所謂的德行為首，讓當時的士人矯揉造作、沽名釣譽，從而使整個官場出現浮誇、虛假、華而不實的風氣。於是他打破慣例，以唯才是舉作為自己的用人標準。這是因為他看到，在漢末動盪時期，沒有一批有真才實學的文臣猛將，是不能幫助自己掃平天下、成就霸業的。與其追求那些矯揉造作的人才，還不如提拔那些真正有才而難免與世俗有所違背的人。曹操認為，只要有才幹就應該大膽起用。所以，「大行不顧細謹，大禮不辭小讓」是曹操用人的一大特點。

有人統計，曹操一生的謀士一共有上百人，其中的核心人物包括荀彧、荀攸、郭嘉、賈詡、程昱等人。這些人為曹操開疆拓土、制定長遠

規劃立下汗馬功勞，但他們並非完人，其中有些還有很多讓人憤慨的行為，但曹操卻能一一容忍。

謀臣程昱在初平年間曾拒絕兗州刺史劉岱、勃海太守袁紹、幽州牧公孫瓚等割據軍閥的拉攏。後來，兗州刺史劉岱被黃巾軍殺死，曹操進駐兗州後，納請程昱，程昱反而欣然前往，可見他善於識人。

曹操討伐徐州的陶謙，陳宮、張邈等人卻趁機反曹，兗州幾乎全部淪陷，只剩下程昱與荀彧守住的鄄、范、東阿三城，才使曹操有了立足之地，保留了反攻的機會。曹操與呂布大戰不利，曹操想打退堂鼓。這時，程昱勸他說：「現在雖然失去大片土地，但我們還有三座城池和上萬名能征善戰的將士，加上您的機謀和征服四方的決心，完全可以收復失地、成就霸業。」程昱的一席話，在關鍵時刻幫助曹操做出了正確的策略選擇。

後來，曹操接納劉備，又是程昱勸曹操早日剷除劉備，以絕後患；劉備欲趁機率兵南下攻打袁術，也是程昱說劉備明為幫助曹操去攻打袁術，實際是想脫離曹操自立，極力勸諫曹操趁劉備立足未穩之際，就除掉劉備。雖然他的這一提議最終沒有被採納，但其對曹操的忠心和敏銳的觀察能力，仍給曹操留下了深刻的印象。

當曹操與袁紹決戰之時，程昱僅僅帶領七百士兵駐守鄄城。曹操認為太少，要給他添兵，程昱卻認為不可，他分析說袁紹十幾萬兵馬，見自己兵少，必定不屑前來攻打，如果增兵，則會引來袁紹的攻擊。結果果然如此。曹、袁大戰，程昱不僅沒有要曹操添兵，還趁機編練了數千精兵去幫助曹操，使曹操終於打垮了雄踞河北的袁氏集團。

就是這麼一位善謀多智、深受曹操喜愛的謀士，卻性格乖戾，難以與其他人合群。因此，很多人在曹操面前說他的壞話，甚至有人誣告他

第十八章　唯才是舉

謀反。曹操對這些都置若罔聞，也不反駁，但給程昱的待遇卻一次比一次豐厚。曹操的這一做法既平息了其他人對程昱的怨氣，又使程昱放下心理負擔，一如既往地為自己服務，同時鮮明地表明了自己的態度，可謂非常高明。

在曹操諸多謀士中，唯獨郭嘉最了解曹操，並且兩人關係親密，猶如朋友一般。據載，二人行則同車，坐則同席，其親密程度可見一斑。在嚴於治軍的曹操營帳裡，郭嘉有很多不拘常理的行為，但在偏愛他的曹操眼裡，「此乃非常之人，不宜以常理拘之。」

曹操手下有一位風紀官員陳群，曾因郭嘉行為不夠檢點奏了他一本。但是，曹操卻沒有處分郭嘉，更不要求郭嘉改正他私人生活行為不檢點的缺點，同時他又對陳群能夠嚴格要求群臣的行為加以嘉許。

曹操的處理方式雖不免有點兒和稀泥，但其實上曹操卻意識到，「水至清則無魚，人至察則無徒。」對人太過苛求，要麼會讓人才分散注意力，要麼會讓臣子文過飾非，上下相欺。而同時嘉許陳群，又充分肯定了他的工作積極性，實在是最好的處理方法。

如果說對於大謀臣，曹操會因為捨不得他們的智慧而能夠容忍他們的缺陷，那麼，對一些有缺點的普通官員也能如此對待，則真正展現了曹操「大行不顧細謹」的用人標準。

曹操的一個老鄉叫丁斐，頗有管理才能，但是愛貪小便宜，居然利用職權用自家的瘦牛換公家的一頭肥牛，結果被罷了官。曹操見到他，故意問：「文侯呀，你的官印到哪裡去了？」丁斐也油嘴滑舌地說：「拿去換大餅吃了。」曹操哈哈大笑，回過頭來對隨從說：「有人多次要我重罰丁斐，我說丁斐就像會抓老鼠但是卻偷東西吃的貓，留著還是有用的。」於是，又起用他為官。

曹操的謀士劉曄善出奇謀，但卻有一個怪脾氣——從來不願當著眾人的面提出自己的建議。曹操便特事特辦，經常與他書簡溝通。有時為探討問題，兩人竟然一夜間傳遞書信幾十次。曹操對於謀士的怪癖居然能夠這般容忍，其用人之誠心，胸懷之大度，不得不令人嘆服。

曹操能夠透過紛繁蕪雜的現象，看到不同類型人才的優點，將他們一一任用，使得他們的才幹得以淋漓盡致地發揮。也正是曹操這樣寬鬆的用人環境，才能既聚攏了大量人才，又能夠形成融洽的合作氛圍，讓謀士們在南征北戰中共同出謀劃策，使將士們得以攻城拔寨。

曹操為自己籠絡了一批能人賢士、文臣武將，他的這種做法始終沒有改變，沒有出現過人才斷層、青黃不接的局面。反觀劉備集團，諸事都要仰仗諸葛亮，沒有形成持續的人才選拔機制。隨著歲月流轉，人才逐漸凋零，蜀國也江河日下，這也許是曹魏最終能吞併蜀漢的重要原因。

第十八章　唯才是舉

第十九章　喜怒無常

■ 為達目的不擇手段

　　曹操常常計謀百出，令人防不勝防。他能兵不血刃地就把一場謀反行動平息，而且乾淨俐落地處理了領導者濟南王劉康。

　　曹操在任濟南國相的時候，濟南王劉康在南面群山中祕密蓄兵、練兵，準備背叛朝廷謀反，結果被曹操慧眼識破，並用計將南山的藏兵引下山，一舉殲滅。而濟南王劉康也被曹操的兵馬困在街巷之中，不能脫身。劉康手下的親兵也都一一戰死，只剩下他這個「孤家寡人」在城內苦苦支撐，情況非常危急。

　　忽然，濟南王劉康聽見城外喊殺聲逐漸平靜下來，以為是藏在南山的兵馬已將官兵殺退，挽回了局勢，自己馬上就要獲得勝利了。於是一心只等著趙虎、張豹兩位將軍前來解救。

　　不一會兒，就見從西城方向遠遠有一支兵馬急馳而來。待來到跟前仔細一看，濟南王劉康大吃一驚，原來是官府的士兵殺氣騰騰而來。只見趙虎被縛在馬上，低頭聳腦，一動不動；張豹的首級被官兵用刀尖挑著，已是血肉模糊。

　　劉康見狀，急火攻心，「哎呀」大叫一聲，撲倒在地。眾軍士見此情景，一擁而上，爭著要上前擒拿。這時卻見曹操把手擺了擺，又搖了搖頭，眾軍士也就不敢亂動了。劉康無精打采地抬起頭，用哀求的眼光看著曹操，似乎要請求曹操放過他。

第十九章　喜怒無常

　　曹操拍馬來到劉康面前，厲聲喝斥道：「大膽濟南王劉康！你竟敢陰謀造反。幸虧朝廷早已知曉，如今派遣我前來，就是要等待時機討伐你。如今你陰謀敗露，兵敗被俘，還有什麼話說？就算今天不殺你，將來見了皇帝，你如何面對？你還有什麼臉面活下去？」

　　曹操越說越激動，他的措辭嚴厲而刻薄，讓人聽了無地自容，恨不得死在當下。他為什麼出口如此歹毒？原來，這是曹操的激將法。曹操認為，無論如何劉康是皇室宗親，一代有名的藩王，是皇帝的親戚，如果只是將他押送到朝廷，萬一皇帝起了惻隱之心，看在親戚的面上不忍殺他，而只是削去爵位，敷衍了事，那他曹操豈不是反而落下個大大的仇人？餓死的駱駝比馬大！一旦讓濟南王鹹魚翻了身，自己免不了身受其害。但是如果將他當場處死，皇帝知道了，恐怕以後也會怪罪他。況且，劉康這一家族勢力也很大，狐朋狗黨數不勝數，如果哪一個要找來報仇，自己豈不是要天天擔驚受怕？再加上劉康並未抵抗就已經落馬，倘若自己親手把他殺死，反倒要落得個嗜殺的罵名。

　　出於種種考慮，曹操這才說出這番冠冕堂皇的話來，分明是要逼著劉康自行了斷。這樣，上下左右遊刃有餘，都好交差，而且又除了自己的心頭大患，豈不一舉多得？這就是曹操心機過人之處，閃念之間，狠出殺招，既達到了目的，又讓自己解脫了出來。

　　劉康當然猜不透這份玄機，聽了這番話，果然仰天長嘆一聲，自感無顏面對朝廷，抽出腰間寶劍，往脖頸上一橫，立斃當場。

■ 殺人立威

　　曹操求賢心切，從他曾下三道求賢令可見一斑。曹操也很能聚人，尤其是有才智的人，不管他們原來如何，只要能拉攏過來，就一定拉

攏。這種廣納天下賢士的做法，為他贏得了不少美名。但這麼多名人賢士聚在帳下，怎樣才能讓他們規規矩矩、老老實實為自己辦事呢？

起初，曹操還能聽進良善之言，但是到了後期，曹操就變得喜怒無常，胡亂殺人。他既聽不進與其相左的建議，也聽不進忠臣對他的批評，沒了早期能夠大度認錯的銳氣，只想樹立起自己的絕對權威。就連那位被曹操稱為「吾之子房」的荀彧都死得冤枉。

荀彧堅決反對曹操做魏王，曹操因此對他懷恨在心。後來，曹操贈送食物給荀彧，荀彧打開盒子一看，見空無一物，知道自己已經一無是處，因此被迫服毒自盡。

曹操手下的第一號謀士，為曹操開創基業出謀劃策立下了大功，何以一時冒犯了曹操就被置於死地呢？他鑒於天下尚未統一，希望曹操「秉忠貞之誠，守退讓之實」，不要讓他的政敵們抓住把柄，這樣正當的理由，也能得罪曹操嗎？顯然不是一條建議就讓曹操如此震怒。只不過當時的曹操認為，自己決定要做的事，就一定要達成，即便有時欠考慮，也絕對不允許有人冒犯自己的權威。

崔琰輔佐曹操十幾年，在選拔文武群才方面做了不少貢獻。史書上稱崔琰「清忠高亮」，說他「量才錄用」，而且從不講情面，享有很高的聲譽，後來曹操以有人說他「傲世怨謗」而把他殺了。曹操怎會隨意相信別人說崔琰的壞話呢？其實，崔琰「享有很高的威望和聲譽」才是招致殺身之禍的根源。

曹操不僅處理了崔琰，並且還因此遷怒毛玠。崔琰死時，毛玠因感傷崔琰「無辜」而死被人告密，好在官員們替他求情，曹操只是把毛玠罷官，回家養老了事。

曹操常嘆服於婁子伯，說：「子伯出的計謀，我比不上啊。」但隨著

第十九章　喜怒無常

其聲望日隆，曹操漸漸感覺到他威脅到了自己的權威，因而下令將他殺了。由此看來，誰要超過曹操的威望，觸碰了他的權威，曹操就會毫不留情地予以絞殺，楊修之死也是典型的例子。

曹操不僅在軍事、政治上處處維護自己的絕對權威，就是在日常生活上也是如此。有一次，他大白天睡午覺，告訴他的寵姬，過一陣就叫醒他。而時間到了這位寵姬卻見他睡得很香，不忍心喊醒他，讓他多睡了一會兒。豈知這一下，使曹操天顏盛怒。這個寵姬弄巧成拙，惹了大禍。曹操醒來後，不問青紅皂白就把她亂棍打死了。此事連繫他因曹植的妻子違反家規，身穿錦繡華麗的衣服而被活活賜死來看，倒真是一貫作風。

我們當然反對曹操的殺人行為，但是作為領導人，維護自己的權威還是必要的。領導者不能太軟弱，否則很容易造成上令下不通。有時候必須堅定不移，保持自己的權威。

作為一個領袖人物，曹操的和藹可親和威嚴有加總是拿捏到位，不露聲色。作為領導者要勇於說「不」，發現問題，當機立斷，既有利於解決問題，也能樹立自己的權威。

曹操當然知道自己的身分，也知道權威的重要性，所以他平時就注意給予人威嚴的感覺，這是現實的要求，也是曹操長期身居高位形成的習慣。

保持自己的威嚴，讓部下時刻擁有戒備和提防之心，為他開展大業創造了有利的條件。

領導者的身分權威，往往不是由語言而是由行為彰顯出來的，聰明的領導者尤其如此。

■ 敵友一瞬間

「朋友是通往成功的墊腳石」，在曹操眼中，別人都是他實現夢想的階梯。也就是說，是敵是友完全從自身的利益出發。他會對你熱情款待，但是僅限於對自己有用時。一旦對自己沒有用處甚至對自己不利時，曹操就會毫不猶豫地與之一刀兩斷。

曹操與劉備是同齡人，在三國時期，一個被稱為「英雄」，一個被稱為「奸雄」。曹操有統一天下的大志向，劉備也要匡扶漢室。二人既爭人才也爭天下，展開了長達幾十年的較量。在曹操看來，劉備政治才能突出，又有遠大的政治抱負，確實是個大英雄，有廣泛的號召力，所以有一段時間，曹操曾留他在軍中。曹操考慮到留著他對自己招攬人才頗有吸引力，所以才沒有殺他。

曹操東征徐州時，劉備同青州刺史田楷一起前往救援，被陶謙表舉為豫州刺史。陶謙死後，劉備不費吹灰之力接替陶謙成了徐州牧。

占據淮南的袁術也想擴展地盤，對劉備輕易獲得徐州非常不滿，曾多次對他發動進攻。曹操為了穩定自己的根據地兗州東部邊境的局勢，同時也為了利用劉備來牽制袁術和呂布，對劉備採取了拉攏的策略。建安元年（西元196年），曹操表薦劉備為鎮東將軍，封宜城亭侯，並趁機對劉備集團進行分化瓦解，將其逐步融入到自己的軍隊中。漢獻帝到許都後，曹操特地寫了〈表糜竺領嬴郡〉一文：泰山郡界廣遠，舊多輕悍。權時之宜，可分五縣為嬴郡，揀選清廉以為守將。偏將軍糜竺，素履忠貞，文武昭烈，請以竺領嬴郡太守，撫慰吏民。

糜竺字子仲，東海人，祖上經商，有僱工上萬人，資產頗為豐厚。原為陶謙別駕從事，後奉陶謙遺命迎劉備為州牧。建安元年（西元196年），劉備被呂布打敗，家眷被俘。此時，糜竺不僅在人力、物力和財力

第十九章　喜怒無常

上大力支持劉備，使之得以重振人馬，而且還將自己的妹妹嫁給劉備。

曹操表薦糜竺為嬴郡太守。嬴郡，郡治嬴縣，包括從泰山郡劃出的嬴、武陽、南城、中牟和平陽五縣。糜竺卻沒有接受曹操的表薦，仍然跟著劉備。曹操還同時舉薦了糜竺的弟弟糜芳，讓他去做彭城相，糜芳也沒有到任，可見劉備深得人心。

袁術雖曾多次派兵攻打劉備，但一直都沒有什麼效果。後來勾結已投奔劉備的呂布，由呂布出兵打敗了劉備。劉備失去了安身之地，不得已率部投靠了曹操。

曹操對劉備加以厚待，不僅表薦他為豫州牧，還給他補充兵員，調撥軍糧，讓他仍然駐屯小沛，對付呂布，二人暫時結成了互為同盟的利益集團。但這種暫時的結盟是非常不牢固的，劉備志向遠大，隨時都會離開曹操而獨立發展。曹操當然知道這一點，而且他還明白，一旦劉備日後成勢，必定是自己的大威脅。但是曹操考慮到自己正處於發展壯大的階段，對劉備這樣有影響的人物，只有加以厚待，才會使天下人才聚集，不至於堵了言路。所以，儘管有謀士建議殺劉備，他卻沒有下手。

建安四年（西元199年），袁術想從下邳北上青州，曹操準備派兵阻截。劉備乘機請求承擔這一任務，伺機逃離曹操的控制。曹操便派朱靈等人同他一起帶兵東進。

劉備離開許都以後，程昱、荀彧等人得知消息，趕緊跑來勸阻曹操。程昱說：「您以前不肯殺掉劉備，考慮得確實要比我們深遠。但今天把兵權交給劉備，他肯定會產生異心！千萬不要把劉備放走！現在放走了劉備，以後必定會後悔！」

董昭也跑來勸曹操，說：「劉備志向遠大，加上有關羽、張飛做他的幫手，將來必定會謀取天下。」

曹操聽了眾位謀士的意見，有些後悔，但一來已有令在先，不便更改，二來劉備已經走遠，追也追不上了，只好作罷。

劉備到達下邳後，袁術逃回壽春，不久後病死。於是，曹操趁機命劉備率軍回許都。劉備早就想脫離曹操的控制，讓朱靈等人先行返回，以減少下邳的曹軍力量，然後發動突然襲擊，殺死徐州刺史車冑，公開背叛了曹操。

劉備扛起討伐曹操逆賊的大旗，公開對抗曹操。他的這一行動引起了連鎖反應，使得很多歸附曹操的人趁機脫離了曹操。由於曹操尚無恩澤加於百姓，不少郡縣紛紛脫離曹操，歸附劉備，使劉備的軍隊增加到幾萬人。劉備派孫乾前往冀州，與袁紹聯合，共同對付曹操。

這樣，劉備和曹操就立刻由原來的依附關係，轉化為不共戴天的敵人。

曹操在特定時期、特定情勢下對劉備採取的不同態度，充分說明了在政治博弈中沒有永恆的敵人和朋友，只有永恆的利益。劉備來投靠曹操時，曹操聽從郭嘉的意見，沒有殺劉備，使他保持甚至進一步樹立了自己愛惜人才、廣納英雄的形象。他甚至表薦劉備為豫州牧，讓劉備出守小沛，也有效地利用了劉備的力量來對付呂布，在包圍下邳、擒殺呂布的戰鬥中還直接讓劉備消耗兵力，客觀上遏制了劉備勢力的發展。擒殺呂布後將劉備帶回許都，更是為了控制劉備而走出的一著好棋。

曹操即便一時不慎放走了劉備，他也能很快從失誤中清醒過來，並立即採取行動。利用袁紹善謀難斷、舉棋不定的性格和劉備錯誤估計形勢、放鬆戒備的時機，果斷出擊，擊敗了劉備。不僅使自己化險為夷，還進一步鞏固了自己在徐州的統治。暫時消除了劉備這個潛在的強敵，避免了以後和袁紹決戰時可能出現的雙線作戰的局面，為官渡之戰的勝利創造了有利條件。

第十九章　喜怒無常

　　由此可見，結盟與否都是出於自身利益的考慮，這種以利益為紐帶的同盟關係是非常不穩固的。在上述事例中，展現在利益和盟友的比較上，誰重，就趨向誰。曹操一生這種分分合合經歷得可謂不少，在和呂布、袁紹、袁術、張繡與張邈的交往過程中，也都大多經歷了由分而合、由敵而友的過程。但無論怎樣變化，一切都是圍繞著自身的利益在轉，這也是曹操不斷發展的關鍵所在——我可以放過任何人，但不能損失一點利益。

第二十章　毀譽由人

■ 能屈能伸顯本色

曹操初入仕途，只是一個小小的洛陽北部尉，但他很會當官，把權力運用得恰到好處，知道以法度行事，不畏權勢，勇於以下犯上，朝著理想的目標前進。對於曹操能夠執權伏勢的行為，《諸葛亮集‧將宛‧兵權》中有很好的解釋。文曰：「夫兵權者，是三軍之司命，主將之威勢。將能執兵之權，操兵之要勢，而臨群下，譬如猛虎，加之羽翼，而翱翔四海，隨所遇而施之。若將失權，不操其勢，亦如魚龍脫於江湖，欲求遊洋之勢，奔濤戲浪，何可得也。」

意思是說，兵權是操縱三軍命運的重要權力，如何掌握並使用它，直接反映主將的威嚴和氣勢。主將如果能很好地掌握、運用它，則如虎添翼，威加四海，遇到任何情況都能靈活應對，如果有權而不會用，則不能很好地統帥三軍，會像魚離開水一樣，難以長存。

曹操有一種天然的掌權用權之天賦，所以常常能把權力運用得很到位，既提升了權力的威嚴性，也利用權力的威嚴樹立了自己的權威。

「治世」時代有「治世」時代的主體需求，而「亂世」時代有「亂世」時代的主體需求，如鋤強濟弱、安定天下等。因此，時代特徵不同，需要的英雄人物也有所不同。

曹操生於一個「家家欲稱帝，人人欲封侯」的時代，名人英雄輩出。那麼，曹操是怎樣稱雄於亂世的呢？他成霸業的經歷清楚地告訴我們：

第二十章　毀譽由人

要想有所成就，首先應當掌握時代特徵，給自己準確定位。

曹操出生在東漢桓帝在位年間，少年歲月也在桓帝時代度過，步入「弱冠」之年時，正值靈帝（劉宏）在位，被授為洛陽北部尉，他的後半期生活在漢獻帝時期。

曹操所處的東漢末年特徵非常明顯：一是最高統治者皇帝大權旁落，懦弱無能。桓帝、靈帝、獻帝三代，一代不如一代。或由外戚掌政（如桓帝在位初期由梁冀為首的外戚掌政），或由宦官專權（如桓帝、靈帝在位時均如此），或由軍閥操縱權柄（如獻帝即位初期為軍閥董卓操縱實權），皇帝實際上已成為傀儡。二是封建統治集團諸勢力間的爭鬥異常激烈、殘酷。桓帝、靈帝在位期間均發生了「黨錮之禍」，外戚、宦官、「黨人」等集團勢力無不以陰謀誅殺異己，獨手專權。三是由於官府橫徵暴斂，致使大量百姓破產，無法生存。因而統治勢力與被統治者之間的矛盾日益尖銳。四是大小割據軍閥不但圖謀久霸一方，而且夢想擴大地盤，因而連年混戰不休。

曹操掌握軍政大權的後期，「三國鼎立」之勢已見雛形。雖然仍有戰爭，但畢竟是相對穩定的時期。而東漢末年，則是朝廷腐敗，軍閥混戰，社會劇烈動盪時期，百姓處於水深火熱之中，社會各階層對國家盡快解除混亂狀態、達成統一的願望非常強烈。曹操正是面對「亂世」來設定自己的人生角色。

曹操認為，在這樣一個動亂之世，應是一個需要濟弱鋤強、一統天下、安定社會、「取威定霸」的英雄時代。因此，曹操一開始就按照英雄的標準嚴格要求自己。曹操從開始只是夢想做一名將軍，逐漸調整、提高自己的志向，到最後想要匡扶天下，成就一代霸王之業。

■ 厚積薄發成大事

委曲求全，可能是形勢使然，也可能是為了使自己的事業更上層樓而採取的策略。曹操的屈身之舉，可以說二者兼備。

各路諸侯討伐董卓時，曹操沒有自己的根據地，但他沒有垂頭喪氣，而是屈身在陳留太守張邈的身邊，起兵後在供給等方面也需要仰仗張邈的接濟，因此在起兵之初曹操對張邈屈身以事之，並主動接受張邈的控制。不久，曹操隨張邈來到酸棗前線，代理奮武將軍之職。曹操一方面屈身於張邈，受他的領導和掌控，另一方面也在趁機積蓄自己的實力，為後來開闢自己的天下打基礎。

曹操前往酸棗途經中牟時，該縣主簿任峻率眾前來投附。曹操非常高興，任命他為騎都尉，並將自己的堂妹嫁給了他。

騎都尉鮑信和他的弟弟鮑韜也在這時起兵響應曹操。鮑信是個頗有見識的人。董卓剛到洛陽時，他就勸袁紹說：「董卓擁兵自重，心懷篡逆之心，如不及早想辦法對付，朝政將會被他控制。應當乘他剛到疲勞的時機，發兵襲擊，可一舉將其擒獲。」但袁紹畏懼董卓，不敢發兵。鮑信見袁紹不能成事，便回到家鄉泰山，招募了步兵千乘。曹操剛起兵，鮑信便起兵響應，同時來到酸棗前線。曹操和袁紹推薦鮑信為破虜將軍，鮑韜為裨將軍。當時袁紹的勢力最大，不少人趨奉他，只有鮑信對曹操說：「有大謀略的人在世上找不到第二個，能統率大家撥亂反正的，只有您一個人。而那些剛愎自用的人，即使一時強大，最後也是要以失敗告終的。」於是與曹操傾心交往，曹操從此也把他當作知己看待。

曹操對自己所屈身的人也總是盡心盡責，勇敢承擔自己所應當承擔的任務，希望共同支撐危局，共圖大業。但是，要成大事也不能久居人下，因為其志向和行事風格也不可能完全一致。因此，也不會一味屈

第二十章　毀譽由人

就，還是要堅持自己的信念，不亢不卑。

當曹操在汴水失利，招募兵員，重新建立起自己的武裝隊伍而北歸後，不是返回酸棗，而是渡過黃河，趕到河內，與駐紮在那裡的聯軍盟主袁紹接觸，企圖遊說袁紹出兵，使局面改變。但結果仍令人失望，他在許多問題上也常常不能與袁紹取得一致看法，甚至完全針鋒相對。從此他對袁紹更加不滿，並產生了伺機消滅袁紹的想法。後來，隨著袁紹乘機發展個人勢力，曹操更加堅定了自己的想法，並加快了發展個人勢力的步伐。

隨後，曹操與袁紹的關係更是若即若離。曹操迎天子於許都之際，袁紹由曹操的「上級」變為他的「下級」時，曹操鑒於自己的實力，也還沒有和袁紹鬧翻。直到建安四年（西元199年）的官渡之戰，雙方終於不可避免地正面交鋒了。

三國時期，風起雲湧，能夠有所作為的英雄，大都有以屈求伸的經歷。劉備曾依附曹操；孫權後來也在東吳面臨被蜀、魏兩面夾擊的危險形勢下，不顧文臣武將的阻撓，從大局著眼，不惜屈尊下就，先向劉備「上表求和」，並作出了一系列外交上的讓步，後又向曹丕「寫表稱臣」，並恭順地接受了曹丕的封爵。這一系列卑屈之舉，相當有助於對東吳避免兩面受敵的不利局面。

世上沒有只伸不屈的真英雄，只有向誰屈，什麼時候屈，什麼地方屈的問題。有時候退一步，也就退出了繁雜的圈子，有效地保全了自己，這比進十步更有利。時機一旦成熟，也更容易發力，自己的事業也會更進一步。像曹操這種能伸能屈的人，注定能成就霸業。

■ 貴在自知明進退

　　人貴有自知之明，其實就是能夠清楚自己的實力，依勢行事。勢不如人時可以妥協，暫時滿足對方的要求，待危機過去，再尋求他策，這是在不利形勢下所實行的一種「退讓政策」。想做到這一點，必須從當時形勢出發，權衡利弊，犧牲眼前利益以救大局。如果沒有高瞻遠矚的能力，也難以有這樣的魄力。

　　曹操不乏英雄氣概，但他也有自知之明。他迎獻帝以許縣為都後，雖然有了政治優勢，但他也知道，自己的勢力還難以駕馭它，他當時還不能「挾天子以令諸侯」。相反還讓他成為世人注目的人，也可以說成為眾矢之的。因為與袁紹等軍閥相比，他仍然處於劣勢。因此曹操採取避開鋒芒，壯大自己的方略，最終將袁紹打敗。

　　對於曹操的得勢，袁紹有些後悔，他擺出盟主的架勢，倚仗自己兵多將廣，以許縣低溼、洛陽殘破為由，要求曹操將獻帝遷到鄄城。因為鄄城離袁紹所據的冀州比較近，便於他控制獻帝。可是曹操豈會在重大問題上讓步？他斷然拒絕了袁紹的這一要求，而且還以獻帝的名義寫信責備袁紹只顧發展自己的勢力，而不勤王。袁紹只得無可奈何地為自己開脫。

　　曹操又以獻帝的名義任袁紹為太尉，封鄴侯，實際上是試探。袁紹見曹操任大將軍，自己的地位反而不如他，拒絕接受任命。

　　曹操有自知之明，知道自己當時的實力還不如袁紹，他不能在這個時候跟袁紹鬧僵，決定暫時做出讓步，把大將軍的頭銜讓給了袁紹。自己任司空（也是三公之一），代理車騎將軍（車騎將軍僅次於大將軍和驃騎將軍），以緩和與袁紹的矛盾。但由於袁紹不在許都，曹操仍然總攬朝政。

第二十章　毀譽由人

羽翼未豐，不可高飛。曹操深知自己勢力還不夠，暫不能夠太過於表現自己。因此對袁紹的要求盡量滿足，對朝廷的封贈表現出「力所不及」的謙恭。等到羽毛一豐滿，他就大張征伐，無所顧忌了。

當對手比你強大時，不去碰硬，而藉機發展自己的勢力，是可行的。但不可因此而失去原則，喪失獨立性，要時刻掌握自己的命運。

曹操因有自知之明而屈從袁紹，私下對發展自己的勢力一刻也沒放鬆，終於在官渡一戰徹底打敗了袁紹。

曹操後發制人打敗袁紹後，又以大英雄的心胸舉止，對袁紹可謂仁至義盡，還藉機宣揚了自己的好名聲。

官渡之戰後不久，袁紹身亡。曹操攻破鄴城時，即令：沒有他的將令，不得擅入袁宅。當曹操完全控制了鄴城後，做了一件常人無法理解，但於英雄又極富傳奇色彩的事：淚祭袁紹。

他親到袁紹墓前致祭，痛陳時世艱難，生靈塗炭之苦痛，歷數他與袁紹相知相交、相約救民於水火的人生歷程，又讚揚了袁紹的英雄業績。

■ 學會隱忍善保身

過早將自己的底牌亮出去，或在不足以致勝的情況下出手，往往會在較量中失敗。羽翼未豐滿時，不可四處張揚。君子更要善於保護自己，要學會待時而動。

曹操處於東漢末年，天下大亂，群雄四起之時，可謂「家家欲為帝王，人人欲為公侯」。當曹操逐一清除了來自各方面的阻礙，名聲日隆，完全具備取代漢室登基的條件時，他卻沒有這麼做。按說此時逼皇帝禪

讓，對他來說易如反掌。可曹操直到臨終之時，也沒有稱帝。實在是當時的形勢使然。

曹操獨攬大權卻又不做皇帝，反映了他的清醒、明智與沉著。我們知道，隨著漢獻帝越來越被邊緣化，曹操取而代之的意圖也越來越明顯，這就招致了政敵的不斷攻擊。如周瑜罵他「名為漢相，實為漢賊」；劉備說他「有無君之心」、「欲盜神器」。如果對這些指責聽之任之，不加辯解，貿然稱帝，結局不會好，袁術就是一個活生生的例子。曹操不僅可能因此喪失「挾天子以令諸侯」的政治優勢，而且還可能成為四方諸侯征討的對象，內部的漢臣勢力也會起來反對他。

赤壁之戰後，天下三分的局勢已成定局。孫、劉對北方虎視眈眈，而以馬超為首的關中諸將又心懷不軌，這都是曹操的心腹大患。在這種情況下，內外政敵加緊了對他的攻擊，企圖動搖他的政治基礎，有的甚至要求他交出兵權，以削弱他的實力。為了反擊政敵，安撫內部的擁漢派勢力，繼續保持自己「挾天子以令諸侯」的政治優勢，曹操只得將自己的代漢意圖更深地隱藏起來，更加表明自己對漢室的忠心。

他還曾專門上書〈讓縣自明本志令〉，以此表明他忠於漢室的決心。令文的第一部分說他當時的最高願望只是做征西將軍並能封侯，死後在墓碑刻上「漢故征西將軍曹侯之墓」幾個字。旨在表明自己從年輕時起就志望有限，而且只想為國立功，並沒個人野心。第二部分回顧了他舉義兵，討董卓以來的經歷，旨在表明自己為阻止別人稱帝稱王而戎馬一生，又怎會再去稱帝王呢？令文的第三部分說明自己一來世受漢恩，已經超過三世；二來漢無負於自己，所以自己對漢室的忠心是毋庸置疑的。令文的最後一部分則針對政敵對他的攻擊，明確表示自己不會放棄兵權，回到他的封地武平侯國去，這既是出於對自身及子孫安全的考慮，

第二十章　毀譽由人

更是出於對國家安全的考慮；而且將他所封的四縣交出三縣，食戶從三萬減去二萬，以減輕自己所受的各方壓力。

其實，曹操作為一代梟雄，又何嘗沒有帝王之心？他之所以深藏不露，只是等待時機而已。

建安十八年（西元213年）五月，曹操被封為魏王，加九錫。這時，關於曹操有「不遜之志」的議論又風行起來，曹操於是又寫了詩作〈短歌行〉。詩中以周公吐哺自比，表明自己雖然被封為魏公，加九錫，但仍會謹守臣節，遵奉漢室，決不會做出危害漢室的事情來。

建安二十四年（西元219年），孫權給曹操上書，勸曹操稱帝，自己北望稱臣。曹操將信出示給群臣，大笑著說：「孫權這小子這是在火爐上烤我啊！」

曹操明白，他如果以魏代漢，必招致各方面反對，就像在火爐上挨烤一樣。其實曹操把這封信公開給大臣，並說了一些表白心跡的話，一來是為了揭露孫權的真實用心，二來也是試探一下群臣的態度。群臣對曹操的用意自是心領神會，紛紛上表表示「以魏代漢，正是其時」。曹操聽了大家的建議後，冷靜地說：「若天命在吾，吾為文王矣！」

曹操這句話，實際上已表明了他心中的代漢意圖，只不過是像當年周文王給周武王奠定基業那樣，積極創造條件，讓自己的兒子去做皇帝。

曹操知道自己政敵太多，而且多次明確表示不稱帝，有了這塊擋箭牌，他樂得大權在握，其隱忍功夫之深確實了得。

■ 蟄伏謀遠慮

　　一個欲成就霸業的人，必須掌握好進退的節奏，當你事業略有小成，取得一些進展的時候，千萬要在心理上做好跌宕起伏的準備。因為一步踏不到點子上，苦心經營的大廈或許就會坍塌。因此，有必要控制好進退的節奏。如果把握不好進退時機，很容易就此沉落下去，退出政治舞臺。如何避免這種情況？我們且看曹操的進退之道。

　　曹操在鎮壓潁川起義軍後，因軍功被升遷為濟南相國。曹操在任濟南相國的兩年中做了兩件大事：一是罷貪官，一是毀淫祠。這使他的影響力大增，政績卓著，仕途可謂一片光明。

　　曹操在任濟南相時所做的兩件事，確實是他的得意之作，因為曹操的這一系列動作不僅得罪了朝中宦官，而且讓地方豪強也對他恨之入骨。曹操不願意為迎合權貴而喪失了匡扶社稷的大志向，也不願意家人因為自己屢次觸犯權貴而受到連累，為了避免發生不測之禍，曹操急流勇退，馬上辭去了濟南相的職務，請求回到宮中值宿，擔任警衛，實際上要求賦閒。

　　曹操的擔心是非常有道理的。諸常侍和豪強怎麼能容忍他如此損害他們的利益呢？曹操乞留宿衛，純屬以退為進，實非本意。朝中那些宦官和貴戚豈能不知？他們的算盤是既要把他調離濟南相位，又要把他排擠在京師以外。於是「徵還為東郡太守」。東郡太守與濟南國相地位相等，用現在的話說是同級調動。且就當時的地域重要性而言，東郡和濟南國地位也不相上下。曹操透過這次調動更加驗證了自己的顧慮，因此託病不去赴任。

　　朝廷考慮到他的貢獻和能力，便再次給了他一個差事，任命他為議郎。此時他的頭腦很清醒，他既要躲禍，又要保持自己的名譽，因此對

第二十章　毀譽由人

於議郎一職也是「常託疾病，輒告歸鄉里」。

曹操回到家鄉譙縣之後，「築室城外，春夏習讀書，秋冬弋獵，以自娛樂」。鑒於當時的大局動向，曹操託病歸鄉，實乃韜光養晦的絕好機會，也是充實頭腦、自我休整的好機會。

曹操這樣做當然有這一層面的考慮，但也不是唯一的原因。曹操早在做洛陽北部尉時就勇於棒殺小黃門蹇碩的叔父，那時也有遭受打擊報復的危險，但卻沒有這樣做，卻是為何？何況，這時他的父親曹嵩還大權在握，是一個有錢有勢、有頭有臉的人物。朝中有這樣的人撐腰，曹操自然也沒有這方面的顧忌。他之所以託病辭官，還有更深一層的考慮。

東漢末年，名士隱居是十分盛行的時尚。而有大志者往往能夠屈身拜賢，最著名的要數劉備「三顧茅廬」，請諸葛亮輔佐自己了。隱居在當時被認為是有才能而又清高的人的作為，因此隱居可以抬高身價，成為當政者注目的對象，不失為一條揚名的捷徑。

曹操常以「非巖穴知名之士」而感到非常遺憾，如果能得機會做一段「隱士」，他當然非常樂意。由此看來，曹操在〈讓縣自明本志令〉中說的另一段話也是可信的。他說：「去官之後，年紀尚少，顧視同歲（指同年舉孝廉者）中，年有五十，未名為老。內自圖之，從此卻去二十年，待天下清，乃與同歲中始舉者等耳。故以四時歸鄉里，於譙東五十里築精舍，欲秋夏讀書，冬春射獵，求底下之地，欲以泥水自蔽，絕賓客往來之望。然不得如意。」

從中我們不難看出，曹操曾做過長時間隱居的準備。首先，既然「不能違道取容」，隱居當然是避開亂局、保全自我的最好選擇；其次，天下亂局一時難以平定，既然不能馳騁沙場，「待天下清」後再出來實

現抱負也是上策。當然，他的出發點是即使不得已等幾年再做官也不算晚，而並不是終身隱居，這不符合他的性格。所以說，曹操「稱疾歸鄉里」的最終目的是等待時機，而且其間他更是窺視局勢，一旦形勢對自己有利，他就會復出。

曹操在家閒居期間，地方軍閥叛亂和黃巾軍餘眾起事不斷，整個政局非常混亂，我們不得不佩服他的這種退而求其清的先見之明。機會終於來了，這年八月，靈帝為了加強守護京師、保衛皇室的力量，組建了一支新軍，即西園軍，設定八校尉統領。西園新軍可以說是禁衛軍團，以備隨時應付可能出現的動亂局面。靈帝選中了宦官蹇碩、武官袁紹，也選中了曹操，他被任命為八校尉之一的典軍校尉之職。

其實曹操此前最大的理想是為列侯當將軍，進西園新軍當將領是個極好的機會。典軍校尉對曹操的誘惑力太大了，他馬上結束「隱居」生活，心情愉快地進京上任了。

曹操能接近皇室並任要職，能和紅得發紫的大宦官蹇碩共事，這說明他在仕途上又邁上了一個新臺階。從這一點來講，他以退為進的策略取得了成功。這種成功一靠他本人才能出眾，二靠他在政治上已經樹立了好形象，博得了好的威名。

曹操的一生和其他成大業者一樣，有進有退，都能很好地掌握進退的時機。曹操以曲求伸策略的勝利，使他的目標及早地到來，促使他的政治欲望膨脹起來。當初只打算做一郡太守，現在卻想憑著手中的兵權為國討賊，以便獲得封侯做征西將軍，死後在墓道前的石碑上刻上「漢故征西將軍曹侯之墓」。志向的高遠，城府頗深的官場謀略，這一切都表明，曹操的政治作為將無可限量。

第二十章　毀譽由人

■ 靜觀其變等時機

　　人們常說：當局者迷，旁觀者清。為什麼？當局者是因為身處其中，精力都著眼於某個區域性，難以觀全域性。而旁觀者因為置身事外，頭腦冷靜，更能看清事物的來龍去脈。所以，當你身處困惑之時，千萬要慎之又慎。但曹操即便處在局中，也總能夠冷靜思考，等待時機，選對路線，屢屢化險為夷。

　　官渡之戰，袁紹氣勢洶洶，兵強將廣。曹操設計斬殺顏良、文醜後，袁紹大怒，不顧謀士的勸阻，揮師南征曹操，急於與曹操決一雌雄。

　　曹操雖連勝兩仗，但袁紹的實力還沒有遭到破壞，軍隊士氣仍然高漲。所以，曹操主動撤退到官渡（今河南中牟東北）一線設防，尋找機會破敵。

　　曹軍撤至官渡後，與袁軍相持不下。兩軍你來我往，曹軍雖然不斷取得一些區域性勝利，但時間一長，軍需匱乏、軍力不足的弱點就逐漸地暴露出來。若不能盡快擊退袁紹，曹操的形勢將會非常危急。

　　此時，荀攸見袁軍後方補給線拉得很長，是袁軍的一大弱點，便對曹操說：「袁紹運送軍糧的軍隊很快就要到了，但袁紹不會用人。護送車隊的將領韓猛雖勇猛善戰，但有輕敵冒進的毛病，可趁此機會去襲擊他，一定能夠成功。」他還建議派大將徐晃去完成這個任務。

　　曹操接受荀攸的建議，派徐晃率軍襲擊袁紹的運糧大軍，果然大獲全勝，燒了袁軍大量的補給糧草。

　　正在此時，原來降曹的汝南黃巾軍首領劉辟投靠了袁紹，在許都一帶滋擾百姓。袁紹還派出劉備前去配合，打算趁機攻打許都。

劉備南下後連續攻下幾座縣城，加上一些地方起兵響應，弄得許都以南地區人心惶惶，曹操對此十分憂慮。曹仁說：「目前大軍滯留官渡，許都以南地區有事，我軍來不及做出反應。而劉備恰在這時以大軍壓境，軍民暫時叛離我們也是可以理解的。現在劉備剛剛接手指揮袁軍，想必不會得心應手，我們應當趁機率軍出擊，打敗劉備是不成問題的。」

曹操聽了曹仁的話，立即派他帶兵南擊劉備，果然沒費多大力氣就把劉備和袁紹派來的援軍打敗，不但解了許都之危，使曹軍沒有了後顧之憂，還使得袁紹再也不敢分兵出擊了。

一波尚未平息，一波又起。虎踞江東的孫策趁曹操正在官渡和袁紹對峙之機，企圖襲擊許都，劫走漢獻帝。消息傳到曹營，眾人都大驚失色。

郭嘉道：「孫策是英雄豪傑，能使人為他效死力。但他輕敵而無戒備，即使有百萬大軍，也不過如同一人獨行中原一般。如果派出刺客刺殺他，一人就能對付。」聽了郭嘉的話，眾人才稍稍安定下來。

不久，從江東傳來消息，孫策果然被太守許貢的門客刺死，江東襲擊許都的計畫也落了空。郭嘉從孫策的性格特點上分析出他的弱點，料人料事之神明，令曹操刮目相看。

但弱小的曹操畢竟在軍、糧各方面都處於下風，特別是軍糧匱乏更是無時無刻不讓曹操著急。曹操感到這樣拖下去不是辦法，加上後方常常受到滋擾，就有了撤回許都的想法。為此，他特地向留守許都的荀彧徵求意見。

荀彧很快就給曹操回信說：「袁紹把所有的人馬都集結在官渡，要與明公決一死戰。您以最弱小的力量抵抗最強大的力量，如果不能制服對方，一定會被對方趁機制服，這是爭奪天下最關鍵的時刻。現在雖然軍

第二十章　毀譽由人

糧短缺，但還不是十分危急，明公只以敵人軍隊十分之一的人手，便占據咽喉之地，堅壁固守，使敵人無法踰越，歷時已經半年。如今敵人的弱點已漸漸暴露，他們的力量正在耗盡，相持的局面很快就會過去。這正是取勝的大好時機，千萬不可失去啊！」

看了荀彧的信，曹操茅塞頓開，深受鼓舞，但為慎重起見，他又就同一問題徵詢了賈詡的意見。賈詡分析認為：我軍之所以不能在半年之內安定局面，是為了萬無一失。現在只有等待時機，時機一到，局面就會為之改變。

荀彧、賈詡都建議曹操堅持下去，等待時機。這是十分高明的，他們看透了袁、曹雙方，因而掌握住了大勢。

強弱對比是可以隨著時間而變化的，因為強中必有弱的因素，弱中也蘊藏著強的能量。要它們表現出來，只待時機。找出並抓住時機，人生事業便可發生改變。擺在曹操面前的這個時機，曹操差點就與它失之交臂了。是荀彧的一封信和賈詡的一席話使曹操下定了堅持下去的決心，從而抓住時機，最終贏得了勝利。

曹操下定決心後，就一直在等待有利的時機。就在他急需機會的時候，機會果然來了。

袁紹的謀士許攸因不滿袁紹而連夜投奔了曹操，曹操非常高興地接見了他。許攸給曹操獻計說：「現在袁紹有一萬多車軍糧屯放在故市和烏巢，防備並不嚴密。可派一支精兵襲擊，出其不意，以火燒糧，不出三天，袁紹必然全軍潰敗。」

許攸的計策與曹操尋找出戰時機、出奇制勝的策略意圖完全符合。曹操聽後，大喜過望，立刻傳令曹洪、荀攸留守大營，自己親率五千步騎連夜把袁軍屯在烏巢的糧草燒了。

袁紹軍團在內部相互猜忌、外部糧草盡失的情況下一片混亂。曹操乘勝全面出擊，袁軍不戰自潰，袁紹只帶八百騎兵渡黃河逃命。

這次戰役，曹操在最危急的關頭也曾猶豫、打過退堂鼓，但最終還是理智占了上風，堅持到了最後，這其實也是曹操意志堅定之特質的勝利。

赤壁大戰，曹操以壓倒多數的優勢兵力進攻東吳，卻大敗而歸。對一向自比軍事天才的曹操而言，實在是顏面掃地。之後更大的打擊襲擊了他，一向最心愛的幼子曹沖在一場疾病中夭折。曹沖聰慧機智，曾經巧妙地稱出了大象的重量，曹操當然非常高興。可惜曹沖年幼早夭，再加上戰敗後心情不佳，曹操怎能不傷感哀嘆？

他曾經在很長的一段時間裡意志消沉、低迷，對公務心不在焉。他對曹沖的懷念，甚至使他下了荒唐的決定：曹操請求司空掾邴原，將其早亡的女兒和曹沖合葬，給他們配陰婚。

邴原很清楚，如果曹操繼續這樣下去，將對大局不利，於是冒著風險表示反對，他說：「給自己早夭的子女配陰婚，即使是出於對他們的懷念和關愛之情，也是違背常禮的。一般人這樣做倒是無可厚非，我邴原之所以能坦然效力於明公，幸而明公也能信任我，在於彼此嚴守禮節。如果我破例接受明公的恩典，那就違背了禮節，這會讓我們落於俗套。請明公三思而行啊。」

曹操覺得邴原的顧慮很有道理，並且也明白了邴原是在委婉地規勸自己，不能因私忘公，要以國事為重。

建安十四年（西元 209 年），曹操決定回鄉度假，也趁此機會重新思考今後的策略方針。臨行時，他吩咐荀攸、程昱、于禁等將領，強化水軍的編排訓練。他認為赤壁之戰失利的主要原因在於北方士兵不習水

第二十章　毀譽由人

戰,所以,要強化水軍的作戰訓練,以圖東吳。大有捲土重來、報仇雪恥的氣勢。

而東吳方面,赤壁之戰後,孫權和劉備的軍隊聲威大震,信心暴漲。周瑜軍團鎮守江陵,程普軍團在江夏布陣,呂蒙軍團駐屯潯陽,整個長江流域、荊州與揚州的廣大地區,已完全納入孫權的勢力範圍。另一方面,劉備也在赤壁之戰後,乘機攻占了長江以南的荊州地區,並在劉表去世後,由孫權推薦出任荊州牧,在長江南岸的公安設立指揮中心。

東吳的一系列動作,讓曹操以為是欺負他剛打敗仗,是對他的輕視與挑戰。雖然此時北方水軍訓練未成,關中地區和北方諸郡的局勢也是起伏不定,按照常理不宜貿然發動戰爭,但為了鼓舞士氣,保持軍隊的戰鬥力,曹操親率水軍南下,從渦水入淮水,進入淝水的沿岸合肥擺開陣勢。

孫權見曹操親率大軍南下,而周瑜此時又病情危急,難以率軍,於是親率大軍到合肥布防,和曹操形成對決之勢。曹操本來就是為了鼓勵軍隊的士氣,沒有開戰的意圖,又見孫權態度堅決,於是,匆匆視察了前線東吳軍的布防後,便率軍返回北方訓練基地了。

建安十五年(西元210年),表面上是難得平靜的一年。但其實背後氣氛緊張,南北情勢更加危急,特別是在第一線直接和曹軍對峙的周瑜軍團,更是絲毫不敢鬆懈。

這一年,一個對曹操有利而讓東吳悲痛萬分的消息傳出:周瑜因病情惡化去世了。他死前推薦魯肅接任江陵軍團主帥,並兼東吳西軍總指揮。

周瑜死後,東吳軍隊的士氣遭到沉重打擊。幸好繼任的魯肅氣度恢

宏而穩重，是當時名將中少數具有遠見及政治頭腦的軍事家。他秉承了周瑜的策略思想，決定再度聯合劉備，共同對抗曹軍的威脅。在他的勸說下，孫權將荊州以北三郡（包括江陵）全部借給劉備，並由劉備軍團負責西方前線的防務，兩家合力抵抗曹操。

曹操雖數次派人南下窺察，但每次都發現兩家防守嚴密，配合得相當有默契，認為無機可乘，短期內絕對難以擊破孫劉聯軍。於是決定暫時放棄南下統一中國的意圖，全力治理勢力範圍內的事務，並安定關中地區，為後續南征積蓄力量。

「陽謀」先生曹操：

大度又狹隘，既誠實又狡詐，既仁義又狠毒，既多情又寡義……曹操如何在亂世中立足稱雄？

作　　　者：李金海	
責 任 編 輯：高惠娟	
發 行 人：黃振庭	
出 版 者：崧燁文化事業有限公司	
發 行 者：崧燁文化事業有限公司	
E - m a i l：sonbookservice@gmail.com	
粉 絲 頁：https://www.facebook.com/sonbookss/	
網　　　址：https://sonbook.net/	
地　　　址：台北市中正區重慶南路一段61號8樓	
8F., No.61, Sec. 1, Chongqing S. Rd., Zhongzheng Dist., Taipei City 100, Taiwan	
電　　　話：(02)2370-3310	
傳　　　真：(02)2388-1990	
印　　　刷：京峯數位服務有限公司	
律師顧問：廣華律師事務所 張珮琦律師	

國家圖書館出版品預行編目資料

「陽謀」先生曹操：大度又狹隘，既誠實又狡詐，既仁義又狠毒，既多情又寡義……曹操如何在亂世中立足稱雄？/ 李金海 著 . -- 第一版 . -- 臺北市：崧燁文化事業有限公司，2024.11
面；　公分
POD 版
ISBN 978-626-416-051-3(平裝)
1.CST: (三國) 曹操 2.CST: 傳記
782.824　　　　113016467

-版權聲明

本書版權為樂律文化所有授權崧燁文化事業有限公司獨家發行電子書及紙本書。若有其他相關權利及授權需求請與本公司聯繫。
未經書面許可，不得複製、發行。

定　　　價：480 元
發行日期：2024 年 11 月第一版
◎本書以 POD 印製

電子書購買

爽讀 APP　　　臉書